Gary Wiens

# Komm zu Papa

*dem Vater begegnen den Jesus kannte*

# Komm zu Papa

*dem Vater begegnen den Jesus kannte*

Deutsch von Uta Schmidt

inspiredmedia
Inspired Media Verlag

Die amerikanische Originalausgabe erschien unter dem Titel «Come to Papa» bei Oasis House, Greenwood, Missouri, USA



Deutsch von Uta Schmidt

Bibelzitate sind, wenn nicht anders angegeben, der Luther 84, der Einheitsübersetzung und der revidierten Elberfelder Bibel entnommen.



Umschlag, Konzept, Layout:
Brian Griffith, Fry Design, Stafan Fry

Fotografie Umschlag:
Tim Pott, Kansas City, MO, USA

Druck:
Schönbach-Druck GmbH, Erzhausen, Deutschland



ISBN 978-3-9523000-3-9

Weitere Informationen: www.inspired-media.com

# Inhaltsverzeichnis

Einleitung

# Den Vater mit neuen Augen sehen

Hast du jemals die Erfahrung gemacht, dass dir etwas Altbekanntes und Vertrautes plötzlich ganz neu deutlich wurde? Dass sich ein völlig neuer Horizont vor dir entfaltet und du eine viel tiefere Erkenntnis gewonnen hast, obwohl sich an der grundlegenden Wahrheit nichts geändert hat? Genau diese Erfahrung habe ich auf dem Weg zu einem tieferen Verständnis von Gott als unserem Vater gemacht. Als der Heilige Geist vor mehreren Jahren begann, mein Herz mit dieser Wahrheit zu berühren, eröffnete sich mir eine ganz neue Dimension. Den Effekt, den es auf mich hatte, kann man am besten mit der Verwandlung eines zweidimensionalen Schwarzweißbildes in einen dreidimensionalen Farbfilm vergleichen.

Im Vergleich zu dem, was so viele Menschen im Hinblick auf ihre Beziehung zu ihren Vätern oder Vaterfiguren erlebt haben, war meine eigene Kindheit relativ harmlos. Mein Vater war ein Pastor in einer kleinen, konservativen Freikirche, und ich bin in einer relativ intakten Familie aufgewachsen. Ich lernte den Herrn kennen, als ich zehn Jahre alt war und mit 17 berief mich der Herr dazu, mein Leben als Prediger in den Dienst der Kirche zu stellen. Dennoch ließen meine Kindheitserfahrungen auch viel zu wünschen übrig, denn mein Vater war das Ergebnis einer sehr rigiden deutschen Mennonitenfamilie, die während des Ersten Weltkriegs in sehr ärmlichen Verhältnissen auf dem Land lebte. Sein eigener Vater war ein strenger, harter Mann, und obwohl er ein ernsthafter Christ war, gab es so gut wie keine emotionale Wärme in seinem Zuhause.

Im Vergleich zu seinem eigenen Vater war mein Vater viel wärmer und offener, aber es haftete immer noch ein bedeutender Überrest von Strenge und Distanz an ihm, was sehr tiefe Spuren bei mir hinterließ. Wie so viele, bin auch ich mit der Angst aufgewachsen, meinem Vater nicht zu genügen. Deshalb strebte ich unbewusst immer danach, die Anerkennung meines Vaters durch Leistung zu gewinnen. Ich habe niemals die Worte *Ich hab dich lieb* von ihm gehört, und auch wenn wir zusammen Fußball und Golf spielten, erfuhr ich erst Jahre später von anderen Leuten, dass mein Vater stolz auf mich war. In den letzten Jahren seines Lebens kamen wir uns jedoch näher, und ich weiß, dass er im Nachhinein vieles im Hinblick auf unsere Erziehung bedauerte. Viele der in diesem Buch verarbeiteten Erkenntnisse über Gott den Vater gewann ich im Laufe eines Prozesses, bei dem ich die ungesunden Verhaltensmuster in der Beziehung zwischen meinem Vater und mir erkannte, ihm seine Fehler vergab und meine eigenen bekannte.

Während ich studierte, lernte ich meine damals zukünftige Frau Mary kennen. Sie hatte den gleichen freikirchlichen Hintergrund wie ich, und obwohl ihr Vater viel liebevoller war als meiner, hatte auch sie mit Problemen emotionaler Distanz zu kämpfen. Die Atmosphäre in ihrem Zuhause war sanft und ruhig, aber es wurde keine offene Zuwendung gezeigt. Negative Emotionen wurden unterdrückt und nicht angesprochen. Als wir dann unsere eigene Familie planten, führten wir intensive Gespräche darüber, wie wir uns unsere Beziehung vorstellten und was für Eltern wir sein wollten. Die meisten Gespräche drehten sich darum, was und wie wir es bei unseren Kindern anders machen wollten als in unserer eigenen Erziehung und wie wir dies durch Vergebung und Bekennen von eigenem Versagen umsetzen würden. Das war jedoch leichter gesagt als getan, und während wir das zu leben versuchten, entstand in meinem Herzen das tiefe Verlangen nach der Erkenntnis Gottes als Vater. Ich brauchte eine Offenbarung von dem Vaterherzen Gottes und von Seiner unendlichen Güte; und Er begegnete mir in meiner Not.

Nach 32 Ehejahren sah der Herr es als richtig an, Mary am Ende eines zwei Jahre langen Kampfes gegen Krebs zu sich zu nehmen. Diese Zeit war für mich in vielerlei Hinsicht von Unruhe und Verwirrung geprägt. Das hatte zum Teil damit zu tun, dass es einige Verheißungen gab, die Gott mir im Lauf der Jahre gegeben hatte, die bis dahin aber noch nicht erfüllt worden waren. Eine dieser Verheißungen war, dass es eine Zeit geben würde, in der meine Frau und ich zusammen lehren würden. Als Mary starb, hatte ich viele Fragen, und eine dieser Fragen betraf dieses gemeinsame Lehren. Da meine Frau nun bei dem Herrn war, nahm ich an, dass die Worte, die ich diesbezüglich empfangen hatte, einfach nicht wahr waren. Ich dachte, dass sie mir eine falsche Hoffnung gaben, welche sich niemals erfüllen würde. Umso perplexer war ich, als der Heilige Geist mir antwortet und sagte: «Gary, diese Verheißung ist immer noch gültig.»

Da Mary bereits im frühen Stadium ihrer Krankheit den Eindruck hatte, dass sie nicht geheilt werden würde, begannen wir uns beide damit auseinanderzusetzen, was ihr bevorstehender Tod bedeuten würde. Als sie schließlich im Juni 2004 starb, hatte ich persönlich schon viele Stadien des Trauerprozesses durchlaufen, aber unsere Kinder und viele andere um uns herum hatten diese Möglichkeit noch gar nicht an sich herangelassen. Mary und ich hatten darüber gesprochen, wie schwierig es für mich sein würde, allein zu leben. Sie gab mich dahingehend frei, nach ihrem Tod eine zweite Ehe anzustreben, sobald der Herr den richtigen Zeitpunkt dafür zeigen würde. Trotzdem war ich sehr überrascht, als der Herr bereits fünf Monate nach ihrem Tod eine andere Frau in mein Leben brachte.

Ich lernte meine jetzige Frau Marie Mahan im November 2004 während einer Konferenz in Kona, Hawaii, kennen, wo ich der Redner in einer Veranstaltung war, die sie koordiniert hatte. Kurz darauf begannen wir eine Beziehung, die sich schnell zur Liebe entwickelte, und im Januar 2005 heirateten wir. In den darauf folgenden

Monaten erfüllte der Herr Seine Verheißung, die Er mir so viele Jahre zuvor gegeben hatte. Marie und ich reisen nun weltweit und lehren zusammen über die innige Beziehung zu Jesus und Seinen Aufruf zur Gerechtigkeit durch die Bergpredigt in Matthäus Kapitel fünf. Gott hat mir erneut Seine unendliche Güte und Liebe als Vater gezeigt, der meiner Not begegnete und mir das gegeben hat, was ich brauchte und mir sehnlichst gewünscht hatte. Er ist so gnädig und gut, und ich bin Ihm ewig dafür dankbar.

Aufgrund der Gnade Gottes auf meinem Leben über die Jahre hinweg, habe ich das erfahren, was der Apostel Paulus vor Augen gehabt haben musste, als er für die Gläubigen in Ephesus betete. Es war sein Gebet, dass die Augen ihres Herzens durch den Geist der Weisheit und Offenbarung erleuchtet und sie ganz neu die wunderbaren Dimensionen der Liebe Gottes erkennen würden.[1] Paulus hatte das Verlangen, dass diese wertvollen Gläubigen von der Majestät der Liebe Gottes ergriffen und ihre Herzen von dieser wunderbaren Erfahrung überwältigt würden.

Im Griechischen gibt es mehrere Wörter, die unser heutiges Verständnis von «Erkenntnis» ausdrücken. Eines dieser Wörter ist *«gnosis». Gnosis* bezieht sich auf eine intellektuelle Erkenntnis und ein theoretisches Verständnis, das nicht unbedingt auf persönlicher Erfahrung beruht. Das ist die schon erwähnte zweidimensionale Schwarz-Weiß-Erkenntnis, die, auch wenn sie wahr ist, nicht genügt, um das Verlangen in unserem Herzen nach tiefer Erkenntnis des Herrn zu stillen.

*Gnosis* ist das Wissen, das man jemandem vermittelt, dem es an persönlicher Erfahrung fehlt. Hast du zum Beispiel jemals versucht, einem anderen, der noch nie eine Achterbahn gesehen oder erlebt hat, zu erklären, wie sich eine Fahrt mit der Achterbahn anfühlt? Oder stell dir vor, du erklärst jemandem den Nervenkitzel beim Bungee-Jumping oder das Abenteuer einer Wildwasserfahrt auf einem tosenden Gebirgsfluss, der noch nie selbst daran teilgenommen hat.

Im Griechischen gibt es ein viel reichhaltigeres Wort für Erkenntnis, und das ist *«epignosis»*. Dieses Wort bezieht sich auch auf die persönliche Erfahrungsebene, nämlich die Erkenntnis, die durch das Achterbahnfahren, den Sprung in die Tiefe und das sich Festklammern an dem Schlauchboot kommt, während das eiskalte Wasser wild um dich her tobt. Es ist die Art von tiefer Erkenntnis, die in einer gesunden Beziehung herrscht, wo die tiefsten Geheimnisse der menschlichen Seele in vollem Vertrauen vor dem Partner enthüllt und von Liebe umhüllt werden. Gott will, dass wir diese Art Erkenntnis von Ihm und Seinem Sohn Jesus haben. Und genau das ist der Sinn und Zweck dieses Buches, diese *Erkenntnis Gottes* freizusetzen.

Marie und ich leben in Kansas City, Missouri. Wir haben das Vorrecht, Teil des Missionszentrums des *International House of Prayer* unter der Leitung von Mike Bickle zu sein. Der Schwerpunkt dieser Organisation mit dem International House of Prayer als Herzstück liegt auf dem sogenannten «Vorläufer-Dienst». Durch die ganze Menschheitsgeschichte hindurch hat Gott «Vorläufer» aufgerichtet, die den Weg des Herrn bereiteten, bevor die neuen Dimensionen Seines Königreichs und Seiner Kraft freigesetzt wurden. Abgesehen davon, dass Jesus als eigentlicher Vorläufer bezeichnet wird,[2] stellt Johannes der Täufer diese Art des Dienstes in der Heiligen Schrift am deutlichsten dar. Der Engel Gabriel prophezeite dem Zacharias, dass sein Sohn Johannes die Erfüllung der Verheißung aus dem Propheten Maleachi sein würde, einer der

> ... viele Israeliten zum Herrn, ihrem Gott, bekehren wird. Er wird mit dem Geist und mit der Kraft des Elija dem Herrn vorangehen, um das Herz der Väter wieder den Kindern zuzuwenden und die Ungehorsamen zur Gerechtigkeit zu führen und so das Volk für den Herrn bereitzumachen.
>
> Lukas 1,16-17

Maleachi hatte geweissagt, dass der Geist ausgegossen werden würde, der auf Elija ruhte. Es ist die Salbung, die die Menschen von dem

Fluch heilt, der durch den Geist der Vaterlosigkeit auf das Land gekommen war. Johannes war die Verkörperung dieses Dienstes. Er war dazu gesandt, das wahre Verständnis von Wesen und Charakter des Vaters wieder aufzurichten. Die Israeliten damals hatte eine verzerrte Vorstellung von Gott und brauchten die richtige Erkenntnis, um auf das Kommen des Messias vorbereitet zu werden. Das war sehr wichtig, denn Jesus würde als Bräutigam zu einem Volk kommen, das von Leiden geprägt war und seine Identität als Gottes geliebtes Erbe verloren hatte. Jesus, der Bräutigam, kam in erster Linie, das Herz des Vaters zu offenbaren.[3] Doch zweierlei Dinge mussten zuvor geschehen: Sie mussten sich von den falschen Vaterbildern lösen und sich dem wahrhaftigen und realen Wesen Gottes zuwenden, dessen Herz seit jeher mit leidenschaftlicher Liebe für sie brennt.

In dem Maße, wie die Menschen sich abwenden würden von den falschen Bildern von Gottes Wesen und Charakter, würden sie sich der Wahrheit zuwenden, die Tag für Tag durch das Leben und den Dienst Jesu verkündigt wurde. Er kam, um uns den Vater zu zeigen, so wie Er ist. Er kam, um den Menschen in der Sanftmut und Wahrhaftigkeit des wahren Wesens des Vaters zu begegnen, damit die Herzen und der Verstand der Menschen Ihn wieder in wahrnehmen können, wie Er wirklich ist. Nur auf diese Weise konnten die Menschen langsam wieder ihre wahre Identität als Söhne und Töchter des Vaters verstehen. Nur so würden sie wieder erkennen, dass sie geliebte Kinder sind und für eine wunderbare Berufung vorbereitet werden – nämlich die Braut des eigen geliebten Sohnes, Jesus Christus, zu sein. In dem Maße, wie die Menschen Gott wieder auf korrekte Weise erkennen würden, würden sie den Mut und die Kraft finden, tatsächlich zu glauben, dass sie die Braut sind, die für den würdigen Sohn bereitet wird, damit sie am Tage Seiner Macht und Seines Sieges neben Ihm stehen kann.

Diese zentrale Absicht im Herzen Gottes wird im Brief des Paulus an die Epheser deutlich. Im Laufe des Briefes entfaltet Paulus den Plan Gottes für Seine Kinder auf faszinierende Art und Weise.

In Kapitel 1 beschreiben die Verse 3-14 dem Leser die erste Phase von Gottes Plan. Der Abschnitt erklärt uns, dass wir in Christus vor Grundlegung der Welt erwählt wurden, um in eine tiefe Beziehung mit dem Vater einzutreten. Diese Beziehung wurde durch das unbeschreibliche Werk Jesu ermöglicht und ist ein Ort der Freude und des Angenommenseins. Wir sind *«angenommen in dem Geliebten»* und Erben mit Christus nach dem Reichtum der Herrlichkeit Gottes.

Unsere Berufung ist jedoch nicht nur, Söhne und Töchter des Vaters zu sein. Gott hatte viel mehr im Sinn, als den Himmel mit Menschen zu füllen. Dies wird in Epheser 3 Verse 14-21 deutlich, wo Paulus den Vater bittet, die Herzen der Gläubigen mit Seinem Geist zu erfüllen. Er will, dass der Geist des Vaters die Herzen der Gläubigen überflutet, so dass die Liebe des Vaters zur grundlegenden Realität ihres Lebens wird. Sie sollen verwurzelt und in der Liebe des Vaters gegründet sein, und so dazu befähigt werden, in die Fülle der Beziehung mit dem Bräutigam hineinzuwachsen – dass wir *«die Liebe Christi erkennen, die alle Erkenntnis übertrifft, damit wir mehr und mehr erfüllt werden mit der Fülle Gottes»*.

Es ist so wichtig, dass wir erkennen, dass die persönliche Erfahrungsebene der Liebe des Vaters grundlegend für uns ist. Diese Erfahrung muss das *Fundament* unseres Lebens, und darf nicht länger das Ziel unserer Aktivitäten sein. Teil des Fluches der Vaterlosigkeit ist, dass die Erfahrung der Liebe des Vaters als Ziel wahrgenommen und als Endresultat und Belohnung eines treuen und aufrechten Lebens gesehen wird. Wenn diese falsche Vorstellung Raum gewinnt in unserem Leben, dann wird unseren menschlichen Versuchen zum Gehorsam genau die Kraft entzogen, die Gehorsam überhaupt erst möglich macht. Denn die Kraft zum Gehorsam kommt aus der Erkenntnis Seiner Liebe und Zuwendung, auch wenn wir noch inmitten in unserer Unreife und Schwachheit befinden. Wenn diese Erfahrung der Liebe fehlt, dann fehlt uns genau die Kraft, die wir brauchen, um unsere Berufung auszuleben. Anstatt dem Herrn aus Freude zu folgen, entartet unsere Aktivität in kraftlose und verbitterte Knechtschaft.

Paulus macht ganz klar deutlich, dass die Erfahrung der Liebe Gottes das Fundament und die Quelle für ein Leben voller Kraft ist. Sie setzt uns frei, um in das Vollmaß hineinzuwachsen, das Er seit jeher für uns vorgesehen hat. Gott will, dass wir an der innigen Beziehung mit Seinem Sohn teilhaben, damit Sein Wesen und Seine Kraft in den Menschen freigesetzt und Seine Fülle ausgegossen werden kann.

Die dritte Dimension Seines unfassbaren Planes wird uns in Epheser 5 offenbart, wo Paulus in seinen Ausführungen über die Ehe eine Parallele zieht zu der romantischen Liebesbeziehung zwischen Christus und Seiner Braut, der Gemeinde. Männer sollen ihre Frauen so lieben, wie Christus die Gemeinde liebt. Und am Ende dieses Prozesses will Christus eine herrliche Braut vor sich stehen sehen, die ohne Tadel oder Makel ist.

Genau das war die Botschaft, die durch den Dienst von Johannes dem Täufer verkündigt wurde. Er pflügte die brachliegenden Felder, den ausgetrockneten Boden der Herzen, die in der Dürre des religiösen Systems hart geworden waren, in dem es keinen Raum für Liebe und Romantik gab. Befähigt durch die eigene Erfahrung der leidenschaftlichen Liebe Jesu, zerstörte Johannes der Täufer die Festungen des Stolzes und richtete die von Depression Erniedrigten wieder auf. Seine Botschaft konzentrierte sich auf die *Wiederherstellung der richtigen Wahrnehmung von Gott*, damit der Weg für den Sohn Gottes bereitet würde. Seine Stimme war die Stimme, die in der Wüste rief und forderte, dass der Weg für das Kommen des Herrn bereitet wird.

In gleicher Weise lässt Gott auch heute, in den letzten Tagen, Stimmen wie diese erklingen. Er beruft Männer und Frauen, die dazu geschaffen und gesalbt sind, das wahre Wesen Gottes als liebender Vater zu verkünden, der alle Menschen zu sich ziehen will. Er will Seine Liebe, Heilung und Gerechtigkeit ausgießen und Sein Volk für die leibliche Wiederkunft Christi vorbereiten. Und dies wiederum tut Er, damit die Menschheitsgeschichte auf ihren Höhepunkt zusteuern kann – das Hochzeitsmahl des Lammes.

Dieser Plan steht seit Grundlegung der Welt unverrückbar fest. Im Laufe der letzten drei Jahrzehnte, hat der Herr nun die Aufmerksamkeit im Leib Christi auf zwei wichtige Anliegen Seines Herzens gelenkt. Sie machen den Kern der Botschaft des Vorläuferdienstes aus – nämlich die Erkenntnis des Vaterherzen Gottes und die Verkündigung der tiefen und innigen Liebe Jesu als Bräutigam, zu uns, Seiner Braut. Das war der Schwerpunkt von Johannes dem Täufer – durch die Verkündigung der Realität des Vaterherzen Gottes bereitete er den Weg für die Ankunft des Bräutigams.

In meiner Rolle als einer der Leiter des *International House of Prayer*-Missionsstützpunktes in Kansas City (IHOP-KC) besteht der größte Teil meines Dienstes darin, mit meiner Frau Marie herumzureisen und das leidenschaftliche Herz des Bräutigams Jesus für Seine Braut, die Gemeinde, zu verkünden. Das ist eine der größten Freuden in meinem Leben. Es ist ein großes Privileg, in Zusammenarbeit mit dem Heiligen Geist die geistlichen Augen von Gottes Volk zu öffnen. Die Botschaft der leidenschaftlichen Liebe des Bräutigams Jesus ist tief in der Erkenntnis der Liebe des Vaters verwurzelt. Diese Erkenntnis begann sich Anfang der 80er Jahre zu entfalten, als der Herr meine Familie und mich in neue Dimensionen Seiner Liebe und Kraft mit hineinnahm.

Im Herbst 1985 war ich gerade Pastor einer Vineyard-Gemeinde in Aurora, Colorado (USA). Auf souveräne Art begann der Heilige Geist in jener Zeit, mir eine ganze Reihe von Predigten über das Wesen des Vaters zu geben, die für mich selbst völlig revolutionär waren. Zu dieser Zeit entwickelte ich auch eine Freundschaft zu Bob Jones, der damals in Kansas City lebte und dort einen starken prophetischen Dienst hatte. Obwohl Bob ein gewaltiger Mann mit tiefen Einsichten und ein sehr genauer Bibelausleger war, war sein persönlicher Stil eher kindlich, transparent und erfrischend einfach. Als ich eines Tages mit ihm sprach, fragte ich ihn nach seiner Beziehung zum Vater. Seine Antwort war faszinierend einfach. Er sagte: «Wenn ich Ihn Vater nenne, so scheint Er mir einfach viel zu weit weg, deshalb nenne ich Ihn Papa.»

Als ich nun diese Botschaften von der Identität und dem Wesen des Vaters empfing, gab ich der Lehrreihe den Titel «Komm zu Papa», denn das Ziel dieser Botschaft ist es, den Vater kennenzulernen, den Jesus kannte und den ich in der innigen Beziehung sah, die mein Freund Bob mit Ihm hatte. Ich begann, das Wesen des Vaters so zu betrachten, wie Jesus Ihn in den Gleichnissen offenbarte. Dies mündete in eine Lehrreihe, die auf Kassette aufgenommen wurde.

Im Herbst 2002 ermutigte mich ein Freund, dass diese alten Botschaften sehr wertvoll seien und dass das Fundament der Erkenntnis des Vaterherzen Gottes noch in viele Herzen gelegt werden müsse – bei Millionen von Männern und Frauen, die der Heilige Geist noch in das Königreich Gottes bringen würde. Schließlich traf ich einige meiner früheren Freunde, die noch Originalaufnahmen von diesen Botschaften hatten, die ich während einer Konferenz 1987 weitergegeben hatte. Ich bat sie, mir die Kassetten zu leihen. Als ich sie mir nach so langer Zeit wieder anhörte, war ich beeindruckt von der immer noch frischen Offenbarung von Gottes Herzen als Vater, der uns auf eine ewige Beziehung der Freude und Erfüllung als Braut Seines Sohnes vorbereitet. Der Heilige Geist bewegte mein Herz dazu, diesen alten Brunnen der Offenbarung wieder aufzugraben und diese Betrachtungen in einem Buch festzuhalten, damit die zweifache Dimension der Vorläufer-Botschaft wieder gefestigt werden kann.

Mein inniges Gebet ist es, dass die Erkenntnis der Liebe des Vaters dein Herz tief erfasst und so ein Fundament in dir gelegt wird wird, welches die Erkenntnis der Liebe des Bräutigams in deiner Erfahrung freisetzt – damit du erfüllt wirst mit der Fülle Gottes.

Gary Wiens
Kansas City, Missouri

# 1

# Der Vater der Herrlichkeit

## *Epheser 1,17-19*

Es gibt ein Gebet, das bereits seit vielen Jahren den Kern der Fürbitte in meinem eigenen Leben ausmacht. Es ist das Gebet des Apostels Paulus für die Gemeinde in Ephesus. Jesus selbst sagte im Hohenpriesterlichen Gebet in Johannes 17, dass echtes ewiges Leben bedeutet, den Vater zu kennen – und Jesus Christus, den der Vater gesandt hat, um Sein Wesen zu offenbaren. Paulus wusste, was der wesentliche Bestandteil dieser Offenbarung ist, und so betete er, dass Gott ihnen «gebe den Geist der Weisheit und Offenbarung in der Erkenntnis seiner selbst». Nachdem ich nun dieses Gebet selbst unzählige Male gebetet habe, bin ich zu der Überzeugung gelangt, dass diese Offenbarung die wichtigste Erfahrung in einem menschlichen Leben ist. Diese Erkenntnis ist die Essenz unserer Erlösung und wird erfahren, wenn der Geist Gottes einem Menschen die Offenbarung von Gott als unserem Himmlischen Vater schenkt. Alle anderen Erfahrungen sind im Licht dieser Offenbarung zu sehen und sind ohne sie bedeutungslos.

In diesem kurzen Gebet von Epheser 1,17 wird der Vater mit einem Namen umschrieben, der mein Herz tief ergreift. Er wird der *«Vater der Herrlichkeit»* genannt. Während ich über diesen Vers immer wieder nachsann, bekam dieser Name eine tiefere und reichere, aber gleichzeitig auch eine mysteriöse und unerklärliche Bedeutung für mich. Gerne benutze ich diese Bezeichnung und sinne oft über diesen Namen nach, ich bete Ihn mit diesen Worten an und versuche unzählige Umschreibungen zu finden, die Seinem Wesen Ausdruck verleihen. Aus eigener Erfahrung weiß ich: Je mehr ich über diese Worte nachsinne – *Vater der Herrlichkeit* – desto mehr wird mir ihre Bedeutung offenbar und desto mehr werde ich von Seiner Herrlichkeit ergriffen.

Und so funktioniert es. Je mehr wir über das Wesen Gottes nachdenken, desto größer wird Er uns. Je mehr ich Ihn betrachte und meine Augen auf Ihn richte, umso mehr wird mein Herz mit größerem Verlangen nach Seiner Erkenntnis erfüllt. Sein Name ist überwältigend. Er ist voller Heilung und rettender Gnade, voller Macht, um diejenigen auf ein festes Fundament zu stellen, die an Seinen Namen glauben. Der Psalmist und König Israels, David, schrieb von dieser Dynamik bereits vor drei Jahrtausenden, als er diese Worte verfasste:

> Heiß wurde mir das Herz in der Brust,
> bei meinem *Nachsinnen*[4] entbrannte ein Feuer.
> Da musste ich reden ...
>
> Psalm 39,4

Das erste Kapitel dieses Buches ist der wunderbaren Beschäftigung des Nachsinnens über den Namen und das Wesen des Vaters gewidmet, und so scheint es mir gut und richtig, mit dem wunderbaren Namen *Vater der Herrlichkeit* zu beginnen.

## Was ist Herrlichkeit?

Hier stellt sich gleich auch schon die erste Frage: Wie beginnt man überhaupt, von der Herrlichkeit Gottes zu reden? *Herrlichkeit* ist ein Ausdruck, der in einem allgemeinen Sinne gebraucht wird, um die unaussprechlichen Aspekte von Gottes Glanz, Seiner Majestät und Macht zu beschreiben. Das hebräische Wort *«kabod»* bedeutet wörtlich *Gewichtigkeit* oder *Schwere* und bezieht sich auf die Dynamik, die einsetzt, wenn eine Person von großer Bedeutung oder Pracht einen Raum betritt. Man spürt sofort die *Gewichtigkeit* ihrer Gegenwart und eine automatische Ehrerbietung in den Herzen derer aufsteigen, die diese Person kennen oder achten. Hin und wieder zieht die Gegenwart einer Person auch die Aufmerksamkeit aller Anwesenden auf sich, ohne dass man sie persönlich kennt. Diese Dynamik vollzog sich, als die Königin von Saba König Salomo aufsuchte. Sie hatte von seinem Ruhm und seiner Majestät gehört, konnte sich jedoch eine solche Größe kaum vorstellen. Deshalb handelte sie weise und suchte ihn auf, um sich selbst davon zu überzeugen. Als sie ihn sah, so beschreibt die Heilige Schrift, «stockte ihr Atem». Der Text fährt fort und gibt die Worte der Königin wieder als sie Salomo zum ersten Mal begegnete:

> Sie sagte zum König: Was ich in meinem Land über dich und deine Weisheit gehört habe, ist wirklich wahr. Ich wollte es nicht glauben, bis ich nun selbst gekommen bin und es mit eigenen Augen gesehen habe. Und wahrhaftig, nicht einmal die Hälfte hat man mir berichtet von der Größe deiner Weisheit. Du übertriffst alles, was ich gehört habe. Glücklich sind deine Männer und glücklich diese deine Diener, die allezeit vor dir stehen und deine Weisheit hören. Gepriesen sei Jahwe, dein Gott, der an dir Gefallen gefunden und dich auf seinen Thron gesetzt hat, damit du König bist für Jahwe, deinen Gott. Weil dein Gott Israel liebt und ihm ewigen Bestand verleihen will, hat er dich zum König bestellt, damit du Recht und Gerechtigkeit übst.
>
> 2. Chronik 9,5-8

Diese Frau, die mit der Realität von Ruhm und Herrlichkeit vertraut war, war trotzdem auf die Offenbarung der Größe Salomos nicht vorbereitet. Sie sah seine Herrlichkeit, die Gewichtigkeit seiner Person und seiner Gegenwart, den Glanz seiner Weisheit – und ihr stockte der Atem. Sie konnte nichts anderes tun, als all ihre

Reichtümer zu seinen Füßen niederzulegen, ihn als den zu ehren, der in seiner Weisheit und Größe über allen anderen steht und sich ihm zu unterwerfen. Das ist genau das, was einem Menschen geschieht, der eine Begegnung mit *Herrlichkeit* hat. Wir sind erledigt, uns stockt der Atem, denn die Begegnung mit der *Herrlichkeit* offenbart unseren Herzen, dass es eine noch viel größere Realität außer uns gibt – eine Realität, der wir alles verdanken.

Wenn dies nun die Reaktion einer Königin gegenüber einem anderen menschlichen Wesen ist, wie viel ergebener werden wir sein, wenn wir uns vor dem Einen wiederfinden, der *Vater der Herrlichkeit* heißt! So wie Jesaja von der Gegenwart Gottes überrascht wurde, als er Ihn anbetete, so kommt es auch in unserem Leben hin und wieder unerwartet zu einer Begegnung mit der Gegenwart Gottes. In solchen Zeiten dreht Er die Voltzahl ein bisschen höher als zuvor, und wir können nur noch vor Ihm niederfallen und weinen, weil Seine Hand uns tief in unserer Seele berührt. Ich erinnere mich noch an eine solche Begegnung, die ich im Frühjahr 2003 hatte. Ich war gerade auf einer Konferenz im Haus der Anbetung in Rutland, Vermont (USA), und laut Programm sollte ich der erste Sprecher sein. Ich hatte eine klare Vorstellung von dem, was ich lehren wollte, und weil ich leidenschaftlich gerne über Gott rede, wollte ich auch schnell zur Sache kommen. Während der Gebetszeit vor der Veranstaltung begann der Heilige Geist jedoch, uns verstärkt mit Seiner spürbaren Gegenwart zu berühren. Meine Emotionen wallten wie eine Sturmflut in mir auf, denn ich liebe es noch viel mehr, die unmittelbare Nähe Gottes zu erleben, als nur darüber zu reden. Während unserer Zeit des Gebets und der Anbetung verstärkte sich das Gewicht der Herrlichkeit, und ich ließ meinen Emotionen freien Lauf. Als es Zeit für meine Predigt war, war ich so überwältigt, dass mir jegliche Worte fehlten. Ich hatte plötzlich das Gefühl, dass ich überhaupt nichts mehr zu sagen hatte. Mit zögerlichen und gebrechlichen Worten teilte ich das mit, was im Angesicht Seiner Herrlichkeit, Seines Glanzes und der Güte Seiner Gegenwart in mir vorging.

Erfahrungen wie diese sind berauschend für mich. Ich liebe – nein, ich begehre die Gegenwart des Herrn, denn in Seiner Gegenwart und der unmittelbaren Berührung meines Herzens durch Ihn weiß ich, wer ich bin. In dem Erleben Seiner Freude und Seines Wohlgefallens an mir erkenne ich wie die Königin von Saba, dass es Einen gibt, dem ich all das verdanke, was ich bin und habe.

## Zeige mir Deine Herrlichkeit

Weil uns diese Erfahrungen der Gegenwart Gottes mit solcher Freude und Wonne erfüllen, werden wir immer wieder dahin gezogen, Ihn zu suchen, um Ihn besser kennen zu lernen. Die Gegenwart Gottes macht förmlich süchtig – und wir sind dazu geschaffen, von dieser Sucht ergriffen zu werden. Wir wurden nicht dazu geschaffen, um ein langweiliges, zerstreutes Leben zu führen oder uns mit vergänglichen Dingen zu füllen und zufrieden zu geben. Wir wurden dazu geschaffen, ein erfülltes Leben zu leben, das von dem Rausch der Güte und Herrlichkeit des Herrn ergriffen ist. Wir wurden dazu geschaffen, von Seinem Herzen ergriffen zu werden, um den zu lieben, der unsere Seelen leidenschaftlich liebt. Weil ich dies von ganzem Herzen glaube, bin ich ein reueloser *Vergnügungssüchtiger* – und der Raum, wo dieses Verlangen nach Erfüllung völlig gestillt wird, ist die Gegenwart Gottes.

Ich bin sehr von der Sehnsucht im Herzen Moses ergriffen, die in 2. Mose 33 und 34 offenbar wird. Dieser demütige Mann wagte es, den Gott voller Macht und Majestät zu bitten, sich ihm zu offenbaren. Mose war unnachgiebig und weigerte sich, sich mit einem Nein als Antwort zufrieden zu geben. Er war von dem tiefen Verlangen getrieben, Gott zu kennen, Seine Wege zu verstehen und Seine Herrlichkeit zu sehen. Dieser unersättliche Hunger fand Wohlgefallen vor Gott, dessen Herz mit leidenschaftlicher Liebe brennt. Wie jeder echte Liebhaber sehnt auch Gott sich danach, gewollt und begehrt zu werden. Und diejenigen, die Ihm mit sehnsüchtigem

Verlangen nachjagen, werden Ihn finden. Moses Herzensschrei war, *Zeig mir Deine Herrlichkeit. Gott des Himmels und der Erde, was ist es, was Deine Gegenwart so unwiderstehlich und überwältigend macht? Was ist das Wesen Deiner Herrlichkeit, von der die Himmel Tag und Nacht singen und der ganzen Erde unverkennbar verkünden, damit jeder mit einem Herzen voller Verlangen Dich suchen und finden kann?* [5] *Zeig mir, wer Du bist, denn die kleinen Hinweise, die Du mir bisher gegeben hast, haben mich mit unwiderstehlichem, schmerzlichem Verlangen nach mehr Erkenntnis von Dir gefüllt.*

Gott hatte Gefallen an dem Herzensschrei dieses Dieners, der so zu Seinem Freund wurde. Er bereitete Mose auf ganz bestimmte Weise vor, denn Gott von Angesicht zu Angesicht zu sehen, bedeutet, zu sterben. Ob so oder so – es verändert alles. Gott offenbarte Mose Sein Wesen auf atemberaubende, überwältigende Weise. Mose beschreibt diese Begegnung mit eigenen Worten:

> Da stieg der HERR in der Wolke herab, und er trat dort neben ihn und rief den Namen des HERRN aus. Und der HERR ging vor seinem Angesicht vorüber und rief: «Der HERR, der HERR, Gott,[6] barmherzig und gnädig, langsam zum Zorn und reich an Gnade und Treue, der Gnade bewahrt an Tausenden von Generationen, der Schuld, Vergehen und Sünde vergibt, aber keineswegs ungestraft lässt, sondern die Schuld der Väter heimsucht an den Kindern und Kindeskindern, bis ins dritte und vierte Glied.»
>
> 2. Mose 34,5-7

Mose trachtete danach, Gottes Herrlichkeit zu sehen – das, was so berauschend und anziehend an Ihm ist. Der Herr antwortet ihm mit der Verkündigung Seines Namens *Jahwe* und beschreibt Sein Wesen als unermesslich gut, gnädig und barmherzig. In diesen Worten steckt eine unwiderstehliche Güte, die uns einlädt, ja beinah dazu zwingt, uns Ihm zu nahen, um Ihn besser kennen zu lernen. *Jahwe* – der Gott, der ist, und dessen Wesen einfach nicht lügen kann, schon gar nicht über sich selbst. Dieser Gott sagt, dass Er gütig und barmherzig ist, und zwar so barmherzig, dass Er all meinen Widerstand aus dem Weg räumt und meinem Herzen die gleiche Antwort entlockt, die Mose hatte:

> Da warf sich Mose eilends zur Erde nieder, betete an und sagte: «Wenn ich doch Gunst gefunden habe in deinen Augen, Herr, so möge doch der Herr in unserer Mitte mitgehen! Wenn es auch ein halsstarriges Volk ist, vergib uns aber dennoch unsere Schuld und Sünde und nimm uns als Erbe an!»
>
> 2. Mose 34, -9

Das ist genau die Stelle, die mich so fasziniert. Das Ergebnis seiner Begegnung mit der Herrlichkeit Gottes war die Erkenntnis, dass es seine Berufung und die Berufung des Volkes Israel war, *Gottes eigenes Erbe* zu sein! Dieses Gebet von Paulus in Epheser 1, das ich am Anfang dieses Kapitels erwähnte, hat als Kern, dass wir die unvorstellbare Realität erkennen: Gott hat ein Erbe in den Heiligen. Denk darüber einmal nach! *Dieser* Gott, der unvergleichliche *Vater der Herrlichkeit* und Güte, hat ein Erbe, und dieses Erbe besteht aus *Menschen*! Menschliche Wesen mit Warzen und allen möglichen anderen Marotten sind Wesen, die das Herz Gottes ergreifen. Gottes Verlangen als Vater aller Dinge ist, dass wir Sein Erbe sind. Das ist, was Sein Herz erfüllt und Sein Verlangen stillt.

Es ist mir schier unvorstellbar, dass der ewige Gott überhaupt ein Verlangen nach uns Menschen haben kann, ganz zu schweigen nach schwachen Menschen, wie wir es sind! Und es wird noch unfassbarer, wenn wir erkennen, dass Er uns schwache Wesen Seinem wunderbaren Sohn Jesus gegenüberstellen will. Wir sind dazu bestimmt, das Geschenk eines Gegenübers zu sein, eine Braut, die dem vollkommenen Sohn eine vollkommene Helferin ist. Der *Vater der Herrlichkeit* übt diese Güte und Barmherzigkeit Seines Wesens an uns, um uns zu reinigen und uns als Sein eigenes Erbe zuzubereiten. Wir werden zu der ewigen und herrlichen Braut Christi,[7] die Fülle dessen, der alles in allem erfüllt.[8]

## Die Herrlichkeit Gottes im Angesicht Jesu Christi

Genau um dieser großen Liebe willen und wegen des Verlangens in Seinem eigenen Herzen hat der Vater unseres Herrn Jesus, der *Vater der Herrlichkeit,* Seinen Sohn in diese Welt gesandt, um uns zu erlösen.[9] Im Lauf dieses Prozesses der Wiedergewinnung offenbart uns Jesus genau, wie der Vater ist. Der Schreiber des Hebräerbriefes sagt es so:

> Nachdem Gott vorzeiten vielfach und auf vielerlei Weise geredet hat zu den Vätern durch die Propheten, hat er in diesen letzten Tagen zu uns geredet durch den Sohn, den er eingesetzt hat zum Erben über alles, durch den er auch die Welt gemacht hat. Er ist der Abglanz seiner Herrlichkeit und das Ebenbild seines Wesens und trägt alle Dinge mit seinem kräftigen Wort und hat vollbracht die Reinigung von den Sünden und hat sich gesetzt zur Rechten der Majestät in der Höhe.
>
> Hebräer 1,1-3

Jesus ist der Erbe aller Dinge im Königreich des Vaters, und der Inbegriff dieses Erbes sind wir. Als Er auf diese Erde kam, kam Er, um das Wesen, den Namen und die Wege des Vaters zu offenbaren. Dies tat Er, damit die Menschen erkennen, was für einen Gott wir haben – damit unsere Herzen von Seiner brennenden Liebe ergriffen werden. Dieser *Vater der Herrlichkeit* ist ein leidenschaftlicher Liebhaber, der nicht bereit ist, sich mit weniger zufrieden zu geben als die Erfüllung des Verlangens Seines Sohnes in der ewigen Beziehung mit uns Menschen. Seine Strategie im Senden Jesu war, sich auf solche Weise zu offenbaren, dass die Herzen der Menschen durch Seine

Liebe und Seine offenbarte Herrlichkeit gewonnen würden. Jesus würde den *Vater der Herrlichkeit* offenbaren.

Es gibt einen gewaltigen Abschnitt in dem zweiten Brief des Paulus an die Gläubigen in Korinth, der genau dies anspricht:

> Denn Gott, der sprach: «Licht soll aus der Finsternis hervorleuchten», der hat einen hellen Schein in unsre Herzen gegeben, dass durch uns entstünde die Erleuchtung zur Erkenntnis der Herrlichkeit Gottes in dem Angesicht Jesu Christi.
>
> 2. Korinther 4,6

Paulus sagt hier, dass derselbe Gott, der Himmel und Erde geschaffen hat – der die Sonne ins Leben gerufen hat, als nichts anderes als Finsternis im Universum herrschte – Licht in unsere dunklen Herzen hat strahlen lassen. Das Strahlen des Lichts hat zum Ziel, dass wir die Herrlichkeit des Vaters im Angesicht Seines Sohnes Jesus Christus sehen können. Mit anderen Worten, Sinn und Ziel des ersten Kommens Jesu war, uns zu zeigen, was für einen Vater wir haben – den Vater, den Jesus kennt. Er ist nicht der Vater von toten religiösen Systemen und Er ist nicht der distanzierte, hartherzige Vater. Er ist vielmehr der *Vater der Herrlichkeit,* der Vater der Pracht, der Güte und des Erbarmens, nach dem wir uns in Wahrheit sehnen. Das ist das Herz, das wir berühren wollen, und in Seinen Armen finden wir alles, was wir brauchen. Unsere Kinderherzen lassen die Bitte von Philippus widerhallen, die wir in Johannes 14,8 finden: «Zeige uns den Vater, und es genügt uns.» Die Antwort Jesu auf diesen Herzensruf war eindeutig und klar:

> Jesus spricht zu ihm: So lange Zeit bin ich bei euch, und du hast mich nicht erkannt, Philippus? Wer mich gesehen hat, hat den Vater gesehen. Und wie sagst du: Zeige uns den Vater? Glaubst du nicht, dass ich in dem Vater bin und der Vater in mir ist? Die Worte, die ich zu euch rede, rede ich nicht von mir selbst; der Vater aber, der in mir bleibt, tut seine Werke.

Glaubt mir, dass ich in dem Vater bin und der Vater in mir ist; wenn aber nicht, so glaubt mir um der Werke selbst willen.

Johannes 14,9-11

Die tiefe Bedeutung dieses Abschnitts hallt bis in alle Ewigkeit. Die Person Jesu ist die präzise Definition und Offenbarung des Wesens des Vaters. Jesus zeigt uns, wie der Vater ist und wie Er mit schwachen und zerbrochenen menschlichen Wesen verfährt. Er kam, um den Vater zu offenbaren, um Seinen Namen bekannt zu machen und die Missverständnisse und falschen Bilder von Gott niederzureißen, die sich über die Jahrhunderte aufgebaut hatten. Jesus kam als Fülle Gottes in menschlicher Form,[10] und all Seine Begegnungen mit den Menschen spiegelten den Charakter und das Wesen des Vaters wider. Jesus ist die personifizierte Güte Gottes, und diejenigen, deren Herzen für diese Realität offen waren, sahen die Herrlichkeit des Vaters im Angesicht Jesu in Seinem täglichen Umgang mit den Menschen.

Wie gerne sinne ich über diese Realität nach! Die Herrlichkeit Gottes im Angesicht Jesu! Dass der Gott, der Himmel und Erde geschaffen hat, Licht in unsere kalten, finsteren und chaotischen Herzen hineinscheinen lässt, damit wir Ihn in dem Angesicht dieses wunderschönen Mannes erkennen können!

Und wie sehr diese Realität die Bibelabschnitte zum Leben erweckt, die von der Begegnung Jesu mit einzelnen Menschen berichten! Jede einzelne Begegnung wurde vom Vater genau inszeniert, um Seine Herrlichkeit schwachen, menschlichen Wesen zu offenbaren. Ich stelle mir immer wieder gern diese Begegnungen in den Evangelien vor, so als ob ich selbst dabei wäre. Ich nehme dann zum Beispiel gerne die Rolle des Hauptcharakters in der Geschichte ein – der Mann am Teich Bethesda in Johannes 5, oder die Frau am Brunnen in Johannes 4. Ich versuche, mich in sie hineinzuversetzen und mir vorzustellen, was sie in ihren Lebensumständen empfanden und was in ihnen vorgegangen sein mochte, als Jesus ihnen mit der Herrlichkeit des Vaters begegnete. Wenn ich Seine gütige und barmherzige Begegnung mit Menschen wie dem Steuereintreiber Zachäus oder mit Petrus und den anderen Jüngern sehe, fange ich an zu erkennen, dass Jesus mit mir auf gleiche barmherzige und gütige Weise umgeht. Wenn Er auf den Aussätzigen in Markus 1 zugeht, erkenne ich, was der Vater bezüglich der unreinen Stellen in meinem Leben empfindet. Ich sehe, wie willig Er ist, die Punkte zu heilen, die mich von Ihm und dem Rest Seines Volkes trennen. Wenn ich sehe, wie barmherzig Jesus mit der Ehebrecherin in Johannes 8 umgeht, schöpfe ich Hoffnung, dass Er die Bereiche von Scham in meinem Leben mit Barmherzigkeit und nicht mit Verurteilung begegnet. Genauso wird mir an dem Beispiel, wie Jesus die Pharisäer und Leiter des damaligen religiösen Systems konfrontiert und zurechtweist, deutlich, wie Er über meine Haltung der Überheblichkeit denkt. Ich sehe, was Er von dem Elitedenken in meinem Herzen hält, das mich davon abhält, mit den zerbrochenen Menschen barmherzig zu sein. Die Hoffnung, die mich beim Nachsinnen über diese Bibelstellen erfüllt, ist überwältigend. Wenn Gott wie dieser Mann Jesus ist, dann will ich Ihn mehr und mehr kennen lernen!

## Die Erkenntnis des Vaters wieder herstellen

Genau das hat dieses Buch zum Ziel. Als der Engel Gabriel dem Priester Zacharias im Hause des Herrn erschien,[11] prophezeite er dem alten Mann, dass er und seine Frau Elisabeth einen Sohn bekommen würden. Dieser Sohn sollte Johannes heißen und

> ... er wird vor ihm hergehen im Geist und in der Kraft Elias, zu bekehren die Herzen der Väter zu den Kindern und die Ungehorsamen zu der Klugheit der Gerechten, zuzurichten dem Herrn ein Volk, das wohl vorbereitet ist.
>
> Lukas 1,17

Johannes der Täufer würde der erste Vorläufer sein – die Stimme in der Wüste, die das Volk Gottes dazu aufruft, den Weg für das Kommen des Herrn zu bereiten. Diese Vorbereitung hatte mit einem Aufruf zur Umkehr zu tun. Diese Umkehr bezog sich nicht in erster Linie auf gottlose Taten, sondern auf die falschen Bilder und das falsche Verständnis von Gott, welches durch das religiöse Etablissement hervorgerufen wurde. Entsprechend der kalten und finsteren Herzen der religiösen Leiter wurde Gott der Vater als distanziert, wütend und unbarmherzig dargestellt. Aufgrund ihres Beispiels wurde Gott als kontrollierend, streng und zornerfüllt wahrgenommen, anstatt als gütig, barmherzig und herzensnah. Deshalb kam Johannes mit der Aufgabe, die Stimme des Bräutigams in der Wüste zu hören[12] und von den Worten seines Geliebten mit einer brennenden Leidenschaft erfüllt zu werden. Vom Podium dieser persönlichen Erfahrung aus würde er das Volk zur Umkehr rufen, damit es sich von den falschen Vorstellungen und Bildern von Gott abwendet und sich Dem zuwendet, der nach ihm kommen und die Herrlichkeit des Vaters offenbaren würde.

Ebenso lässt der Heilige Geist auch in unserer Zeit Stimmen in dem Geist und der Kraft Elias erklingen, um die Herzen der Kinder der Erkenntnis des wahren Wesens des Vaters zuzuwenden. Gott entspricht keinem der Bilder, die durch enge, kontrollierende, religiöse Systeme widergespiegelt werden. Religiöse Systeme verkünden oft einen Gott, der entweder zornig oder traurig ist, aber niemals froh – schon gar nicht, wenn es dich und mich betrifft. Gott hat nichts mit einem Rebellen-Führer zu tun, der angerufen werden kann, um ein Programm zu rechtfertigen oder einen Lebensstil zu erhalten, der wenig oder gar nichts mit dem Charakter und dem Plan des Gottes unseres Herrn Jesus Christus zu tun hat. Dieser Gott ist der *Vater der Herrlichkeit,* der Herr des Himmels und der Erde, dessen Herz mit einem leidenschaftlichen Verlangen nach uns brennt. Er will, dass Menschen von jedem Stamm, jeder Sprache und jedem Volk durch die große Gnade in dem Opfer Seines Sohnes gerettet werden, damit letztendlich Sein Verlangen nach uns im Herzen Jesu gestillt wird. Das ist der Vater, den Jesus kannte und den Er offenbarte.

## Meine Ehre, und der mein Haupt emporhebt

Dieser *Vater der Herrlichkeit,* dessen Ehre und Majestät der Inbegriff von echtem Verlangen ist, hat Sein Verlangen auf uns schwache und zerbrochene Menschen gerichtet. Diese Realität ist einfach überwältigend, und doch gleichzeitig absolut wahr. Mit Vorliebe offenbart Er die Erkenntnis Seines Wesens denen, die ein zerbrochenes Herz und einen zerschlagenen Geist haben.[13] Er zieht sie mit großer Behutsamkeit in Seine Nähe, damit sie Ihn so kennen lernen, wie Er wirklich ist. Der Vater schenkt Seine Pracht gerne denen, die zu Ihm in Schwachheit kommen und bekennen, wie sehr sie Seine Gnade und Barmherzigkeit brauchen.

Es gibt eine bestimmte Schriftstelle, die mein Herz auf ganz besondere Weise berührt. Psalm 3,3 vereint die Erfahrung von Gottes Herrlichkeit und das Erheben des Hauptes von einem, der niedergeschlagen und verzweifelt ist.

> Du aber, HERR, bist ein Schild um mich her,
> meine Ehre[14], und der mein Haupt emporhebt.

Wenn ich über diese Stelle nachsinne, muss ich an das Dilemma denken, in dem sich Eva im Garten Eden befand, nachdem sie gesündigt hatte. Wenn sie Gottes Gebot gehalten hätte, hätte Er sie in Seiner Gnade erhoben. Als Teil des Fluches, der als Gericht über ihre Sünde kam, sprach der Herr diese Worte:

> Nach deinem Mann wird dein Verlangen sein, er aber wird über dich herrschen.
>
> 1. Mose 3,16

Dieser Vers zeigt uns, dass mit der Sünde von Adam und Eva etwas sehr Wertvolles und Wichtiges verloren ging. Bis dahin hatten beide Gott von Angesicht zu Angesicht gegenübergestanden. Sie sprachen mit Ihm und wanderten mit Ihm im Garten am Ende des Tages. Sie waren Seine Partner in der neuen Schöpfung. Gott hätte sie zu Seiner Zeit an allem teilhaben lassen und hätte sie mit der Fülle Seiner Herrlichkeit beschenkt. Er hatte sie als Braut für Seinen Sohn geschaffen. Er hatte die volle Absicht, sie in einen Stand der Bedeutung und Erfüllung zu erheben, der all ihre Vorstellungskraft übersteigen würde – selbst in ihrer Beschaffenheit vor dem Sündenfall. Gott hätte sich ihnen zunehmend offenbart und sie auf die Position vorbereitet, für die sie geschaffen wurden – Miterben mit dem Sohn zu sein, vollwertige Partner in dem Königreich Gottes.

In ihrer Rebellion vollzog sich jedoch eine Tragik. Wo sie bisher der Gegenwart Gottes aufrecht gegenüberstanden, nahmen sie jetzt eine verkrümmte Haltung ein, was zur Folge hatte, dass sie nun das unter sich und aneinander zu finden suchten, was ihnen nur Gott geben konnte. In dem Fluch über die Frau sagte Gott «dein Verlangen wird nach deinem Mann sein». Oder anders gesagt, «du wirst bei deinem Mann Erfüllung suchen und dein Verlangen wird fortwährend enttäuscht werden», denn wir wurden nicht dazu geschaffen, unsere Erfüllung allein in menschlichen Beziehungen zu finden. Wir wurden für Gott geschaffen, und Er ist der Einzige, der die Bedürfnisse unseres Herzens stillen kann. Die Sünde hat uns jedoch in eine verkrümmte und gebeugte Haltung gebracht, und nun suchen wir unsere Identität und Bedeutsamkeit bei Menschen oder Dingen, wo wir sie nicht finden können.

In unserer Zerbrochenheit, unserem gefallenen Zustand, ist unser Blick horizontal ausgerichtet, um einen Sinn oder ein Ziel für unser Leben zu finden. Wir suchen in menschlichen Beziehungen, in unserer Arbeit oder bei Leitern, die über uns stehen, um das Verlangen in unseren Herzen nach Bedeutung und Sinn zu erfüllen. In dieser verkrümmten Haltung schauen wir auf unsere Eltern, und besonders auf unsere Väter, die in ihrer eigenen Zerbrochenheit die Sehnsucht unserer Herzen nicht stillen können. Es ist wichtig, dies zu verstehen – es ist nicht nur so, dass sie diesen Platz nicht ausfüllen, sie *können* es nicht. Wir sind nicht dazu angelegt, um Erfüllung allein in horizontalen Beziehungen zu finden. In dem tiefen Verlangen in unseren Herzen gibt es eine bestimmte Stelle, die nur Gott ausfüllen kann, und nur der *Vater der Herrlichkeit* kann die Realität in unserem Leben freisetzen, die zu echter Fülle führt.

Wir Menschen spüren instinktiv, dass wir für etwas Großes geschaffen sind. Es ist ein Überrest von unserem göttlichen Abbild, das, obwohl es zerbrochen ist, trotzdem noch in uns schlummert. Wir wissen, dass wir dazu geschaffen wurden, bedeutungsvoll zu sein, von jemandem bedingungslos geliebt zu werden. Und wir wissen auch instinktiv, dass wir unfähig sind, uns auf befriedigende Weise zu definieren, und deshalb versuchen wir ständig, dieses Verlangen bei Menschen oder Dingen außerhalb von uns zu stillen. Die Sünde hat uns jedoch in eine verkrümmte Haltung zueinander versetzt und wir suchen das bei Menschen, was wir dort nicht finden können.

Was der *Vater der Herrlichkeit* uns sagen will ist dies: «Ich bin deine Herrlichkeit, Ich bin der, der dir Bedeutung verleiht, in dem deine Identität ist. Wenn du zu Mir kommst, werde Ich dein Haupt wieder aufrichten und deinen Blick aus dieser gebeugten Haltung befreien. Ich werde deinen Blick auf Mich richten, auf den Einen, der dich retten, heilen und zu dem Menschen umgestalten kann, wie Ich dich gemeint habe.»

Der Himmlische Vater weiß, wer wir sind, und nur Er hat die Macht, unsere Herzen in dieser Identität zu festigen. Seine Definition von uns ist die einzige, die zählt, die einzige, die der Wahrheit entspricht. Alles andere, womit wir unser Leben zu definieren versuchen, ist unzulänglich. Und alles andere, womit uns andere Menschen definieren, ist nicht wahr – es sei denn, es deckt sich mit der Meinung des Vaters über uns. Er allein definiert mich und Er allein hat die Macht, mir die Herrlichkeit zu verleihen, zu der ich mich zutiefst in meinem Innersten berufen weiß.

Gott ist sehr clever. Sprüche 25,2 sagt uns: *«Es ist Gottes Ehre, eine Sache zu verbergen; aber der Könige Ehre ist es, eine Sache zu erforschen.»* In diesem Kontext bedeutet der Vers, dass Gott jedem von uns einen kleinen Anteil an Einsicht darüber geschenkt hat, wer wir sind und welchen Platz wir in Seinem Herzen haben. Dieser kleine Anteil genügt, um uns den Instinkt zu verleihen, dass wir zu etwas Großem berufen sind. Auch wenn dieser Teil durch Schmerz und Umstände vernebelt wurde, so hat doch jede Person ein inneres Gespür, dass wir dazu geschaffen wurden, als Könige und Königinnen zu regieren – Miterben des Sohnes Gottes zu sein. Wir haben also gerade genug Information, damit unser Hunger nach mehr geweckt wird.

Weil Gottes Hauptanliegen und Verlangen eine innige Beziehung mit uns Menschen ist, hat Er den größten Anteil dieses Wissens in Seinem eigenen Herzen verborgen. Diese Information hat Er uns nicht aus Geringschätzung vorenthalten oder um uns zu frustrieren. Vielmehr hat Er sie verborgen, weil es Gottes Eigenschaft als *Vater der Herrlichkeit* ist, wertvolle Dinge wie einen kostbaren Schatz zu verbergen. Aber Er sagt uns, dass wir diesen Teil unserer Identität entdecken können, wenn wir uns Ihm nahen. Unsere Ehre als Könige, als Miterben Jesu, ist es, die unaussprechlichen Reichtümer Seiner Herrlichkeit in Seinem Herzen zu erforschen. Wenn wir zu Ihm kommen, um Ihn besser zu kennen, dann öffnet der Vater Sein Herz für uns und beginnt uns zu zeigen, wer wir in Seinen Augen sind. Er hebt unser Haupt empor, damit wir unseren Blick auf Seine Pracht und Güte richten können – und dann spricht Er zu uns über unsere Identität, unseren Wert und unsere Berufung. Indem Er zu uns durch Seinen Heiligen Geist spricht, bleibt ein Abglanz Seiner Herrlichkeit in uns haften, die Ihn selbst widerspiegelt. Auf diese Weise bekommt jeder das, wonach er sich sehnt! Gott gewinnt die innige Beziehung zu uns als Sein Erbe – die Braut für Seinen Sohn. Wir bekommen das, wonach wir uns sehnen – die Erkenntnis, dass Er uns unendlich und bedingungslos liebt, dass unser Leben einen Sinn hat und dass wir eine ewige Berufung von unsagbarer Bedeutung haben. Welche Weisheit und Gnade kommt Ihm zu!

## Die Herrlichkeit des Dieners

Je mehr wir dieses Wachstum in unserer innigen Beziehung mit dem Vater erleben, desto mehr reifen wir zu Partnern mit Christus heran. Wir werden Teilhaber an dem Dienst der Versöhnung und Hoffnung. Wir werden zu der Braut, die mit Vollmacht das Wesen von Vater und Sohn verkündet und dazu aufruft, an der größten Liebesgeschichte aller Zeiten teilzuhaben. Der Ort, der uns in unserer Identität als Braut festigt, setzt uns dazu frei, unserem Leben in der Dienstbereitschaft Jesu Ausdruck zu geben. Es war Jesus, in das Gewand eines Dieners gekleidet, der die Herrlichkeit des Vaters am augenscheinlichsten durch Sein Leiden, Seinen Tod und Seine Auferstehung widerspiegelte.

Als Jesus dem Ende Seiner Tage auf Erden bevorstand, sprach Er von der Offenbarung der Herrlichkeit Gottes und der Realität Seines eigenen Leidens und Sterbens im gleichen Atemzug. Dies löste viel Verwirrung unter den Jüngern aus, denn für sie bedeutete Herrlichkeit automatisch Sieg und Herrschaft. Der Messias, der König der Herrlichkeit und Ehre[15], würde doch im Triumphzug durch die Tore Jerusalems ziehen, und alle Völker der Erde würden sich vor Seiner Gegenwart beugen und Ihm alle Ehre geben. In ihrer Erwartung dieses Tages – welcher auch mit Sicherheit am Ende der Tage kommen wird – entging ihnen jedoch etwas sehr Wichtiges. Sie konnten nicht verstehen, dass der Knecht des Herrn leiden und in die Hände von Gottlosen übergeben werden musste. Die Jünger hatten keinen Bezugspunkt oder Rahmen, in den eine solche Definition von Herrlichkeit und Ehre hineinpasste.

Jesus jedoch verstand genau, dass es Seine Ehre war, das Herz des Vaters zu offenbaren und Sein wahres Wesen zu demonstrieren. Deshalb war Sein Gebet vor Seinem Verrat und Seinem Leiden, dass die Herrlichkeit des Vaters offenbar würde:

Jetzt ist meine Seele betrübt. Und was soll ich sagen? Vater, hilf

> mir aus dieser Stunde? Doch darum bin ich in diese Stunde gekommen. Vater, verherrliche deinen Namen! Da kam eine Stimme vom Himmel: Ich habe ihn verherrlicht und will ihn abermals verherrlichen.
>
> Johannes 12,27-29

Es ist wichtig, dass wir sehen, dass sich das Gebet bezüglich der Verherrlichung des Vaters ausdrücklich auf Sein eigenes Leiden und Seinen Tod bezog. Der Sinn des ersten Kommens Jesu war, das Wesen und den Charakter des Vaters zu offenbaren, damit die Menschen erkennen, was für einen Gott sie haben. Dieser Vater ist Einer, der die Sünden der Welt auf sich nimmt.

Diese Realität wird uns lebhaft in Philipper 2,5-11 vor Augen geführt, auch wenn dieser Abschnitt durch einige unglückliche Übersetzungen seiner Kraft beraubt wurde. Es sei mir deshalb hier gestattet, meine eigene Version zu zitieren, zu der ich nach anhaltendem Gebet und ausgiebigem Studium gelangt bin:

> Diese Gesinnung sei in euch, die auch in Jesus Christus war, der, *genau weil er in der Gestalt von Gott war,* seine Gleichheit mit Gott nicht als Eigennutz sah. Stattdessen entleerte er sich selbst, indem er die Gestalt eines Knechtes annahm, den Menschen gleich. Der Gestalt nach wie ein Mensch erfunden, erniedrigte er sich selbst und wurde gehorsam bis zum Tod, ja zum Tode am Kreuz. Darum hat Gott ihn auch erhöht und ihm den Namen gegeben, der über allen Namen ist, damit sich jedes Knie beuge, im Himmel und auf Erden und unter der Erde, und jede Zunge bekenne, dass Jesus Christus der Herr ist, zur Ehre Gottes des Vaters.

Genau weil Jesus exakt so war wie Sein Vater, nahm Er die Gestalt eines Knechtes an und wurde uns Menschen gleich – ohne dass es zu einem Zusammenbruch Seiner Identität kam, und Sein Leiden stand auch in keinem Widerspruch zum Wesen Gottes. Jesus bestand darauf, so wie der Vater zu handeln, und die Herrlichkeit des Herrn wurde so auf tiefgreifende Weise offenbart. In dem Leiden und Sterben Jesu sah die Welt in roher und extremer Form ganz klar das Wesen der Herrlichkeit des Vaters. Er ist ein Gott, der die Sünden der Welt auf sich nimmt, der den Platz der Zerbrochenheit und des Todes für uns einnimmt. Er ist es, der jede einzelne Sünde und Scham auf sich nimmt, der die Strafe der Schuldigen trug und so der Anfänger und Vollender der Rettung für einen jeden wurde, der zu Ihm kommt und bekennt «Gott hat die Welt in Christus mit sich versöhnt».[16] Nach dieser Erniedrigung und Zermarterung hat Gott den Sohn erhöht und Ihm den höchsten Rang der Herrschaft gegeben, den es gibt. Und jedes Knie wird sich beugen und Seine Herrlichkeit und Pracht anerkennen.

Das ist der Vater, den wir haben. Er ist ein Vater von unglaublicher Pracht, Güte und Barmherzigkeit, voller Gnade denen gegenüber, die Seinem Namen vertrauen. Er ist derjenige, der mir sagt, wer ich bin und der mich Sein Eigen nennt. Es ist der Vater, der mich auf die Berufung vorbereitet, die Er bereits seit Anbeginn der Welt für mich hat. Er ist meine Ehre und Er ist der, der mein Haupt erhöht und meinen Blick von irdischen Dingen löst, damit ich auf den schauen kann, der meine wahre Freude ist. Er ist der Vater unseres Herrn Jesus Christus, der *Vater der Herrlichkeit.*

Es ist mein Gebet, dass die Augen deines Herzens beim Lesen dieses Buches von dem Geist der Weisheit und Erkenntnis geöffnet werden. Ich bete, dass du diesen wunderbaren Vater kennen lernst, so wie Jesus Ihn kannte. Ich bete, dass du in der Erkenntnis Seiner selbst wächst und dich die verändernde Kraft Seines Geistes alle Tage deines Lebens füllen und erfüllen werden.

# 2

# Der suchende Vater

## *Lukas 15,1-7*

Es hätte keine bessere Kulisse für Seine Gleichnisse geben können. Die Zöllner und Sünder zog es zu Jesus, weil sie Seine Lehre hören wollten. Die Pharisäer und Gesetzeslehrer sammelten sich um Ihn, um einen Grund zur Anklage zu finden.

Ich male mir das Fest des Zöllners Matthäus vor Augen, zu dem wahrscheinlich hauptsächlich Leute von seinem Freundes- und Bekanntenkreis eingeladen waren. Ich kann mir den Innenhof des Hauses vorstellen, wo das Fest vielleicht stattgefunden haben könnte. Mit meinem geistigen Auge sehe ich die empörten religiösen Leiter vor Matthäus' Haus, die voller Missbilligung das Geschehen beobachten. «Dieser Mann empfängt *Sünder* und isst mit ihnen!», lautete einer ihrer verärgerten Kommentare. Sie waren über die Kühnheit Jesu aufgebracht, der sich nicht an das Protokoll ihrer Zeit hielt.

Der Begriff «Sünder» ist in diesem Zusammenhang sehr interessant. Im Vokabular der damaligen Kultur wurde mit dem Begriff «Sünder» eine Klasse von Menschen bezeichnet, die sich von dem strikt organisierten religiösen System der Juden abgewandt hatten. «Sünder» waren nicht unbedingt in abtrünnige Taten verstrickt. Vielmehr gehörten sie zu denen, die der Religion den Rücken gekehrt hatten, weil die Anforderungen und die Gesetzlichkeit des legalistischen Systems viel zu zermürbend waren. Sie fielen aus dem

Rahmen und gehörten zu den Abgefallenen, die sich im Grunde nach einer Gottesbeziehung sehnten, aber in der Enge der religiösen Struktur keine Hoffnung fanden.

Was die religiösen Juden so empörte, war die Tatsache, dass Jesus sich mit genau dieser Gruppe von Menschen abgab. Er war gerne mit ihnen zusammen und ging ganz ungezwungen mit ihnen um, und das Neue Testament berichtet uns immer wieder, dass sich diese Gruppe von Menschen in Seiner Gegenwart offensichtlich wohl fühlte. Jesus sah nicht das, was vor Augen war, sondern was der Geist des Vaters Ihm zeigte. Er erkannte all jene, die ein offenes Ohr hatten und so die Wahrheit tief in ihrem Herzen aufnehmen würden. Und so startete Er eine Serie von Gleichnissen, die zum Ziel hatten, beiden Gruppen das Herz des Vaters zu offenbaren – sowohl den religiösen Leitern als auch der Gruppe ohne religiöse Lizenz.

Die drei Gleichnisse von Lukas 15 sind alle auf diese zwei Gruppen zugeschnitten. Im Gleichnis des Verlorenen Schafes und des Verlorenen Groschen spricht Jesus zuerst die «Sünder» und dann die religiösen Leiter an. Im dritten Gleichnis führt Jesus dann die zwei Gruppen zusammen und verkündet ihnen die Einheit, die im Herzen des Vaters ihnen gegenüber lebt. Die Religiösen und die Sünder gehören beide zum gleichen Haushalt – und beiden ist der Vater fremd geworden. In Wirklichkeit ist Er ganz anders als beide Gruppen Ihn wahrnehmen. Er ist viel barmherziger, gütiger und gnädiger, als sie sich vorstellen können. Er ist der suchende Vater, der Vater mit offenen Armen, und Er will sich in Seiner Herrlichkeit offenbaren.

In diesem Kapitel möchte ich dem ersten der drei Gleichnisse besondere Aufmerksamkeit schenken – dem Gleichnis vom Verlorenen Schaf. Wer von uns hat nicht schon einmal Trost aus dem Bild geschöpft, das uns Jesus als den Hirten vor Augen stellt, der das verlorene Schaf auf seinen Schultern trägt? Wir sehnen uns nach diesem fürsorglichen Hirten, der die neunundneunzig zurücklässt, um das eine zu retten, das verloren ist. Es ist ein wunderbares Bild mit einfacher Symbolik und großer Aussagekraft.

Ich möchte hier jetzt jedoch ganz anders an dieses Gleichnis herangehen und unseren Blick sehr zielgerichtet auf das Herz des Vaters lenken, das sich hier offenbart. Jesus selbst sagte, dass Er stets den Willen des Vaters tue. Alles, was Er tat, war eine Reaktion auf die Initiative des Vaters.[17] Deshalb können wir die Schlussfolgerung ziehen, dass die Barmherzigkeit des Hirten in diesem Bild ihren Ursprung im Herzen des Vaters hat. Das Erbarmen des Vaters findet in der Bereitschaft des Sohnes Ausdruck «zu suchen und zu retten, was verloren ist». Dieses Gleichnis dreht sich letztendlich um das Herz des Vaters, der nicht bereit ist, auch nur einen Einzigen verloren gehen zu lassen, ohne ihn ausgiebig gesucht zu haben.

Ich möchte noch einmal an den Kontext dieses Gleichnisses erinnern. Jesus ist zu einem Fest eingeladen, und die größte Gruppe all derer, die an dem Fest teilnehmen, besteht aus «Zöllnern und Sündern». Das sind die *Nobodies* der jüdischen Gesellschaft. Auf der einen Seite haben wir diejenigen, die mit den Römern kollaborieren und die Juden um ihr Geld betrügen. Auf der anderen Seite haben wir die, die den Anforderungen der jüdischen Tradition einfach nicht gerecht werden konnten oder es nicht mehr wollten. Sie waren dem Gesetz nach unrein. Deshalb waren die religiösen Leiter so empört darüber, dass Jesus sich mit diesen Leuten abgab. Ich kann mir vorstellen, wie sie das Fest in kleinen Grüppchen von weitem mit Verachtung und Missbilligung beobachteten.

Ihr Unmut hatte vor allem damit zu tun, dass Jesus mit den Unreinen aß. In der damaligen Kultur konnte man nicht einfach so nebenbei einen Schnellimbiss mit Leuten abhalten, die rituell unrein waren. Zusammen zu speisen war eine ernste Angelegenheit, denn es spiegelte eine Bundesbeziehung wider. Mit dem gemeinsamen Essen gab man in der jüdischen Kultur zum Ausdruck, dass man die gleiche Quelle des Lebens teilte. Es sagte etwas aus über die Beziehung und die Verbindlichkeit der Beziehung. Und das war genau die Stellung, die Jesus damit beziehen wollte – *«Ich bin gekommen, damit sie [die Verlorenen, Lizenzlosen] Leben haben und es in Fülle haben!»* (Johannes 10,10).

Hier kommt nun der Punkt, der die jüdischen Leiter so rasend machte: Jesus tat all diese Dinge *im Namen des Vaters!* Er machte ganz eindeutige Aussagen darüber, dass Er und der Vater eine Einheit bilden. Er betonte, dass Seine Gesinnung und Sein Handeln das Herz des Vaters für zerbrochene Menschen offenbaren. Diese Behauptung hatte verheerende Folgen für die Pharisäer und Gesetzeslehrer. Sie entblößte ihren Dienst als leere religiöse Aktivität ohne echte Verbindung zum Herzen Gottes. Religiöse Leiter verabscheuen es, mit so etwas konfrontiert zu werden, und deshalb waren sie über Jesus völlig aufgebracht.

In diesem Umfeld nimmt Jesus schnell die Spannung und Missbilligung wahr, die Ihn umgibt. Und so erzählt Er die Geschichte von einem Hirten, der seine Herde zurücklässt, um das eine verlorne Schaf zu finden. Diese Geschichte zeigt auf wunderbare Weise, was für ein meisterhafter Lehrer Jesus als Rabbi war. In den gebildeten Kreisen jener Tage wurde ein Lehrstil benutzt, der als *Remes-Prinzip* bekannt war. Diejenigen, die die Schrift studierten, waren mit der Symbolik sehr vertraut, und deshalb machte ein Rabbi oft nur eine Anspielung auf ein biblisches Prinzip. Die Studenten stellten dann selbst alle anderen Zusammenhänge her und wussten genau, welche Schlussfolgerung der Lehrer hier zog. Im Grunde war es das Gleiche, was Petrus an Pfingsten tat, als er sagte: «… das ist, was durch den Propheten Joel gesagt ist …», und jeder in der Menge wusste, auf was er Bezug nahm.

Jesus wählt hier eine der ältesten und deutlichsten Analogien der Heiligen Schrift. Er erzählt die Geschichte von Israel, die die Herde Gottes, des guten Hirten, ist. Es gibt wahrscheinlich keinen Psalm, der beliebter ist als Psalm 23, jene wunderbar tröstlichen Worte, die uns die gütige Fürsorge des guten Hirten für seine Herde zusagen. In Psalm 95 werden wir wieder daran erinnert, dass Israel «das Volk Gottes, die Herde seiner Weide» genannt wird.

Außerdem wurden auch die Leiter Israels *Hirten* genannt. Sie unterstanden der Autorität des Einen Guten Hirten und waren in einem untergeordneten Sinne für das Wohl des Volkes verantwortlich. In der Heiligen Schrift gibt es unzählige Abschnitte wie Hesekiel 34 und Jeremia 23, die sich auf die Hirten Israels beziehen. Diese Abschnitte ziehen die Hirten zur Rechenschaft, weil sie als Leiter in ihrem Handeln den Charakter Gottes nicht widergespiegelt haben.

Diese Schriftstellen waren den Zuhörern wohl vertraut, und deshalb wusste jeder in der Menge bereits nach wenigen Worten, dass Jesus in dem Gleichnis zu den Leitern sprach. Er sprach die Pharisäer und Schriftgelehrten als Hirten der Herde an, die sich um den Hof herum versammelt hatten. Jesus sagte:

> Welcher Mensch unter euch, der hundert Schafe hat und *eins* von ihnen verloren hat, lässt nicht die neunundneunzig in der Wüste und geht dem verlorenen nach, bis er es findet? Und wenn er es gefunden hat, so legt er es mit Freuden auf seine Schultern; und wenn er nach Hause kommt, ruft er die Freunde und die Nachbarn zusammen und spricht zu ihnen: Freut euch mit mir, denn ich habe mein Schaf gefunden, das verloren war. Ich sage euch: So wird die Freude im Himmel sein, über *einen* Sünder, der Buße tut, mehr als über neunundneunzig Gerechte, die die Buße nicht nötig haben.
>
> Lukas 15,4-7

## Wie Schafe verloren gehen

Es gibt einige Punkte in diesem Gleichnis, die ich näher betrachten möchte. Die erste Frage, die sich mir beim Lesen dieser Geschichte stellt, ist diese: Wie kommt es dazu, dass ein Schaf verloren geht? Im Nachdenken über diese Frage und über andere Abschnitte, die die Analogie von Schafen als Herde Gottes verwenden, können wir einige Schlussfolgerungen darüber ziehen, warum dieses kleine Lamm verloren gegangen ist.

Zuallererst liegt es in der Natur von Schafen umherzuirren. Ich habe selbst nie direkt mit Schafen zu tun gehabt, aber als Teenager in Oklahoma (USA) habe ich manchmal Rinder gehütet. Eins habe ich daraus gelernt – Rinder sind dumm! Sie tun einfach, wonach ihnen gerade der Sinn steht, wenn man keinen Stock hat, um ihnen den Marsch zu blasen und die Richtung zu weisen. Ich habe gehört, dass Schafe auch so sind. In Jesaja 53 finden wir eine Aussage über Schafe. Dort heißt es: *«Wir alle irrten umher wie Schafe, wir wandten uns jeder auf seinen eigenen Weg ...»* Dieser Vers gibt uns etwas Einsicht in das Wesen von Schafen.

Ich habe mir sagen lassen, dass Schafen jeglicher Verstand fehlt. Man kann zum Beispiel eine Barriere vor die Tür zu einem Stall legen, so dass die Schafe über diese Barriere springen müssen, um in den Stall zu gelangen. Wenn man nach drei oder vier Schafen die Barriere dann wegnimmt, springen die folgenden Schafe trotzdem weiter, obwohl die Barriere nicht mehr da ist – nur weil die anderen vor ihnen auch gehüpft sind. So sind Schafe. Sie folgen blind und tun etwas, nur weil ein anderer es vorgemacht hat.

Wenn man ein Schaf sich selbst überlässt, wird es fröhlich vorwärts auf seinem Weg grasen und Gefahr laufen, dabei von einer Klippe stürzen. Es hält die Nase ins Gras und läuft am Ende der Klippe einfach weiter, nur um mehr Futter zu finden. Deshalb sind Hirtenhunde so wichtig für die Hirten, damit sie diese Tiere bewachen, denen jegliches Hirn zu fehlen scheint. Es gibt einen alten Choral der sagt: «... geneigt, um umherzuirren, Herr, so fühle ich mich!» Schafe haben die grundlegende Neigung umherzuirren, und das bringt sie immer wieder in große Probleme. Deshalb sagt die Heilige Schrift, dass wir alle «wie Schafe» umherirren. Jeder hat sich abgewandt und auf seinen eigenen Weg begeben, denn das ist genau das, was Schafe tun. Sie sind dumm.

Hast du jemals in einer Situation in deinem Leben eine dumme Entscheidung getroffen? Ich meine nicht nur eine falsche Entscheidung, sondern auch eine dumme? Ich jedenfalls tat dies, und dann im Nachhinein habe ich mich immer gefragt: «Warum um alles in der Welt habe ich das getan?» Die Antwort auf diese Frage ist, dass ich in jenem Moment in der *Salbung der Dummheit* wandelte, die den Schafen angeboren ist. Dieses Schaf in meinem Leben weiß nun den Dienst der Hirtenhunde zu schätzen. Ich muss an ein treffendes Bild denken, dass Malcolm Smith in seiner Auslegung von Psalm 23,6 gebraucht hat. Dieser Vers verkündet, dass mir Güte und Barmherzigkeit folgen werden ein Leben lang. Malcolm bezeichnet Güte und Barmherzigkeit als Hirtenhunde des Guten Hirten. Sie folgen uns auf Schritt und Tritt und bewahren uns vor Unglück, nur weil der Hirte die Schafe liebt. Ich mag dieses Bild, und ich bin so dankbar, dass der Herr auf dieses dumme Lämmchen aufpasst! Kennst du jemanden, auf den diese Beschreibung passt? So gehen Schafe verloren – sie fangen einfach an, sich von der Herde zu entfernen und in eine andere Richtung zu wandern, die ihnen gut erscheint. Da scheint es grünes Gras zu geben! Sie richten ihre Nase in diese Richtung aus und gehen schnurstracks drauf los, ohne zu beachten, wohin sich der Rest der Herde bewegt und ohne einen blassen Schimmer zu haben, wohin der Hirte leitet. Einfach dumm.

Es gibt noch einen zweiten Grund, warum sich Schafe entfernen. Manchmal hat es damit zu tun, dass die Hirten nicht das Herz des wahren Hirten der Herde widerspiegeln. Man kann förmlich die Spannung spüren, die sich unter den Zuhörern breit macht, als Jesus dazu dieses Gleichnis erzählt. Einer der bekannten Abschnitte, die die Analogie von Hirten und Schafen verwenden, befindet sich in Hesekiel 34, wo Gott scharfe Kritik an den Leitern Israels übt, weil sie nicht das Herz Gottes gegenüber Seinem Volk widerspiegelt haben. Der Abschnitt sagt Folgendes:

> Das Wort des Herrn erging an mich: Menschensohn, weissage über die Hirten Israels, weissage und sprich zu ihnen, den Hirten: So spricht Gott, der Herr: Wehe den Hirten Israels, die sich selbst weiden! Sollen die Hirten nicht die Herde weiden? Die Milch genießt ihr, und mit der Wolle kleidet ihr euch, das fette Vieh schlachtet ihr, aber die Herde weidet ihr nicht. Die schwachen

Tiere stärkt ihr nicht, die kranken heilt ihr nicht, die verletzten verbindet ihr nicht, die verscheuchten holt ihr nicht zurück, die verirrten sucht ihr nicht, sondern mit Härte habt ihr über sie geherrscht und mit Gewalt. Und sie zerstreuten sich, weil sie ohne Hirten waren, und wurden allen Tieren des Feldes zur Beute. So zerstreuten sich und irrten umher meine Schafe. Auf allen Bergen und auf jedem hohen Hügel und über das ganze Land hin sind meine Schafe zerstreut worden; und da ist niemand, der nach ihnen fragt, und niemand, der sie sucht.

Hesekiel 34,1-6

In diesem Gleichnis in Lukas 15 spielt Jesus genau auf Gottes Auseinandersetzung mit den religiösen Leitern Seiner Zeit an. Sie waren nur auf sich selbst gerichtet, labten und kleideten sich und weideten nicht die Schafe. Sie behandelten die Schafe mit Härte und Gewalt und weder stärkten sie sie, noch verbanden sie ihre Wunden. Sie suchten sie nicht und brachten sie nicht zurück. Und diese Vorwürfe treffen nicht nur auf die Leiter der damaligen Zeit zu. Diese Anklagen hallen bis ins heutige Jahrhundert hinein und bieten denen, die als Hirten unter Gottes Volk dienen, die Stirn. Dieser Abschnitt berührt einen tiefen Schmerz in meinem Herzen, denn es gab eine Zeit, zu der ich selbst einer dieser Hirten war. Meine Leitung löste viel Schmerz und Verwirrung bei denen aus, die bei mir Weide und Nahrung – das Brot des Himmels – suchten. Ich war auf meine eigene Bestätigung vor Gott ausgerichtet und benutzte meine Position als Mittel zu diesem Zweck. Ich war ein schlechter Hirte, und der Herr hat mich dafür konsequent zur Rechenschaft gezogen. Er hat mich für einige Zeit der Leitung enthoben und die Dinge in meinem Leben hartnäckig konfrontiert, die dazu führten, dass ich Sein Volk knechtete. Gott meint es sehr ernst, wenn es darum geht, ein Hirte nach Seinem Herzen zu sein.

Egal, was für Gründe dazu führen, dass sich Schafe abwenden – in der Geschichte Jesu geht es darum, dass der wahre Hirte das tiefe Verlangen hat, die Schafe wiederzufinden und sie zurück zu seiner

Herde zu bringen. Jesus hatte auch eine gezielte Botschaft für die Herde Israels, die sich von Gott entfernt und auf ihren eigenen Weg begeben hatte – sei es wegen Dummheit, Rebellion oder deswegen, weil sie Anstoß an dem System genommen hatten. Jesus sagte: «Das Herz Meines Vaters ist nicht das, was ihr in den Hirten seht! Das Herz Meines Vaters ist mit Liebe gefüllt und fest dazu entschlossen, euch zu finden und zu Ihm zurückzubringen!» Zu den Leitern sprach Er barmherzig, aber mit unmissverständlicher Deutlichkeit: «Ich ziehe euch zur Rechenschaft wegen eures Leitungsstils! Es wird Zeit, dass ihr darüber nachdenkt, wie ihr mit Gottes Volk umgegangen seid, dass ihr euch von dem Missbrauch eurer Leitungsposition bekehrt, damit das Volk Gottes erquickt werden kann.»

## Die Motivation des Hirten

Die zweite große Frage, die sich mir beim Nachdenken über dieses Gleichnis stellt, gilt der Motivation des Hirten, hinauszugehen und das törichte Schaf zu finden. Was bewegte sein Herz, dass das Wiederfinden und Zurückbringen des verlorenen Schafes zur Herde in solch eine Freude im Herzen des Hirten mündete?

Beim Nachsinnen über diesen Abschnitt im Laufe mehrerer Jahre bin ich zu einer festen Überzeugung gelangt: Was Jesus hauptsächlich zum Erzählen dieser Geschichte bewegte, ist die unglaubliche Realität der Liebe im Herzen des Vaters, welche bereits vor Grundlegung der Welt brannte. Es ist seit jeher das Vorhaben des Vaters gewesen, Seinem Sohn eine Braut zu schenken. Er hat vor, Seinem geliebten Sohn ein perfektes Gegenüber zu bereiten, das all die Wünsche im Herzen Gottes zur Erfüllung bringt. Gott will nicht, dass auch nur Einer verloren geht[16], Denn jeder Einzelne ist dazu geschaffen, im Leib Christi, der am Ende dieses Zeitalters Jesu Braut sein wird, einen spezifischen Platz auszufüllen. Satan hat Rebellion, Sünde und Tod gebracht, aber das Herz Gottes brennt mit einer barmherzigen und leidenschaftlichen Entschlossenheit, ein

Volk ganz für sich allein zu haben. Der Vater räumt zielstrebig alle Barrieren aus dem Weg, damit Menschen sich für eine Beziehung zu Ihm entscheiden können, wenn sie das wollen. Sein eigentlicher Plan ist es, dieses vollendete Volk Seinem geliebten Sohn zu präsentieren – als Braut, die auf einen würdigen Sohn vorbereitet ist!

Jesus erzählt die Geschichte in Lukas 15, weil der Vater das Herz eines fürsorglichen Hirten hat, dem es keine Ruhe lässt, wenn auch nur eines der Schafe in der Hürde fehlt. In dieser Geschichte sehen wir die Offenbarung des Vaterherzens, und ich möchte hier einige Punkte hervorheben.

Als Erstes ist Er einer, der verlorene Schafe sucht. Gott ist der, der die Initiative ergreift, derjenige, der die Dinge ins Rollen bringt, um Sein verlorenes Volk zu finden. Nicht einmal ein einziges kleines Schaf ist unwichtig für Ihn, und Er lässt dafür sogar die ganze Herde zurück, um das eine zu finden. Der Vater ist ein Gott, der Initiative ergreift, der sich auf die Suche macht, um die Verlorenen zu finden. Und keiner von uns sucht Gott. Die Heilige Schrift sagt uns, dass Er sich bereits auf den Weg nach uns gemacht hat, als wir noch Feinde waren, als wir noch geistlich tot in unseren Sünde waren.[17] Bevor es auch nur einen Funken Leben in unseren toten Herzen gab, rief Jesus uns schon beim Namen. Er sendet Seinen Geist durch Raum und Zeit und spricht tief in die Herzen Seiner umherirrenden Schafe. Er entzündet einen Funken von Verlangen nach Ihm, damit wir in unserem verlorenen Zustand auf Seine rufende Stimme antworten und ihr folgen können.

Jakobus 4 berichtet uns, dass Gott den menschlichen Geist in uns dazu geschaffen hat, um ehrlichen Herzens und voller Eifer nach Ihm zu verlangen. Er hat eine Art *Zielsuchgerät* in unsere Herzen eingebaut und Er hat einen Platz geschaffen, der für Ihn allein bestimmt ist. Gott hat einen kleinen Chip in uns hineingepflanzt, der auf Seine Impulse reagiert, damit du Ihm antworten kannst, wenn Er deinen Namen ruft. Er ergreift die Initiative, und diese Initiative führt dazu, dass du Ihn suchst, nach Ihm verlangst und zu Ihm kommen willst. Jedes kleine Kind will tief im Herzen zu Papa kommen und in Seine offenen Arme springen. Tief im Herzen will jedes kleine Lamm vom Vater, dem Guten Hirten, getragen und gehalten werden. Das ist es, was sich tief in deinem Herzen verbirgt!

Vielleicht wurde dein Verlangen nicht gestillt, oder vielleicht wurde es unterdrückt. Vielleicht wurde dein Verlangen, auf Seine Stimme zu antworten, durch einen harten oder gleichgültigen Vater erstickt. Vielleicht wurde das Verlangen auch während der verzweifelten Suche nach Erfüllung unter der Befriedigung mit niedrigeren Dingen begraben, die letztendlich keine wahre Erfüllung bringen. Aber ich sage dir die Wahrheit: Der Himmlische Vater ist ein guter Hirte. Er ergreift die Initiative in deinem Leben, weil Er nach dir verlangt. Dieser Vater will eine Beziehung zu dir und dich in die Geborgenheit Seiner Gegenwart bringen, damit du Ihn so kennen lernen kannst, wie Er wirklich ist. An diesem Ort wirst du dich selbst erkennen, so wie du bist, und diese Wahrheit wird dich freisetzen.

Hast du selbst schon einmal erlebt, dass du dein Kind für einen Moment aus den Augen verloren und wie verrückt nach ihm gesucht hast? Vielleicht hast du auch die furchtbare Erfahrung gemacht, ein Kind durch Tod zu verlieren. Ich kann mir nichts Schlimmeres vorstellen, als eines meiner Kinder zu verlieren und dass sie noch vor mir sterben könnten. Vor kurzem habe ich mit einem guten Freund gesprochen, der Teil unseres Hauskreises in Kansas City ist. Dieser Freund hatte mit seiner Familie am Daytona Strand in Florida (USA) Urlaub gemacht. Plötzlich bemerkten sie, dass ihre achtjährige Tochter nicht mehr da war. Ihre Herzen wurden von Panik ergriffen, als ihnen bewusst wurde, was möglicherweise mit ihr passiert sein könnte. Über eine Stunde lang suchten sie hektisch an dem mit Tausenden von Menschen übersäten Strand. Als die Polizei unter den Strandbesuchern nach dem verlorenen Kind suchte, fand eine Frau die kleine Olivia, die ganz verwirrt und ein völlig verweintes Gesicht hatte, und brachte sie zur Polizeistation. Die Erleichterung und Freude, die die Herzen der Eltern erfüllte, war genauso stark wie die Panik, die sie nur wenige Augenblicke zuvor ergriffen hatte. So ist auch das Herz des Vaters mit Verlangen und Sehnsucht nach Seinen verlorenen Schafen gefüllt, die in Wirklichkeit Seine verlorenen Kinder sind. Wir sind die zukünftige Braut Seines wunderbaren Sohnes, und Er wird alles tun, um uns zu finden. Er ist der Gott, der die Initiative als suchender Vater ergreift.

Ich wünsche mir, dass du die Freude, die Geborgenheit und Ruhe in dieser Wahrheit findest. Es ist der Stil des Vaters, Seinen Schafen nachzugehen, bis Er sie findet. Es ist Seine Freude und Seine Erfüllung, sie zu finden, weil Er ein hartnäckiger, ausdauernder, suchender Gott ist. In Lukas 19,10 erklärt Jesus, dass es der Sinn und das Ziel Seines Kommens war, zu suchen und zu finden, was verloren ist. Vielleicht kannst du sogar selbst bezeugen, wie hartnäckig Er ist, weil du dich weit entfernt hattest und Er dich von weit her zurückgeholt hat. In Matthäus 15,24 spricht Jesus zu der Frau, die von Ihm Heilung für ihre Tochter erbat. Er sagte: «Siehe, ich bin für die verlorenen Schafe Israels gekommen. Darum bin ich hier.» Er hatte zum Ziel, die verlorenen Schafe Israels zu finden. Er gibt niemals auf, und Er wird Seine Schafe finden.

Es gibt einen zweiten, noch tieferen Grund, warum der Vater nicht aufhören wird, die verlorenen Schafe zu finden. Das Herz des Vaters ist fest entschlossen, Seine verlorenen Schafe zu retten, weil Sein eigener geliebter Sohn selbst zum Lamm wurde. Er ist derjenige, der die Identität der Verlorenen auf sich nahm, *um selbst zu erfahren, wie es ist, vom Vater getrennt zu sein.* Das muss man einmal auf sich wirken lassen. Der Vater ist entschlossen, Seine Schafe zu finden, weil Er selbst weiß, wie es ist, verloren zu sein. Betrachte einmal den nächsten Abschnitt aus Jesaja 53:

Wer hat unserer Verkündigung geglaubt?
An wem ist der Arm des HERRN offenbar geworden?
Er ist wie ein Trieb vor ihm aufgeschossen
und wie ein Wurzelspross aus dürrem Erdreich.
Er hatte keine Gestalt und keine Pracht.

Und als wir ihn sahen, da hatte er kein Aussehen,
dass wir Gefallen an ihm gefunden hätten.
Er war verachtet und von den Menschen verlassen,
ein Mann der Schmerzen und mit Leiden vertraut,
wie einer, vor dem man das Gesicht verbirgt.
Er war verachtet, und wir haben ihn nicht geachtet.
Jedoch unsere Leiden - er hat sie getragen,
und unsere Schmerzen - er hat sie auf sich geladen.
Wir aber, wir hielten ihn für bestraft,
von Gott geschlagen und niedergebeugt.
Doch er war durchbohrt um unserer Vergehen willen,
zerschlagen um unserer Sünden willen.
Die Strafe lag auf ihm zu unserm Frieden,
und durch seine Striemen ist uns Heilung geworden.
Wir alle irrten umher wie Schafe,
wir wandten uns jeder auf seinen eigenen Weg;
aber der HERR ließ ihn treffen unser aller Schuld.
Er wurde misshandelt, aber er beugte sich
und tat seinen Mund nicht auf wie das Lamm,
das zur Schlachtung geführt wird und wie ein Schaf,
das stumm ist vor seinen Scherern.

Jesaja, 53,1-7

Offenbarung 13,8 sagt uns, dass das Lamm Gottes vor Grundlegung der Welt geschlachtet wurde. Es war von Ewigkeit her der Plan Gottes, jede Sünde, jede Zerbrochenheit und jedes Erlebnis von Schuld und Scham auf Seinen eigenen Sohn zu legen. Er tat dies sowohl für die Opfer als auch für die Täter. Der Sohn nahm alle Qualen der Welt auf sich und wurde vom Vater getrennt. Das Wesentliche an der Fleischwerdung Jesu war, an unserer Statt sterben zu können. In der Zeit Seiner Fürbitte im Garten Gethsemane, als Er den Platz des Schuldigen einnahm, wurde Er unsertwegen allein gelassen, so dass der Feind vollen Zugang zu Ihm hatte. Als Er am Kreuz hing und die Schuld der Sünde der Welt trug, wandte sich der Vater von Ihm ab. Gott ließ es zu, dass Sein Sohn am eigenen Leib das volle Ausmaß Seines Zornes über die Sünde empfing. Jesus wurde zu dem verlorenen und verurteilten Schaf, das alle Schuld und Strafe der ganzen Menschheit auf sich nahm.

Deshalb können wir Hoffnung für die zerbrochenen Stellen unseres eigenen Lebens finden. Indem Jesus all unsere Schmerzen, all unsere Scham und Verzweiflung auf sich nahm, durchlebte Er jeden Schmerz, der uns zugefügt wurde. Gott der Vater ließ um Seiner Liebe zu uns willen Seinen Sohn den Horror all dessen erleben, was wir getan haben, und all dessen, was uns angetan wurde. Gott legte die Strafe für unsere Sünde auf Jesus und machte Ihn zu dem verlorenen Lamm.

Während ich in den letzten Jahren über diese Realität nachsann, hat der Vater wiederholt mein eigenes Herz dahingehend geöffnet, ein kleines Stück Seines Schmerzes nachempfinden zu können, der Sein eigenes Herz zerriss, als Er Jesus diesen Platz einnehmen ließ. Das folgende Gedicht ist eine Frucht des Nachsinnens über diese Realität. Es ist ein Versuch, das Herz des Vaters zu berühren.

**Welche Nacht ist wie diese Nacht?**

Welche Nacht ist wie diese Nacht,
die Mein eigenes Herz in tiefsten Schmerzen tränkt?
Mein Sohn, Meine Freude – Er ruft mich an um Hilfe,
doch Meine Hände sind gebunden durch den Ewigkeitsplan,
der sich entfaltet in dem finsteren Garten,
wo Er sich Mir zu Füßen wirft.

Seit jeher Meine größte Wonne,
all Mein Wohlgefallen in dieser ewigen Jugend sich ergießt.
Seine Gestalt Mein eigenes Wort,
Sein Glanz Mein eigenes Licht.
Ich tanzte und brachte Ihn hervor – Ihn, mein stetiges Lied.
Der, der Mein Herz entzückte mit dem wundersamen

Plan für eine Braut,
unerschrocken vor dem Kaufpreis – Sein Blut, Sein Leben.

Welcher Tod ist wie dieser Tod?
Licht des Lebens, ungetrübt von den Mächten der Finsternis.
Er beugt Seinen Glanz dem Walten des Todes
und legt sich in der Sünder Grab;
vollkommene Liebe, unbeirrt,
zerbricht unter der Last von taumelndem Schmerz
und rechnet es als Freude.

Meine eigene Freude bindet Mir die Hände,
Seine Todesangst sich steigert im Gebet.
Sein Schweiß, Sein Blut, vermischt fließen sie herab,
doch in Seinem Todeskampf greift Er nach dem Kelch.
So rechne ich Ihn als Sünder nun,
und wende Mein Angesicht von Ihm ab,
auf dass der Tod sein Walten hat,
der verräterische Kuss Sein nächster Lohn.

Welche Nacht ist wie diese Nacht?[18]

In einem der eindrucksvollsten prophetischen Bilder des Alten Testaments gab uns der Vater einen Einblick in Sein eigenes Herz. Es ist eine Geschichte, die man nur verstehen kann, wenn man sie von der Perspektive her sieht, dass sie Gottes eigenes Herz offenbart, der selbst das Opferlamm wurde. In 1. Mose 22 lesen wir, dass Gott zu Abraham spricht, dem Er zuvor verheißen hatte, ein Vater vieler Völker zu werden. Gottes Wort an Abraham war unmissverständlich gewesen: Diese Nachkommen würden aus der Ehe zwischen Abraham und Sarah hervorgehen. Und dazu brauchte es nichts weniger als ein Wunder, denn beide waren inzwischen viel zu alt, um noch ein Kind in die Welt zu setzen. Abrahams Geschichte ist uns wohl bekannt. Dennoch habe ich vor kurzem zu einem viel tieferen Verständnis gefunden.

Gottes unerklärliche Aufforderung an Abraham hat mich immer stutzig gemacht. Gott befiehlt Abraham, seinen einzigen Sohn Isaak, *den er lieb hatte*, dem Herrn als Brandopfer zu opfern. Ich kann mir kaum vorstellen, welche Gewalt an Emotionen Abrahams Herz überflutet haben musste! Seine Gotteserfahrung war unglaublich tief. Gott hatte sich ihm als Gott offenbart, der völlig anders war als die Götter seiner Zeit. Er war ein Gott voller Gnade und Barmherzigkeit, der mit Erbarmen für die Menschen erfüllt und darauf aus war, Seine Gerechten zu segnen.

Aber jetzt forderte Gott das Undenkbare! Töte deinen kostbaren Sohn und gib ihn Mir als Opfer! Ich kann nur erahnen, welcher Gehorsamskampf in Abraham vorgegangen sein musste, diesem Gebot nachzukommen. Dieses Ringen muss ein unglaublicher Prozess gewesen sein, denn am Ende kam er zu der Überzeugung, dass es Gottes Plan sein musste, Isaak wieder von den Toten aufzuerwecken. Deshalb vertraute Abraham Gott und war Ihm bis zum Äußersten gehorsam. Ich bin verblüfft über seine Fähigkeit, auf Isaaks Frage auf dem Weg zum Berg Moria zu antworten. Als Isaak sich nach dem Opfertier erkundigte, antwortete Abraham: «Gott wird sich selbst als Lamm ersehen.»

Die Kraft der hebräischen Sprache an dieser Stelle ist tiefgründig. Im Originaltext heißt es nicht «Gott wird sich selbst *ein* Lamm ersehen», sondern «Gott wird sich selbst *als* Lamm ersehen». Die Vorsehung, die Gott hier trifft, war Er selbst. Er selbst würde diese Position in Seinem Sohn als Brandopfer einnehmen, der die Strafe für die Sünde auf sich nimmt und den Sünder freispricht. Die Aufforderung an Abraham war eine Einladung des Vaters der Herrlichkeit, an ihn, den Vater des Glaubens, um das zu durchleben, was Gott selbst durchlebte. Gott kannte selbst den Schrecken und Schmerz, Seinen eigenen wunderbaren Sohn als Lösegeld für die Sünde der Menschheit hinzugeben. Abraham berührte das Herz Gottes, weil er bereit war, Ihm ganz zu vertrauen. Unser Vater kennt selbst den

Schmerz, den ein solch verlorenes Lamm erlebt, weil Sein eigener Sohn zum verlorenen Lamm wurde.

Vor einigen Jahren bat ich den Herrn darum, dass mir dies ganz persönlich deutlich werden würde, und ich machte eine bewegende Erfahrung. Ich bekam einen Anruf von der Frau eines Pastors in unserer Stadt, mit denen wir gut befreundet waren. Ihr Mann war nicht in der Stadt und sie hatte bereits seit längerer Zeit mit Depressionen und Angstzuständen zu kämpfen. Man hatte ihr gesagt: «Du kannst es dir jetzt nicht leisten, depressiv zu sein. Versuch dich zusammenzureißen und durchzuhalten bis dein Mann zurückkommt.» Aber sie hielt nicht durch. Sie brach zusammen, und als sie mich anrief, konnte ich die Verzweiflung in ihrer Stimme hören.

Vielleicht bist du mit einer solchen Situation vertraut. Ich selbst bin kein depressiver Mensch und hatte auch niemals mit solcher Angst zu tun, aber ich hatte den Eindruck, dass der Herr mir zeigen würde, was zu tun war. Ich suchte sie und ihre Freundin auf, die bei ihr war. Als wir uns zusammen trafen, nahm ich sie in den Arm und gab ihr den Freiraum, sich einfach gehen zu lassen. Als sie schluchzte, betete ich, und langsam löste sich der Druck, der auf einem lastet, wenn man keine Reserven mehr hat, um das alles noch verarbeiten zu können. Keine Frage, es ist furchtbar, an diesem Punkt zu sein.

Als ich für sie betete, hatte ich den Eindruck, dass der Heilige Geist mich dazu einlud, «ihre Last zu teilen». In Galater 6 wird uns gesagt: « Einer trage des anderen Last ...», aber ich hatte diesen Vers noch nie in einer persönlichen Situation im Dienst angewandt. So betete ich etwa Folgendes: *«Vater, ich bitte Dich, dass Du dieser Schwester gewährst, Deine Ganzheit anzunehmen, die in mir ist, und dass Du mir gewährst, ihren Schmerz zum Kreuz zu tragen.»*

Ein ganz einfaches Gebet. Ich betete noch einige Augenblicke weiter und dann sagte sie, dass sie eine Erleichterung spüre und sich etwas von der Last auf ihr löste. Ich sagte ihr, dass ich später im Lauf des Tages noch mal anrufen würde, um zu sehen, wie sie sich fühlte. Dann ging ich nach Hause. Als ich zu Hause ankam, war ich krank. Ich hatte Fieber und Schüttelfrost, mein Kopf brummte vor Schmerz, und als ich ins Haus stolperte, rief ich Mary und bat sie, für mich zu beten. Ich erklärte ihr, was zuvor geschehen war, und sie nahm mich in den Arm und betete eine gewisse Zeit. Langsam spürte ich etwas von der Schwere weichen, und ich legte mich hin. Ich wusste, dass der Herr etwas tat, und deshalb legte ich Anbetungsmusik auf und bat den Herrn, mir zu zeigen, was da gerade geschah.

Was ich im Herzen als Antwort spürte, war etwa dies: *«Jetzt kennst du Mein Herz. Jetzt weißt du, wie es ist, so verletzt zu sein, wie sie verletzt sind und so viel Schmerz zu empfinden, wie sie empfinden. Jetzt hast du einen Hauch der Not verspürt. Ich will, dass du weißt, dass Ich all dies durchlief – nicht nur die Not von einem, sondern von jedem Menschen auf dieser Welt. Das ist genau das, was Ich tat – nicht nur für dich, sondern für jeden. Ich nahm deinen Tod, damit du Leben haben konntest.»*

In Seiner Not brach Jesu Schweiß in Blutstropfen aus, weil Er Sein Leben gegen unseren Tod eintauschte. Ich fühlte mich schrecklich. Ich weinte über die Einsicht, die der Herr mir da gab. Ich erzitterte und litt unter der Last dieser Erkenntnis. Schließlich rief ich einen anderen Freund an und bat ihn, für mich zu beten. Als er betete und ich ihm mitteilte, was in mir vorging, löste sich die Last und innerhalb von ein paar Minuten fühlte ich mich wieder normal.

Am Abend und die nächsten Tage hindurch war ich in regelmäßigem Kontakt mit unserer Freundin, für die ich gebetet hatte, und sie stabilisierte sich wieder. Sie fühlte sich gestärkt, so dass sie all das tun konnte, was sie tun musste, und der Herr heilte sie. Ich möchte, dass du weißt, dass das Gleiche auch Gottes Anliegen für dich ist. Das lebt in Seinem Herzen für dich. Er will dich in Seinen Arm nehmen und dich Sein Leben aufnehmen lassen, während Er deinen Tod, deine Krankheit und all deine Lasten auf sich nimmt. Wenn du diesen Vater nicht kennst, dann kennst du Gott nicht. Wenn das nicht dein Hirte ist, dann bist du dem Guten Hirten noch nicht begegnet. Er sieht nicht nur die verlorenen Schafe, Er versteht sie nicht nur, Er geht ihnen nicht nur nach, sondern wenn Er sie findet, gießt Er das Öl Seines Heiligen Geistes in ihre Wunden, nimmt sie auf Seine Schultern und trägt sie nach Hause zu einem großen Fest. Dann ruft Er all Seine Freunde und sagt: «Hey, Ich habe Mein Schaf gefunden! Kommt und lasst uns ein Fest feiern!» Das ist das Herz des Vaters und Er will, dass du es kennen lernst.

Eines der Anbetungslieder, die ich an jenem Abend auflegte, war von Michael Card. Ich erinnere mich nicht mehr an den Titel, aber ich notierte die Verse, als ich nach dieser Erfahrung die Botschaft in Form einer Predigt verarbeitete. Das Lied hatte folgenden Text:

Nie zuvor war Liebe so zart, nie zuvor war Liebe so stark.
Selbst in Seiner Hingabe überwand Seine Liebe.
Und während Sein Herz brach, heilte Er Menschenleben;
und während Er dort hing und starb, gab Er uns Sein Leben.

Deshalb, wenn du müde und leer bist;
wenn du nicht mehr weiter kannst,
dann bringt Er dich ans Ziel, denn Seine Liebe ist stärker.

Nie zuvor war Liebe so demütig, nie zuvor war Liebe so groß.
Die Ketten des Todes zerschellten, als die Liebe den Stein wegrollte.
Und Er regiert in Herrlichkeit, Er heilt immer noch Menschenleben.
Und wenn dein Herz stirbt, gibt Er dir neues Leben.

Deshalb, wenn du müde und leer bist;
wenn du nicht mehr weiter kannst,
dann bringt Er dich ans Ziel, denn Seine Liebe ist stärker.

Nimm meine Hand, während ich Seine nehme,
wir werden zusammen das Ziel erreichen.

Wir halten fest an Seinem Wort, Seine Verheißungen
bleiben bestehen.

Deshalb, wenn du müde und leer bist;
wenn du nicht mehr weiter kannst,
dann bringt Er dich ans Ziel, denn Seine Liebe ist stärker.

Und so ist es.

# 3

# Der Vater mit den offenen Armen – Teil 1

## *Lukas 15,11-24*

In den letzten Jahren war ich stark in dem Dienst der 24-Stunden-Fürbitte-und-Anbetung im *International House of Prayer* in Kansas City involviert. Einer der Schwerpunkte in diesen Gebetszusammenkünften ist das Beten der Apostolischen Gebete, die wir im Neuen Testament finden. Sie sind deshalb ein zentraler Bestandteil unserer Fürbitte, weil wir glauben, dass die Apostolischen Gebete durch den Heiligen Geist inspiriert sind und den Willen und Plan Gottes für den Leib Christi wiedergeben. Deshalb ist es auch Gottes Absicht, diese Gebete zu beantworten. Eine der Passagen, die am häufigsten gebetet wird, steht in Epheser 1,17-23, wo Paulus einem ganz bestimmten Anliegen des Heiligen Geistes Ausdruck verleiht:

> ... dass der Gott unseres Herrn Jesus Christus, der Vater der Herrlichkeit, euch gebe den Geist der Weisheit und der Offenbarung, ihn zu erkennen. Und er gebe euch erleuchtete Augen des Herzens, damit ihr erkennt, zu welcher Hoffnung ihr von ihm berufen seid, wie reich die Herrlichkeit seines Erbes für die Heiligen ist und wie überschwenglich groß seine Kraft an uns, die wir glauben, weil die Macht seiner Stärke bei uns wirksam wurde, mit der er in Christus gewirkt hat. Durch sie hat er ihn von den Toten

auferweckt und eingesetzt zu seiner Rechten im Himmel über alle Reiche, Gewalt, Macht, Herrschaft und alles, was sonst einen Namen hat, nicht nur in diesem Zeitalter, sondern auch in dem zukünftigen. Und alles hat er unter seine Füße getan und hat ihn gesetzt der Gemeinde zum Haupt über alles, welche sein Leib ist, nämlich die Fülle dessen, der alles in allem erfüllt.

Dieses Gebet hat mein Herz tief ergriffen, ganz besonders die Zeilen mit der Bitte um «den Geist der Weisheit und Offenbarung, ihn zu erkennen». Was für eine wunderbare Aussicht, die wir im Gebet vor den Herrn bringen können, dass Gott sich dem menschlichen Herzen offenbart, weil wir ihn darum bitten! Als ich mir meine Notizen und Tagebuchaufzeichnungen der letzten Jahre anschaute, fand ich diesen Abschnitt immer wieder. Ich sah, dass der Herr mich beständig daran erinnerte, dieses Gebet zu beten. Er will sich mir offenbaren, und einem jeden, der Ihn sucht. Heiliger Geist, setze über Deiner Braut in größerem Maße den «Geist der Weisheit und Offenbarung» zur Erkenntnis Jesu und des Vaters frei, damit unsere Herzen mit derselben Liebe brennen, welche wir in Ihm sehen!

Eines der eindrucksvollsten Bilder des Vaters, so wie Jesus Ihn kannte, finden wir in Lukas 15. Der Abschnitt ist bekannt unter dem Titel «das Gleichnis vom Verlorenen Sohn», aber ich nenne es lieber «Das Gleichnis des Vaters mit den offenen Armen». Es scheint mir sehr deutlich, dass Jesus diese Geschichte erzählt, um Seinen Zuhörern das Herz des Vaters zu offenbaren. Ich werde dieses und das folgende Kapitel dazu verwenden, die Geschichte so vollständig wie möglich zu betrachten.

In diesem Kapitel möchte ich mich besonders auf den Teil des Gleichnisses konzentrieren, der von dem jüngeren Sohn berichtet. Dieser Junge muss wirklich eine Freude und Wonne für seinen Vater gewesen sein. Er ist mutig und kühn, und seine Lebenseinstellung so unkonventionell und gewagt, dass es schon an Anmaßung grenzt. Er ist fest entschlossen, das Leben bis ans Limit voll auszuschöpfen. Als zweites Kind in der Familie hatte er eine heitere Natur und war ein geborener Leiter, der gern mit Menschen umging. Er war jemand, der unter günstigsten Bedingungen aufwuchs, aber den Segen seiner Umgebung nicht zu schätzen wusste. Er war blind gegenüber dem kulturellen Umfeld, das der Vater um ihn herum aufgebaut hatte. Es war ein Zuhause, in dem der Vater seinen Söhnen alles zugänglich gemacht hatte. Ja mehr noch – im Haus des Vaters herrschte ein Grundsatz, der am Ende des Gleichnisses genannt wird: «Sohn, du bist immer bei mir, und *alles, was mein ist, gehört auch dir.*»

In dieser Atmosphäre der Offenheit und Freigebigkeit hat der jüngere Sohn ein offenes Herz und einen starken Geist entwickelt, was trotz seiner Unreife beachtenswert ist. Er ist ohne Zweifel der Augapfel des Vaters und hat sich vorgenommen, aus genau dieser Tatsache den größtmöglichen Nutzen zu ziehen. Dieses Konzept wurde von seiner eigenen Phantasie angekurbelt, denn er hatte irgendwann angefangen, von einem fernen Land zu träumen. Das ferne Land scheint hier nicht so sehr eine physische Distanz zum Vater zu sein, sondern eher eine emotionelle und geistliche Kluft, die sich durch seine Phantasie in das Herz des Sohnes gegraben hat. In seinen Tagträumen hat er der verführerischen Stimme Raum gegeben, deren Lied nun wie eine Sirene in seinem Herzen erklingt. Sie hat es geschafft, ihn davon zu überzeugen, dass es nötig sei, das Haus des Vaters zu verlassen, wenn er wirklich emotionale Freiheit und Erfüllung in seinen Beziehungen erfahren will.

## Am Herz des Vaters vorbeigehen

Das zeigt uns, dass der jüngere Sohn das Herz seines Vaters nicht wirklich kannte. Wie wir sehen werden und wie uns Jesus in den ersten beiden Gleichnissen von Lukas 15 zeigt, ist der Vater ein vergnügter und begeisterter Partyliebhaber! Er nimmt scheinbar jede Kleinigkeit zum Anlass für ein Fest! Es begeistert ihn und packt ihn mit unsagbarer Freude, wenn er etwas zurückbekommt, was ihm verloren gegangen war. Er lädt auch gleich alle seine Nachbarn zur Party ein, um das zu feiern, was gefeiert werden muss. «Ich habe ein Schaf gefunden! Schnell, bereitet alles für ein Fest vor!» Oder «Hey, ich habe eine Münze wiedergefunden, die ich verloren hatte – schmeißt die Steaks auf den Grill und lasst uns feiern!» Der jüngere Sohn ließ sich jedoch in seinen Tagträumen von den Lügen verblenden. Es war seine Entscheidung, der Lüge zu glauben, dass er ein Leben voller Begeisterung und Erfüllung nur an einem anderen Ort würde finden können. Und so schmiedet er einen Plan.

Der Text in Lukas 15,12 berichtet uns, dass der Sohn zum Vater ging und seinen Anteil des Erbes forderte. Einerseits ist dies Ausdruck dessen, was der Vater aufgebaut hat. Er hat einen starken Geist in seinem Sohn gefördert, der selbstsicher ist und davon ausgeht, dass der Vater seinen Reichtum gern mit seinen Söhnen teilt. In der damaligen Kultur war diese Bitte jedoch eiskalt und unverfroren, eine Missachtung des Protokolls und eine tiefe Beleidigung gegenüber dem Vater. In der damaligen Kultur wurde das Erbe nach dem Tode des Vaters unter den Erben aufgeteilt, und der Ältere bekommt dabei seinen Anteil immer zuerst. Der älteste Sohn erhält den doppelten Anteil und der jüngere Sohn wäre normalerweise damit zufrieden, seinen kleineren Anteil zu gegebener Zeit in Empfang zu nehmen.

Dieser Junge aber hält sich an keine der Sitten. Er kommt kühn zum Vater und legt ihm seine Bitte vor. Ihm entgeht völlig, was für ein Privileg er in der Umgebung der Liebe seines Vaters genossen hat. Der Vater hat Freude an ihm, trotz seiner Anmaßung aufgrund seiner Unreife und trotz seiner Bitte, die ihm sehr wehtut: «Vater, gib mir das Erbteil, das mir zusteht.» Auf den ersten Blick scheint diese Bitte harmlos, doch unter der Oberfläche brodeln die unausgesprochenen Begierden nach Unabhängigkeit, Mangel an Weisheit und Mangel an Zurückhaltung. Auch wenn er sie nicht anspricht, so glaube ich, dass der Vater diese unterschwelligen Realitäten wahrnimmt und dass sein Herz über diese Entfremdung gebrochen ist, die nun zu Tage getreten ist.

Der Sohn sagt praktisch zum Vater: «Ich weiß, dass ich irgendwann ein Erbe bekommen werde, aber ich kann nicht so lange warten, bis du stirbst und es mir endlich gegeben wird. Das dauert viel zu lange und ich will jetzt schon was von der Welt sehen und neue Leute kennen lernen. Ich hab noch so viel vor!» Das ist eine unerhört waghalsige Bitte, die völlig aus dem Rahmen der damaligen Sitten fällt. Und natürlich hört der ältere Sohn von dieser Bitte und nimmt es seinem Bruder dementsprechend übel. Der ältere Bruder denkt, dass seine Empörung um des Vaters willen geschieht. Der Vater jedoch trauert nicht um seiner selbst willen, sondern er trauert um seinen törichten Sohn.

Die Reaktion des Vaters stimmt mit dem Grundsatz seines Hauses überein – «alles, was ich habe, gehört dir.» Auch wenn es dem jüngeren Sohn an nichts fehlte und es keinen Anlass zu dieser Bitte gab – außer, dass er plante, das Gut des Vaters zu verlassen – teilte der Vater das Erbe zwischen ihnen auf. Er ist sich völlig bewusst, dass der Sohn sein Zimmer in Kürze räumen wird. Das ist eine der Realitäten, die der Heilige Geist uns bezüglich des Herzens des Vaters zeigen will. Alles, was Er hat, gehört auch uns und ist zu unserem Nutzen, und es steht uns schon jetzt zur Verfügung, auch in unserem unreifen Zustand. Es ist Sein Wunsch, dass wir Seine Großzügigkeit dankbar annehmen und in unserem Erbe der innigen Beziehung zu Ihm für immer leben. Aber Er weiß auch, dass es manchmal notwendig ist, uns unseren eigenen Weg gehen zu lassen.

## Eine Offenbarung der Großzügigkeit

Vor einigen Jahren hatte ich einen Traum, durch den der Herr mir etwas zeigte. In dem Traum saß ich in einem Flugzeug und flog die Küste von Monte Carlo entlang. Die Aussicht war atemberaubend und ich konnte im Hintergrund den Palast sehen, in dem der Monarch von Monaco, Prinz Rainier, wohnte. Plötzlich veränderte sich die Szene und ich fand mich in einem Auto wieder, das auf die Tore des Palastes zufuhr. Ich fuhr in einer alten Klapperkiste, und als ich vor den Toren des Palastes stand, öffneten sie sich. Ich steuerte in den Innenhof und mir wurde plötzlich bewusst, dass ich ganz gewöhnlich gekleidet war, in Jeans und einem Polohemd.

Als ich aus dem Auto stieg und auf den Palast zuging, kam mir Prinz Rainier entgegen. Ich hatte ein kleines Geschenk für ihn gekauft, aber während ich auf den Prinzen zuging, wurde mir plötzlich bewusst, in welchem unwürdigen Zustand ich war. Ich drehte mich um zu meinem Auto, in der Hoffnung, darin schnell wieder verschwinden zu können, aber die Diener hatten mein Auto bereits zur Seite gefahren. An der Stelle, an der mein Auto gestanden hatte, befand sich nun ein nagelneuer Luxuswagen. Während ich auf den Prinzen zuging und mir bewusst wurde, wie ich angezogen war, erkannte ich, wie absurd es war, ihm dieses kleine Geschenk zu bringen. Ich wollte weglaufen, aber es war bereits zu spät, es gab kein Entrinnen mehr. Als der Prinz auf mich zukam, machte ich den zaghaften Versuch, ihn zu begrüßen. Aber was sollte ich sagen? Während ich einen fehlgeschlagenen Versuch unternahm, irgendetwas daherzustammeln, sagte er: «Ich weiß, wer du bist, Gary. Herzlich Willkommen.» Er nahm mein kleines Geschenk entgegen und gab mir eine persönliche Führung durch den Palast. Er legte freundschaftlich seinen Arm um mich und sagte am Ende meines Traumes: «Gary, willkommen in meinem Königreich. Alles, was ich habe, steht dir zur Verfügung.» Damit endete der Traum und ich erwachte.

Dieser Traum hat sich mir tief ins Gedächtnis eingeprägt. Der Traum spiegelt eine tiefe Wahrheit im Herzen des Vaters wider, die zu mir als Seinem Kind sagt: «Alles, was ich habe, ist dein – *alles!*» Im Lauf der Jahre hat der Herr diese Botschaft immer wieder zu meinem Herzen gesprochen. Sie ist grundlegend für unser Vertrauen in Ihn, damit wir verstehen, dass Sein Herz offen ist für uns – auch in unserer Unreife und unserem Mangel an Weisheit. Bei vielen Gläubigen ist dies zwar ein Bestandteil ihrer Theologie, aber diese Theologie ist wie ein zweidimensionales Schwarz-Weiß-Bild. Was wir dringend brauchen, ist die Erfahrung auf der Herzensebene, die diese Wahrheit in eine farbige, dreidimensionale Realität verwandelt – nämlich, dass der Vater uns nichts vorenthält.

Es dauert nicht lange, und der jüngere Sohn tut das Vorhergesehene. Er nimmt seinen Teil des Erbes und zieht in Richtung des fernen Landes, wo er seine Unabhängigkeit austesten und alles Vergnügen suchen wird, was ihm seine Phantasie vor Augen geführt hat. Es gibt jedoch mehrere wesentliche Tatbestände, über die er sich nicht im Klaren ist, als er das Haus des Vaters verlässt. Dieser junge Kerl hat keinen Schimmer, dass all sein Selbstvertrauen und seine Stärke durch die Liebe und die Bestätigung des Vaters genährt wurden. Diese Sphäre von Freiheit und Ungezwungenheit ist für ihn normal gewesen, aber er ist sich nicht bewusst, dass dies in dem fernen Land nicht so sein wird. Er war viel tiefer mit dem Leben des Vaters verbunden, als er sich eingesteht, und als er das Haus verlässt, ist ihm nicht klar, dass er seine Nabelschnur im Staub hinter sich her zieht und von allem getrennt ist, was ihm zuvor Leben gab.

## Geschaffen für die innige Beziehung mit Gott

Gott hat uns erschaffen, damit wir das Leben empfangen, das von Seiner Gegenwart in unsere Herzen fließt. Wir wurden nicht dazu geschaffen, unabhängig zu leben. Wir brauchen Nahrung, die nicht aus uns selbst, sondern von außerhalb kommt, und wir können nur aufblühen, wenn wir mit einer pulsierenden und gesunden Lebensquelle verbunden sind. Diese Lebensquelle ist unser Himmlischer Vater – für einen jeden von uns, ob wir nun an Ihn glauben oder nicht. Wir wurden dazu erschaffen, in Ihm zu leben, in Ihm zu sein und unsere Quelle in Ihm zu haben. Wir können nicht alleine leben, und wenn wir nicht in Seiner Liebe verwurzelt und gegründet sind, werden wir eine Ersatzquelle suchen, aus der wir unser Leben ziehen – und daran nimmt unsere Seele Schaden.

Jeder von uns wurde dazu erschaffen, mit dem Vater eins zu sein und Seinen Geist in sich zu haben. Wir wurden geschaffen, damit Seine Liebe und Sein Leben durch unsere Venen pulsiert, und wenn wir die Heilige Schrift betrachten, sehen wir viele Analogien, die genau diese Realität widerspiegeln. Wir lesen zum Beispiel vom Lebendigen Wasser, als Mose im Alten Testament den Felsen schlägt. Das Wasser floss aus dem Felsen hervor und das Volk empfing das Leben, indem es von dem Wasser trank, das aus der Hand des Vaters floss. Vom Neuen Testament her wissen wir, dass dieser Fels kein anderer ist als Jesus Christus selbst.[19]

Die Analogie vom Weinstock und den Reben, die wir in Johannes 15 finden, ist sehr tiefgründig. Die Rebe ist auf essentielle Weise mit dem Weinstock verbunden, so dass der Lebensstrom durch den Weinstock in die Rebe fließt. Durch diese Verbindung entsteht eine Einheit mit der lebenserhaltenden Quelle. Und so gibt es durch die ganze Heilige Schrift hindurch immer wieder Analogien, die verdeutlichen, dass wir – fast in einem Sinne des Trunkenseins – das Leben aus denen ziehen, mit denen wir in Beziehung stehen.

Jesus erzählt diese Geschichte als der wahre Sohn des Vaters, der das Haus des Vaters verlassen hatte, um in das ferne Land der Schöpfung zu kommen. Aber Er kam in der Realität der innigen Beziehung zum Vater und zu dem Zeitpunkt, den der Vater für gut befunden hatte. Und so kam Er mit der intakten Herzensverbindung zum Vater und ließ sich auch durch die Begegnungen mit zerbrochenen Menschen nicht davon abbringen. Der Sohn im Gleichnis allerdings hatte weder die richtige Herzensbeziehung zum Vater, noch befand er sich im rechten Zeitplan. Sein Unternehmen war voreilig und nicht von der innigen Gemeinschaft mit dem Vater her bestimmt, sondern von fleischlicher Neugierde, und diese lebte er voll aus. Der Text sagt, dass er «sein Hab und Gut mit Prassen verschwendete».

«Prassen» bedeutet hier verschwenderisches und ausschweifendes Leben. Er vergeudete alles, und die Leute in dem fernen Land freuten sich sehr, dass sie alle ihren Nutzen daraus ziehen konnten. Dieser junge Kerl hatte keine Ahnung, was auf ihn zukommen würde. Er erkannte nicht, dass er nichts anderes als fette Beute war in den Augen der genusssüchtigen Kultur, in der Beziehungen nicht gepflegt wurden, sondern allein für den eigensüchtigen Konsum benutzt wurden. Er war eingetreten in die Welt zerbrochener Menschen, die von jeder Lebensquelle abgeschnitten waren. Die Leute in diesem fernen Land suchten nach jemandem, den sie an sich binden konnten, um so die Leere in ihrer Seele auf selbstsüchtige Weise zu füllen. Zuerst hatte er Spaß daran, denn seine Taschen waren noch gefüllt und sein Geist voller Lebensmut. Noch haftete ein Überrest an Offenheit und Kühnheit aus dem Haus seines Vaters an ihm. Er war großzügig, denn in diesem Geiste ist er aufgewachsen. Aber er war völlig unvorbereitet auf die gefräßigen Begierden der vergnügungssüchtigen Welt, auf die er sich eingelassen hatte.

Weil er voreilig war in seinem Unternehmen und die innige Beziehung zum Vater hinter sich gelassen hatte, trat die Begrenztheit seiner Ressourcen schnell zu Tage. Er war nicht mehr mit den tiefen emotionalen Quellen im Hause seines Vaters verbunden. Er konnte nicht mehr am Tisch des Vaters sitzen und sich in der Anwesenheit von bedingungsloser Liebe und Annahme wärmen. Weil er die offene Welt des Vaters verlassen hatte, in der «alles, was mein ist, gehört auch dir» galt, und sich auf den dunklen Abgrund der Welt einließ, in der es hieß: «Ich habe nichts, aber alles, was du zu bieten hast, nehme ich», ging es schnell bergab mit ihm. Es dauerte nicht lange, bis er all seinen Besitz verprasst hatte und er anfing, Not zu leiden.

Hier finden wir die Dynamik, die eintritt, wenn sich die Rebe vom Weinstock getrennt hat und in einen anderen Weinstock eingepfropft wurde. Die Rebe hat sich an einen anderen, kranken Baum gehängt, und der junge Sohn findet sich in einem desolaten Zustand wieder. Er ist hungrig und zerbrochen, denn die Dynamik des Lebens ist, dass wir Leben aus der Realität ziehen, der wir uns anschließen oder mit der wir uns verbinden. Diejenigen, die jemals verliebt waren, kennen diese Realität. Ich wurde durch den Herrn mit einer wunderbaren Frau gesegnet. Ich war 32 Jahre mit meiner Frau Mary verheiratet, die für mich eine Lebensquelle war. Ich erinnere mich noch daran, als ich zum ersten Mal mit ihr ausging. Etwas Tiefes bewegte sich in meinem Herzen. Wann immer ich sie sah oder ihre Stimme am Telefon hörte, bebte alles in mir! Sie hatte eine Anziehungskraft, denn ich sah in meiner Frau jemanden, an den ich mich binden wollte und von dem ich schöpfen wollte. Dann verband sich unser Geist miteinander und es entstand eine Einheit. Als wir später heirateten, vollzog sich diese Einheit auch körperlich und wuchs im Laufe der Jahre. Als sie 2004 starb und zum Herrn ging, sah Gott, dass er mich nicht dazu geschaffen hatte, ohne diese Art der Partnerschaft zu leben. Er hatte großes Erbarmen mit mir und führte mich in eine Beziehung mit Marie, mit der ich nun seit etwas mehr als einem Jahr verheiratet bin. Innerhalb nur weniger Monate haben wir einen unglaublichen Segen in unserer Einheit erfahren und wir wurden füreinander ein Kanal der Lebensenergie des Vaters. So hat uns der Vater erschaffen, und wenn unsere Beziehungen gesund sind, werden wir durch sie gestärkt und aufgebaut.

Dieser junge Mann erlebte nun das Gegenteil von dieser positiven Realität. Die Zerbrochenheit überwältigte ihn, denn die Menschen, mit denen er in dem fernen Land in Verbindung getreten war, waren zertrümmerte Seelen. Sie waren zerbrochene Menschen, die nicht wussten, wie man gibt. Sie kannten nur das Nehmen. Ihr Geist war verunreinigt. Als er sich mit ihnen eins machte und sich an sie hängte, wurde auch er verunreinigt. Er trank das Wasser der Zerbrochenheit und den Wein der Knechtschaft. Und was er im Innern seines Geistes erlebte, zeigte sich mit der Zeit auch in seinem äußeren Erscheinungsbild, und seine Identität als Sohn ging ihm verloren. Er wurde zu jemandem, um den sich niemand scherte, jemand, der sich als Sklave an die Welt verkauft hatte.

Vielen von uns ist diese Person doch bekannt, oder? Viele von uns waren selbst dieser Mensch, der versuchte, von zerbrochenen Herzen Leben zu schöpfen. Wir haben versucht, das Hochgefühl zu finden – das Leben im Überfluss, das wir nur an einem Ort finden können: im Herzen des Vaters. Wir kennen Menschen und waren selbst Menschen, die von verbotenen sexuellen Beziehungen geschöpft haben, und wir haben die fatalen Konsequenzen an Leib und Seele geerntet. Deshalb ist Ehebruch und Ausschweifung so zerstörerisch. Gott ist nicht gegen sinnliche Erfüllung. Im Gegenteil! Er hat sie geschaffen und sie ist ein fester Bestandteil der wunderbaren Beziehung in der Ehe. Wenn ein Mann und eine Frau in Einheit zusammenkommen, dann können sie gemeinsam die Freude und den Segen des Herrn in ihrer Ehe erleben. Wenn sie sich sexuell und körperlich, seelisch und geistig vereinen, dann schöpfen sie Leben voneinander. Es ist ein Hochgefühl, das richtig und gut ist. Dieses Hochgefühl ist ein menschliches Abbild von dem ewigen Glück, das uns in unserer innigen Beziehung mit Jesus erwartet. Und dazu wurden wir geschaffen!

Wenn jedoch die beiläufigen Auswirkungen der tiefen und innigen Nähe zu Gott ins Zentrum gerückt und zum Ziel gemacht werden, fangen Menschen an, daran zu zerbrechen. Der junge Sohn in unserer Geschichte konzentrierte sich auf die Nebenprodukte der Beziehungen und setzte sie sich zum Ziel. Deshalb konnte er dieses Leben auch nur bei zerbrochenen Menschen finden, die dieselbe zerstörerische Erfahrung gemacht haben. Als er sich an sie hängte, schöpfte er nicht Leben, sondern Tod von ihnen, nicht Erfüllung, sondern Verzweiflung, nicht Freiheit, sondern Gebundenheit und Sklaverei.

Das geschieht nicht notwendigerweise nur in sexuellen Beziehungen. Es geschieht jedes Mal, wenn wir uns an etwas oder jemanden außer dem Vater binden, um für uns Wert und Bedeutung zu finden. Jedes Mal, wenn wir auf unsere externen Beziehungen schauen, auf Karrieremöglichkeiten oder ein bestimmtes Einkommen, dann stellen wir uns selbst die Falle in die Zerbrochenheit hinein. Jedes Mal, wenn wir auf eine Gemeindestruktur, ein Programm oder irgendetwas anderes schauen, was wir anstelle des Vaters als unsere Lebensquelle betrachten, dann enden wir verletzt und zerbrochen. Das geschieht, weil uns nur Sein Leben das geben kann, was wir brauchen. Und nur Sein Leben ist heil.

## In gesunder Gesellschaft sein

Vor einigen Jahren hatte ich ein Gespräch mit meinem Sohn, das einen tiefen Eindruck bei mir hinterlassen hat. Er war etwa zehn Jahre alt und in der vierten Klasse, als wir eines Abends während des Abendessens über seinen Tag in der Schule sprachen. Ich fragte ihn: «David, mit welchen Kumpels bist du so zusammen?» Er antwortete mir: «Papa, ich bin mit niemandem zusammen!» In dem Moment erinnerte ich mich an meine eigene Kindheit und eine Flutwelle von Emotionen brach über mich herein. Ist mein Sohn ein Außenseiter? Ist er einsam? All diese Fragen schossen durch meine Gedanken, aber nach außen hin versuchte ich ganz cool zu bleiben. So erwiderte ich: «Du hast also niemanden, mit dem du zusammen bist und deine Zeit vertreibst?» Und dann sagte David etwas sehr Tiefgründiges zu mir. Es verblüfft mich immer noch nach all diesen Jahren. Er sagte: «Papa, mit jemandem Zeit verbringen bedeutet, dass du anfängst so zu denken und zu handeln wie der andere, und deshalb bin ich mit niemandem zusammen!» Ich war sprachlos! Nachdem ich mich dann wieder etwas gefangen hatte, fragte ich: «O.k., und wer ist *mit dir zusammen?*», und er nannte mir gleich fünf andere Jungs!

Der Heilige Geist sprach zu meinem Herzen und rief mir eine Stelle von Johannes 2,23 ins Gedächtnis, wo es heißt:

> Als er aber am Passahfest in Jerusalem war, glaubten viele an seinen Namen, da sie die Zeichen sahen, die er tat. Aber Jesus vertraute sich ihnen nicht an; denn er kannte sie alle und bedurfte nicht, dass ihm jemand Zeugnis gab vom Menschen; denn er wusste, was im Menschen war.

Ich war etwas verwirrt über den Satz «Aber Jesus vertraute sich ihnen nicht an», weil dies zu bedeuten schien, dass sich Jesus distanzierte und unverletzlich machte. Aber das ist nicht wahr. Jesus war verletzlich, Er zeigte Seinen Jüngern alles über sich und Er kam als verwundbarer Mensch. Die Jünger waren diejenigen, die von Seiner Versuchung in der Wüste berichteten. Und sie waren dabei, als Er im Garten Gethsemane rang. Er war verletzlich. Was bedeutet es also, wenn Jesus sich niemandem anvertraute? Der Herr erklärte mir den Text durch dieses Gespräch mit meinem Sohn und sagte: «Es bedeutet, dass Mein Sohn heil in diese Welt kam wegen Seiner Beziehung zu Mir. Er gewann Sein Leben, Seine Identität und Seine Bestimmung von Mir und schaute auf keine andere Quelle, um Seine Bedürfnisse zu stillen. Jesus wandte sich keiner anderen Quelle zu, um daraus Seine Identität zu schöpfen. Er schöpfte Leben von keinem anderen Geist als nur von Meinem Heiligen Geist.»

Siehst du hier, was Er sagt? Er vertraute niemand anderem als dem Vater bezüglich Seiner Identität und Seiner Freiheit. Und das setzte Ihn dazu frei, der zu sein, mit dem andere *zusammen waren* und um den sich die anderen sammelten. Die Kraft und Freude im Leben eines Christen liegt nicht darin, mit anderen *zusammen zu sein*, sich an andere zu binden, sondern darin, ein Mensch zu sein, mit dem andere zusammen sind und um den andere sich sammeln. Das ist es, was der Vater für uns hat. Wir sind nicht so wie der jüngere Sohn, der in die Welt ging und nach einem Ort der Geborgenheit suchte, einen Strohhalm, an den er sich klammern konnte. Dieser junge Mann war mit einer Nabelschnur in der Hand in ein fernes Land gezogen und fragte sich: «Wo passe ich hin und wo kann ich Leben finden? Hier, das war nichts, also versuche ich etwas Neues!» Es gibt aber nur einen Ort, an den diese Schnur wirklich passt, und das ist am Herzen des Vaters. Nur dort können wir Leben schöpfen und von niemand anderem!

Und so endet der junge Mann in unserer Geschichte in einem Haufen Elend. Und dann, zu alledem und um dem Ganzen eine Krone aufzusetzen, sendet Gott auch noch eine Hungersnot in das

Land! Können wir verstehen, dass Gott sehr darauf bedacht ist, individuell maßgeschneiderte persönliche Krisenmomente herbeizuführen, damit wir an unser Ende kommen und zu Seinem Herzen zurückkehren? Bis dahin hatte das Elend des Sohnes gerade erst angefangen, doch jetzt spitzte es sich langsam zu. Er war noch nicht wirklich verzweifelt und demütig und dachte immer noch, dass er das Zeug dazu hätte, in dem Land überleben zu können. Er würde einfach eine Arbeit finden, und dann würde schon alles gut werden!

Während einer Hungersnot ist es jedoch geradezu unmöglich, eine gute Arbeit zu finden. Nach langem Suchen endet er im Dienst eines Schweinezüchters, der ihn aufs Feld schickt, um die Schweine zu hüten. Hier braucht man nicht viel Hintergrundwissen, um die gezielte Ironie in der Geschichte Jesu zu entdecken. Im jüdischen Denken konnte man gar nicht tiefer sinken, als Schweine zu hüten. Schweine waren unrein, sie waren ein Symbol für dämonische Aktivität. Damit zeigt Jesus, dass der Sohn, in seinem Versuch zu überleben, in der tiefsten Gosse gelandet war. Und schlimmer noch, die einzige Nahrung, die es gab, war das Futter für die Schweine – und nicht einmal dies durfte er essen! Niemand gab ihm etwas davon.

## Sich besinnen

Der Sohn hat diesen Punkt von Gebundenheit und Knechtschaft erreicht. Er befindet sich in einem dunklen Loch der Verzweiflung. Er erkennt, dass er seine Identität als Sohn verloren hat und er fühlt sich nicht mehr wert, ein Sohn zu sein. Wie viele Menschen kennst du, die am gleichen Punkt angelangt sind? Bist du vielleicht selbst an solch einem Punkt? Der Sohn hat jetzt nur noch eines, was für ihn spricht. Der Bibeltext sagt uns, dass «er sich besann». Er kannte seinen Vater gut genug, um zu wissen, dass er nach Hause zurückkehren konnte, wenn auch nicht als Sohn, so doch als Knecht. Der Sohn kam zu dieser Erkenntnis aufgrund seiner Erfahrung in der

Welt. Es ist besser, ein Diener zu sein im Haus des Vaters als ein Sohn der Welt. Er machte sich mit einer vorbereiteten Rede auf den Heimweg. Hast du jemals eine Rede für Gott vorbereitet – das, was du sagen wirst, wenn du endlich soweit bist, noch einmal um Vergebung zu bitten? Dieser Junge hatte sich gut vorbereitet; und nun möchte ich den Blick auf den Vater lenken.

Der Vater hat den Jungen in Seiner Weisheit gehen lassen. Er hat den Sohn das Höchstmaß an Verzweiflung erfahren lassen. Hat der Vater allerdings die Verzweiflung verursacht? Nein, denn die Welt hat genug an Not und Verzweiflung zu bieten, so dass Gott oft gar nichts weiter hinzufügen muss. Und doch gibt es Zeiten, in denen der Vater aufgrund von Rebellion und Hartherzigkeit bestimmte Nöte schickt; und deshalb behaupte ich, dass der Vater in Bezug auf die Hungersnot, die das Land traf, Seine Hand mit im Spiel hatte. Die Umstände, die Gott zuließ, vergrößerten die Not des jungen Mannes.

Einige von uns haben sich mit den falschen Quellen verbunden und sich dann gefragt, warum Gott uns ständig Schwierigkeiten schickt. Aber Gott braucht den meisten von uns gar keine Schwierigkeiten zu schicken. Meistens haben wir selbst für genug Schwierigkeiten gesorgt, und unsere Not ist letztendlich die Frucht dessen, was wir gesät haben. Gott wartet ganz einfach, bis wir es leid sind, in unserem selbstgemachten Bett zu schlafen. Wenn wir allerdings stur bleiben und die behutsame Korrektur des Heiligen Geistes nicht annehmen, ist der Vater durchaus bereit, uns eine eigens für uns maßgeschneiderte Hungersnot zu bereiten. Er hält sich darin nicht zurück, denn Er will, dass wir wirklich hungrig und durstig werden – und zwar nach Ihm. Und das ist genau das, was in dieser Geschichte passiert.

Und so geht der Junge nach Hause. Wie schwer müssen seine Füße gewesen sein, als er sich dem Haus des Vaters nähert. Wie Blei müssen sie sich angefühlt haben. Und währenddessen übt er immer wieder seine Rede. Stell dir die Not in seinem Herzen vor, die Fragen, das Bangen und die Spannung, als plötzlich der Vater auf ihn zukommt! Monatelang hatte dieser bereits am Eingang seines Gutes Ausschau gehalten. Er sieht den Jungen kommen und rennt geradewegs auf ihn zu. In der damaligen Kultur war es unschicklich und gegen jede Sitte für einen geachteten Mann, in der Öffentlichkeit zu rennen, aber das kümmert diesen Vater überhaupt nicht! Er hebt den Saum seines Gewandes hoch und eilt hinunter zur Straße, um seinem Jungen entgegenzulaufen! Er umarmt den Jungen, und ich mag den heftigen Ausdruck im Urtext besonders: «Der Vater konnte einfach nicht aufhören, seinen Sohn zu küssen!» Er sieht seinen Sohn, diesen zerbrochenen, gebundenen Kerl nach Hause kommen, rennt ihm entgegen und umarmt ihn. Er küsst ihn und nimmt seinen Sohn wieder auf und sagt: «Trink, mein Junge, trink nur. Lass mich dich festhalten, du bist so müde!» Kannst du sein Herz spüren? Keine Verurteilung, keine Zurechtweisung, keine Schelte und kein «das hab ich dir doch gleich gesagt!». Er fragt den Jungen auch nicht, was er mit all dem Geld angestellt hat. Das, was er weiß, ist genug: dass sein Sohn eine Quelle gesucht hat, in der kein Leben war. Der Vater reagiert so sanft und barmherzig, als er den Kummer seines Sohnes sieht: «Komm, mein Junge, trink von meiner Quelle, trink von mir. Lass das Leben meines Geistes zurück in dich fließen, lass die Knechtschaft hinter dir und nimm deine Position als Sohn wieder ein.» Das ist der Vater, den Jesus kannte.

Der Sohn ist auf diese Art des Empfangs nicht vorbereitet, und deshalb drückt er sich vom Vater weg, um seine Rede zu halten. Er hat sie schließlich auf der gesamten Wegstrecke geübt: «Vater, ich habe gesündigt gegen den Himmel und gegen dich.» So weit, so gut. Er ist korrekt in seinem Bekenntnis und der Vater erlaubt ihm, seine Reue zu äußern. Aber dann geht der Sohn zum zweiten Teil seiner Rede über: «Ich bin nicht länger wert, dein Sohn zu heißen ...»; und noch bevor er zu dem Vorschlag kommt, einer seiner Diener zu werden, unterbricht ihn der Vater. Man kann sich förmlich vorstellen, wie er ihm die Hand vor den Mund hält und sagt: «Hör auf, so zu reden. In deinem Zustand bist du momentan nicht fähig mein Herz zu verstehen.» «Diener, mein Sohn ist zu Hause! Bringt die

Gewänder, bringt den Ring, bringt die Schuhe und lasst ihm den Platz zukommen, der ihm als Sohn gebührt. Und nicht nur das, schlachtet auch ein Kalb, wir feiern ein Fest!»

Das Gewand ist ein Symbol für die Zugehörigkeit zur Familie. Indem er dem Sohn sein Gewand gibt, bestätigt der Vater erneut, dass der Junge zu ihm gehört. Der Ring ist ein Symbol für Autorität und der Vater machte damit unmissverständlich klar, dass dieser verschwenderische Sohn immer noch Zugang zu all den Ressourcen des Vaters hat. Schuhe waren ein Symbol für Sohnschaft und es bedeutete, dass der Junge das Recht hatte, überall auf dem Gut des Vaters herumzulaufen und es als sein Eigen zu beanspruchen. Wenn Menschen in biblischen Zeiten ein Grundstück tauschten, so übergaben sie das Grundstück zusammen mit einem Paar Schuhe, damit sie über das Grundstück laufen und es in Besitz nehmen konnten. Der Sohn kommt nach Hause und der Vater holt das Gewand, den Ring und die Sandalen und kleidet seinen Sohn wieder ein. Mit dieser Handlung sagt er zu seinem Sohn: «Knecht? Nein, niemals! Du bist mein Sohn und du gehörst zu mir, und alles, was mein ist, gehört auch dir!» Siehst du es vor dir? Und sie fingen an zu feiern.

Wir sind über die hemmungslose Gnade des Vaters empört. Der wahre Verlorene in dieser Geschichte ist der Vater. Er verliert sich in seiner Barmherzigkeit. Er ist voller verschwenderischer, hemmungsloser Gnade, die die Grenzen unserer Erwartungen sprengt und die falschen Bilder von Gott zerstört, die uns von Gottes Herzen auf Distanz halten. Wir sagen: «Ist das nun ein verantwortungsvolles Handeln?» Die Verantwortlichkeit liegt in dem Auftrag an die Diener, den Sohn neu einzukleiden. Sie haben die Aufgabe, bei ihm zu bleiben, ihn als Sohn zu behandeln und dafür zu sorgen, dass der Sohn tatsächlich auch seine Position als Sohn versteht und einnimmt – denn der Vater weiß, dass der Sohn aus seiner Selbstwahrnehmung heraus leben wird. Hin und wieder wird er seine wahre Identität vergessen und in weltliche Haltungen zurückfallen. Schließlich hat er sich doch einen kleinen Hirnschaden da draußen zugezogen. Der Vater hat ein so vollkommenes Vertrauen in die Kraft seiner

Liebe und die Fürsorge seiner Diener, dass er nicht einmal darüber nachdenkt, ihm eine Probezeit aufzuerlegen. Er nimmt ihn einfach wieder auf, ohne wenn und aber. Punkt.

Ich erinnere mich an eine ähnliche Zeit in meinem eigenen Leben. Ich war den größten Teil des Sommers mit einer Musikgruppe unterwegs gewesen, die zu dem christlichen College gehörte, das ich als 19-Jähriger besuchte, und ich hatte meinen ersten Diensteinsatz hinter mir. Ich hatte nicht die geringste Ahnung von den körperlichen, emotionalen und geistlichen Herausforderungen, welche durch die sieben Wochen Reisen und Auftreten auf mich zukommen würden. Ich hatte nicht genug Geld, um für die restlichen sechs Wochen zu meinen Eltern zu fahren. So suchte ich mir eine Arbeit auf dem Bau, und den Rest des Sommers verbrachte ich in törichter Verschwendung und Eitelkeit – Trinken, Softballspielen und allgemeinem Blödsinn. Der einzige Grund, warum ich in jenem Sommer nicht in echten Schwierigkeiten landete, war wohl der, dass man in der kleinen Mennonitengemeinschaft, zu der mein College gehörte, Schwierigkeiten – wo nur immer möglich – zu vermeiden suchte.

Später erfuhr ich, dass sich der Präsident des Colleges und einige andere Vorstandsmitglieder meines Benehmens sehr wohl bewusst waren. Da ich kein positives Bild für das College abgegeben hatte, zogen sie in Erwägung, mich für das nächste Semester nicht mehr zuzulassen. Ich war in einem fernen Land meiner eigenen Torheit und brauchte das Vaterherz. Aber ich hatte keine Ahnung, wie oder wo ich es finden konnte.

Die Schule fing wieder an, und am Tag der Einschreibung lief ich zur Bibliothek, um noch eine Kleinigkeit zu erledigen. Als ich auf das Gebäude zulief, bemerkte ich, wie ein Mann direkt auf mich zukam. Es war Dr. Prieb, der Englischprofessor und Dekan des Colleges. Er war ein Mann Gottes und ein sehr gütiger Mensch, aber an jenem Tag war er der Letzte, dem ich begegnen wollte. Er verkörperte alles, was ich in meiner Torheit missachtet hatte und ich wollte ihm um jeden Preis aus dem Weg gehen.

Ich ging auf die andere Straßenseite, aber als ich dort ankam, war auch er auf dieser Seite der Straße, und ich merkte, dass er mir direkt begegnen wollte. Ich schämte mich und hatte nichts zu sagen. Dr. Prieb hatte alles Recht der Welt, mich zu tadeln und mir einen scharfen Verweis der Schule zu erteilen, da ich sie in Verruf gebracht hatte.

Als er mir gegenüberstand, geschah etwas völlig Unerwartetes. Er stand vor mir, breitete seine Arme aus und zog mich zu sich. Ich war total steif und regungslos und wusste nicht, wie mir geschah. Der Mann, der selbst das Vaterherz kannte, legte seinen Arm um mich und flüsterte mir ins Ohr: «Willkommen zu Hause, Gary.» Dann küsste er mich auf die Backe und ließ mich los. Ich war verblüfft. Das war etwas, was völlig nicht in mein Paradigma, mein Denkmuster passte. Ich verdiente eine Rüge und einen Verweis, und ich empfing stattdessen Gnade und Annahme. Ich werde diesen Tag und diesen Mann niemals vergessen.

Die entscheidende Frage ist nun: Ist das der Vater, den du kennst? Denn das ist der Vater, den wir haben, aber manchmal fällt es uns schwer, Ihn deutlich zu sehen. Unsere Herzen wurden von schlechten Vorbildern und falschen Quellen, von denen wir Leben zu schöpfen erhofften, verblendet. Jesus erzählte den Pharisäern und Steuereintreibern dieses Gleichnis, wodurch sie das wahre Wesen des Vaters erkennen sollten. Diese Lehre kam von dem Sohn, der Sein Leben einzig und allein aus der Quelle des Vaters schöpfte. Ihre Wahrnehmung von Gott wurde bis in die Grundfeste erschüttert, und dasselbe sollte auch mit unserer Wahrnehmung geschehen. Wenn du den Himmlischen Vater nicht auf diese Weise kennst, bist du nicht an die richtige Quelle angeschlossen. Wenn das nicht der Gott ist, den du kennst, dann kennst du Gott nicht, denn das ist Sein Herz. Damit meine ich nicht, dass du nicht gerettet bist. Aber es bedeutet, dass die Augen deines Herzens noch nicht von der kostbaren Realität des wunderbaren Wesens des Vaters und deiner Identität als Sohn oder Tochter erleuchtet sind. Mein Gebet ist, dass du den Vater kennen lernst, den Jesus kannte, und dass im Lesen dieses Buches dein Herz von Seiner Barmherzigkeit und Seiner großen Liebe für dich so ergriffen wird, wie meines ergriffen wurde.

# 4

# Der Vater mit den offenen Armen – Teil 2

*Lukas 15,25-32*

Als Jesus auf die Erde kam und den Menschen diente, hatte Er zum Ziel, den Herzen das wahre Wesen Gottes zu offenbaren. Das religiöse System der damaligen Zeit hatte die Wahrheit von Gottes Identität als liebenden Vater so verzerrt, dass man Ihn als solchen gar nicht kannte. Nur einige wenige Individuen wie Hanna und Simeon fanden die Gnade, über die religiöse Struktur hinwegzuschauen und die Realität des liebenden, fürsorglichen Gottes zu entdecken. Jesus kam, um die Menschen in eine neue und lebendige Beziehung mit einem leidenschaftlichen Vater einzuladen, dessen Wesen Er vollkommen widerspiegelte.

Als ich vor einigen Jahren Pastor einer Vineyard-Gemeinde war, lehrte John Wimber eines Abends über die Funktion und Bedeutung des Gesetzes in der Beziehung zwischen Gott und Seinem Volk. John gebrauchte ein sehr eindrückliches Bild, um sein Verständnis zu veranschaulichen, und ich muss oft daran zurückdenken. Er malte uns eine Mutter vor Augen, die ihr Kleinkind in einem Baby-Tragesack trägt und es auf diese Weise direkt an ihrem Körper hat. Ein «Babytragesack» ist ein System, das aus einer Tasche und einigen Gurten besteht, mit denen das Kind auf Brusthöhe gehalten wird. So wird dem Kind einerseits die Nähe zur Mutter ermöglicht, und ihm gleichzeitig aber auch Bewegungsfreiheit gewährt. Sinn dieses Tragesystems ist es, Nähe und Innigkeit zu ermöglichen; in sich selbst aber ist es bloß eine Konstruktion aus künstlichem Material und einigen Metallschnallen. Der Tragesack hat in sich selbst kein Leben, er ist nur dazu da, das lebendige Kind zu tragen und festzuhalten.

Wimber zog den Vergleich zu Gottes Gesetz. Er erklärte, dass genau dies Gottes Absicht mit dem Gesetz und den religiösen Ritualen gewesen sei. Das Gesetz bezog sich auf die äußere Form der Beziehung zu Gott, denn der Heilige Geist war bis zu jenem Tag an Pfingsten noch nicht über alle Gläubigen ausgegossen worden. Deshalb brauchten die Menschen ein äusseres System mit Praktiken, das die Nähe zu Gott ermöglichte und die Kinder dicht am Herzen des Vaters festhielt. Das war notwendig, bis Jesus kommen und den Heiligen Geist freisetzen würde, der das Gesetz in die Herzen der Menschen schreiben und den Glauben verinnerlichen würde. Mit anderen Worten, das Gesetz und die Praktiken der Jüdischen Religion waren eine Art «Tragesack» für die Seele. Gott hat das Gesetz nicht als Ziel gedacht, sondern als Mittel zur Nähe zu Ihm hin. Wenn es das Ziel in sich selbst wäre, wäre es so, als würde ein Kind versuchen, den Tragesack zu essen, anstatt Milch von der Brust der Mutter zu trinken. Es hat also nur eine zweckdienliche Funktion und keinen Nährwert in sich.

## Nähe und Tatendrang

Wenn wir nun diese Realität zusammen mit der Tatsache ins Auge fassen, dass der Vater ein wesentlicher Teil der Menschheit mit einem Drang nach Taten ausgestattet hat (Wissen wir übrigens, dass der Vater selbst einen echten Tatendrang hat?), so haben wir eine echte Gelegenheit für ein wirklich großes Desaster. Das Ziel, das der Vater mit der natürlichen Veranlagung mit dem Drang nach Taten verfolgt, ist Nähe, und auch das Erledigen von Aufgaben muss im Kontext der innigen Beziehung und Partnerschaft mit Gott geschehen. Die Strukturen des alttestamentlichen religiösen Systems waren dazu da, Nähe zu ermöglichen, bis der Glaube in den Herzen der Menschen freigesetzt werden würde.[20] Sie waren nie dazu gedacht, Nähe zu ersetzen. Wenn man jedoch ein System aus äußeren Praktiken mit dem Tatendrang von gefallenen und zerbrochenen Menschen kombiniert, ist der perfekte Rahmen für religiöse Leistungsorientierung gegeben. Diese Leistungsorientierung kann unseren Blick schnell von dem Konzept der innigen Nähe abwenden, welches ursprünglich das Ziel war. Wenn man dann noch die Tatsache bedenkt, dass denen, die mehr als die anderen leisten, menschliche Anerkennung, Ehre und Hochachtung entgegengebracht wird, kann schnell eine Hierarchie von Gewinnern und Verlierern entstehen. Diese Menschen werden als erfolgreich angesehen, weil sie viel leisten. Andere sind dann die Versager, weil sie den Erfolgreichen nicht das Wasser reichen können.

Als Jesus die Geschichten in Lukas 15 erzählt, hatten sich genau diese zwei Gruppen von Gewinnern und Verlierern um Ihn herum versammelt. Hier steht Er nun als Sohn Gottes, der den Willen des Vaters tut. Aber Er tut es mit solch einer Salbung und Gnade, solch einer Liebe und Freude im Herzen, dass die religiösen Leiter verblüfft, aber auch gleichzeitig gereizt werden.

Auf der einen Seite befinden sich die Verlierer, die kein Mitspracherecht mehr im religiösen System haben, und sie hören Ihm mit Freude und Begeisterung zu. Dieser Mann lebt das Leben, das sie schon immer wollten – ein Leben voller Reinheit, Freude und Hingabe. Jesus spricht die beiden Gruppen nacheinander an. Er hat gerade zu denen gesprochen, die das Haus des Vaters aus Langeweile und fleischlichem Drang nach Abenteuer verlassen haben und die mittlerweile zu zerbrochenen Menschen ohne Sinn und Ziel geworden sind. Er hat sie zurück in die Gegenwart des Vaters gerufen und heißt sie mit solcher Gnade und Liebe willkommen, dass sie von dem Tiefgang dieser Einladung völlig sprachlos sind.

Und nun wendet sich der treue Sohn der anderen Gruppe zu. Das sind die älteren Söhne, die in dem Haus des Vaters geblieben sind, sich jedoch genauso weit vom Herzen des Vaters entfernt hatten, wie der jüngere Sohn. Es ist wichtig, dass wir die Motivation Jesu sehen, als Er den Pharisäern und Schriftgelehrten diese tiefgründigen Wahrheiten erklärt. Sein Herz verlangt nach ihnen. Er liebt sie und spricht sie als Söhne des Vaters an. Sie sind Seine Brüder, egal, wie sehr sie sich auch entfremdet haben. Als Er ihnen die Geschichte des älteren Sohnes erklärt, sehnt sich das zärtliche Herz des liebenden Vaters danach, sie zurück in Seine Nähe zu ziehen. Jesus will sie zum Vaterherzen führen, damit sie von Ihm das lebendige Wasser trinken, das Er ihnen geben will.

Vor einiger Zeit sprach der Herr zu mir durch eine Schriftstelle im Johannesbrief:

> Wenn jemand mich liebt, wird er mein Wort halten, und mein Vater wird ihn lieben und wir werden zu ihm kommen und bei ihm wohnen.
>
> Johannes 14,23

Ich glaube, dass Gott sich Seiner Gemeinde auf kraftvolle Weise als Vater offenbart, und dass Er als Vater bei uns wohnen will. Über viele Jahre hinweg haben wir Ihn nicht wirklich als Vater gekannt. Wir haben einen Schwerpunkt auf die Reinheit unserer Lehre gelegt, und das hat in erster Linie zu massiven Spaltungen und Sektiererei geführt. Viele Jahrzehnte lang hatten wir ein gutes Verständnis von Bekehrung, aber das Verständnis hat sich auf die Zustimmung von einigen wenigen Lehrsätzen und routinemäßigen Gebeten reduziert. Wir haben alle möglichen Selbsthilfeprogramme entwickelt, die dabei helfen sollen, unsere sündhaften Verhaltensmuster in den Griff zu bekommen, aber der Leib Christi ist voll von Zerbrochenheit und nie bekannter Sünde. Wir haben eine Leiterschaftskonferenz nach der anderen abgehalten, aber die Gemeindeleitung steckt immer noch in einer massiven Krise – und zwar auf jeder Ebene. Unsere Pastoren sind in Verhaltensmustern von aggressivem Streben, Konkurrenzdenken, Eifersucht auf größere Gemeinden und ganz einfach schlichtweg Sünde gefangen.

Wir haben einen Schwerpunkt auf Mission und die Ausbreitung des Königreichs Gottes gelegt, aber unsere Missionare brennen in Rekordzeiten aus und verlassen das Missionsfeld schneller, als wir sie ersetzen können. Wir waren am erfolgreichsten im Bauen von Gebäuden, aber wir haben kein gutes Verständnis von dem Wesen Gottes entwickelt. Der Wein des gegenwärtigen Christentums ist alt und die Weinschläuche sind ausgetrocknet und spröde. Wir brauchen dringend eine neue Sicht von Gott, von dem, was Er vorhat, so dass wir Seinen Willen auf effektive Weise tun können. Ich glaube, dass Jesus in unserer Mitte ist, und dass Er danach verlangt, uns den Vater zu zeigen und wir müssen mit Demut in unseren Herzen zu Ihm kommen, damit wir Seine Herrlichkeit, Seine Liebe und Seine Kraft sehen können.

Und so offenbarte sich der Vater zur damaligen Zeit erneut dem Volk – und nun durch diese Geschichte auch uns. In dem zweiten Teil der Geschichte des liebenden Vaters richtet Jesus Seine Aufmerksamkeit auf Menschen, die zur Leiterschaft des damaligen ineffektiven religiösen Systems gehörten. In gleicher Weise spricht Er heute auch zu uns älteren Söhnen.

Als der jüngere Sohn zum Vater ging und von ihm sein Erbteil forderte, antwortete der Vater: «Na gut, nimm, was dir gehört ...», obwohl er genau wusste, dass der Sohn es verschleudern würde. Väter sind nicht dumm, ganz besonders dieser nicht. Der Junge zog in die weite Welt, verschleuderte alles, versagte, und kam beschämt wieder zurück. Das Einzige, was er jetzt noch erbitten wollte, war Erbarmen, aber der Vater hatte für diese Rückkehr gebetet und schon lange darauf gewartet. Der Junge bat um eine Arbeit, nicht um Wiederherstellung. Aber er bekam das volle Maß an Liebe, er wurde in der Beziehung zum Vater als Sohn wieder vollkommen hergestellt. Er fand sich in einem Umfeld wieder, in dem er völlige Heilung empfangen konnte, und dann fingen sie an zu feiern, sie hatten ein großes Fest und schlachteten das gemästete Kalb.

Aber noch während der Vater die Freude über das wiederhergestellte Leben seines eigensinnigen Sohnes feiert, begegnen wir einem anderen Familienmitglied, das die meisten von uns sehr gut kennen. Die meisten von uns kennen den ersten Sohn sehr gut, und die meisten von uns kennen auch den zweiten Sohn sehr gut, denn von beiden steckt etwas in jedem von uns – oder etwa nicht? Ich denke sogar, je länger der Verlorene Sohn nun zu Hause bleibt, desto größer wird für ihn die Gefahr, genauso zu werden wie sein Bruder. Je länger Kinder, die selbst einmal eigensinnig waren, im Haus des Vaters bleiben, desto schwieriger wird es für sie, all jenen Gnade zu schenken, die erneut ins Vaterhaus zurückkommen – es sei denn sie sind als ältere Brüder tief und innig mit dem Vaterherzen verbunden geblieben. Dieser ältere Bruder hatte diese Nähe zum Herzen seines Vaters verloren. Hier haben wir es mit jemandem zu tun, der schon eine ganze Weile dabei ist, der sich schon lange im Haus des Vaters aufhält, ohne das Herz des Vaters berührt oder kennen gelernt zu haben. Die Geschichte geht so weiter:

> Sein älterer Sohn war unterdessen auf dem Feld. Als er heimging und in die Nähe des Hauses kam, hörte er Musik und Tanz. Da rief er einen der Knechte und fragte, was das bedeuten solle. Der Knecht antwortete: Dein Bruder ist gekommen und dein Vater hat das Mastkalb schlachten lassen, weil er ihn heil und gesund wiederbekommen hat. Da wurde er zornig und wollte nicht hineingehen. Sein Vater aber kam heraus und redete ihm gut zu. Doch er erwiderte dem Vater: So viele Jahre schon diene ich dir, und nie habe ich gegen deinen Willen gehandelt; mir aber hast du nie auch nur einen Ziegenbock geschenkt, damit ich mit meinen Freunden ein Fest feiern konnte. Kaum aber ist der hier gekommen, dein Sohn, der dein Vermögen mit Dirnen durchgebracht hat, da hast du für ihn das Mastkalb geschlachtet. Der Vater antwortete ihm: Mein Kind, du bist immer bei mir, und alles, was mein ist, ist auch dein. Aber jetzt müssen wir uns doch freuen und ein Fest feiern; denn dein Bruder war tot und lebt wieder; er war verloren und ist wiedergefunden worden.
>
> Lukas 15, 25-32

Der ältere Sohn arbeitet draußen auf dem Feld und tut das, was er immer tut. Offensichtlich ist er ein verantwortungsbewusster und fleißiger Kerl, der die Arbeit so erledigt, wie sie erledigt werden sollte. Er wusste schließlich, dass alles, was der Vater gesagt hatte, wahr war. Er hatte 5. Mose 27,17 gelesen und wusste, dass ihm das Erbe zufallen würde. Er vermutete, dass er nach dem Tod seines Vaters den größeren Teil bekommen würde, wenn er treu und gehorsam sein und zu Hause bleiben würde. Der jüngere Sohn hatte seinen Teil schon bekommen und der ältere Sohn agierte aus der Selbstgefälligkeit heraus, die Anweisungen des Vaters niemals hinterfragt zu haben.

Das Problem war jedoch, dass dieser Sohn das Wesen seines Erbes nicht verstand. Er dachte, dass das Anwesen das Wertvollste war, was ihm zukommen würde. Tatsächlich aber war das Anwesen mit all dem Vermögen nicht primär als Besitz gedacht, sondern als ein Ort für Beziehungen. Das tiefste Verlangen des Vaters war es seit jeher, eine innige Beziehung mit Seinen Söhnen zu haben. Was das Anwesen, den Besitz und die Arbeit anbelangt, so waren diese Dinge immer Seinem tiefsten Verlangen nach Beziehung untergeordnet. Damit will ich nicht sagen, dass Taten unwichtig sind. Ich möchte sagen, dass aus Gottes Sicht das Erledigen von Aufgaben immer ein Mittel zum Zweck sein werden, und dass eine tiefe und innige Beziehung mit Ihm das Ziel ist.

Ich sagte bereits, dass unsere höchste Berufung die innige Nähe zu Gott dem Vater und zu Jesus, unserem Bräutigam, ist. Der Höhepunkt der Weltgeschichte ist das Hochzeitsmahl des Lammes, wenn Jesus und Seine Braut in der Herrlichkeit Seiner Gegenwart vereint werden. Im Licht dieser Berufung sagt uns Epheser 2,10, dass wir Gottes Geschöpfe sind und

> in Christus dazu geschaffen, in unserem Leben die guten Werke zu tun, die Gott für uns im Voraus bereitet hat, damit wir in ihnen wandeln sollen.

Mir hilft ein bestimmtes Bild, dies besser zu verstehen. Ich glaube, dass in Christus alle Facetten des Wesens des Vaters vollkommen zum Vorschein kommen. Wir wurden in Christus vor Grundlegung der Welt erwählt,[21] und jeder einzelne Mensch wurde von Gott aus einer bestimmten Facette Seines Wesens heraus gestaltet. Jeder von uns wurde ganz spezifisch für die guten Werke vorbereitet – die Dinge, die Gott auf dieser Erde verwirklichen will. Unsere Hilfe braucht Er dafür nicht, Er ist schließlich der Schöpfer des Universums. Vielmehr will Er diese Dinge in Zusammenarbeit mit Menschen tun, die Er liebt. In das Herz eines jeden Menschen hat Er in Seiner Weisheit eine Ahnung von Berufung und ein Verlangen nach Bedeutsamkeit hineingelegt, aber damit gibt Er ihnen nur einen Teil des Ganzen. Der Vater hält einen wichtigen Teil unserer Identität und Berufung in Seinem Herzen verborgen, weil Sein letztendliches Ziel die innige Gemeinschaft mit uns ist. Die Fülle unserer Berufung kann ohne Ihn nicht verwirklicht werden. Sprüche 25,2 sagt uns, dass es Gottes Ehre ist, eine Sache zu verhüllen und eines Königs Ehre, das zu erforschen, was verhüllt ist. Wenn Gott die Fülle unserer Identität und Berufung in Seinem Herzen verbirgt, dann tut Er das zu Seiner und unserer Ehre. Er tut das nicht, um sich vor uns zu verschließen, sondern weil Er sich uns öffnen will, wenn wir uns Ihm nahen. Der Drang, unsere Berufung zu erkennen, ist in Wirklichkeit ein Drang, Ihn zu erkennen, denn nur in der innigen Nähe zu Ihm können wir die Fülle unseres Seins finden. Das Dilemma ist jedoch, dass wir in unserer Zerbrochenheit und Gottesferne annehmen, dass unsere Berufung aus einer reinen Arbeitsanweisung besteht. Wir denken, dass unsere Berufung aus einem Plan zum Verrichten von Werken besteht, und dass wir so die Anerkennung des Vaters empfangen und schließlich als Lohn für unsere Mühe Gemeinschaft mit Ihm haben dürfen.

## Innige Nähe ist der Ursprung von Arbeit

Nähe zum Vater ist jedoch nicht der Lohn für unsere Werke. Nähe ist der Ursprung, aus denen unsere Werke hervorgehen sollen! Gerade weil der Vater Jesus liebte, zeigte Er Ihm alles, was Er tat, damit Er es zusammen mit Ihm tun konnte.[22] Jesus arbeitete niemals für den Vater, Er arbeitete immer mit dem Vater auf der Grundlage der innigen Gemeinschaft mit Ihm.

Das ist das Dilemma, mit dem so viele Menschen konfrontiert sind, die mit einem großen Tatendrang geschaffen wurden. Wir spüren irgendwie, dass Gott etwas mit uns vorhat, aber wir fassen es als Arbeitsanweisung auf, als etwas, was wir für Gott aus unseren eigenen Ressourcen heraus produzieren sollen. Aus dieser Perspektive heraus ist unser persönliches Wertgefühl von unseren Leistungen abhängig. Deshalb müssen Ressourcen gesammelt und auf das Verrichten der Aufgaben gerichtet werden. Menschen werden dann Mittel zum Zweck, ein «Ressourcentrupp», anstatt zu Brüder und Schwestern wie in einer Familie. Aufgaben zehren uns auf, anstatt uns zu erfrischen. Ohne die Nähe zum Vater werden Aufgaben schnell zur Sklaverei, und was als erfüllende Partnerschaft gedacht war, verwandelt sich in einen Selbstzweck mit bitterem Nachgeschmack. Es ist das Resultat eines tragischen Missverständnisses von Gottes Absicht.

Der ältere Bruder war in genau diesem Dilemma gefangen. Er war total am Herzen des Vaters vorbeigegangen und war von dem Ort der Nähe und Gemeinschaft mit dem Vater getrennt und völlig abgeschnitten. Er hatte die Sicht der Partnerschaft mit dem Vater verloren und verstand das Erbe des Herzens nicht. Und so war er draußen auf dem Feld und hütete nicht den Besitz des Vaters, sondern seinen Besitz. Er managte den Grundbesitz und sorgte dafür, dass alles in gutem Zustand blieb, bis es sein Eigentum sein würde. Der ältere Sohn arbeitete hart, er war fleißig und ein guter Bürger. Er würde es in unserer heutigen Gesellschaft zu etwas bringen. Er wusste, was ein erfolgreicher Arbeitstag war, und es war keine Frage für ihn, wie viele Überstunden es erforderte, die Arbeit zu erledigen. Hauptsache, die Aufgabe wurde gewissenhaft erledigt. Er liebte es, produktiv zu sein, er war ein echter Leistungstyp.

Irgendwann und irgendwie fing der Sohn an zu glauben, dass er selbst dafür sorgen müsse, sein Erbe zu erlangen. Er wurde zum Workaholic, zu einem Leistungsmenschen, der alles gut machen wollte, um das Erbe des Vaters zu verdienen. Er hatte aufgegeben, die Freude des Vaters an ihm kennen zu lernen – das ging über sein Vorstellungsvermögen hinaus. Es gab keine Freude in seinem Leben. Es bestand nur aus dem Streben nach einem Erbe in ferner Zukunft. Aber genau dieses Streben führte ihn zu Bitterkeit und Knechtschaft. Es trennte ihn von seiner wahren Berufung der innigen Nähe zum Vater und füllte ihn mit Groll und Feindseligkeit.

Irgendjemand hat einmal gesagt, dass jeder Mensch imstande sein müsse, drei Dinge zu sagen: «ja», «nein» und «Hurra!». Dieser Sohn kannte keine «Hurras» in seinem Leben. Es war ein langweiliges Leben. Er war gelangweilt und verärgert und dazu entschieden der Meinung, dass sich auch sonst niemand um ihn herum zu freuen hat. So können wir nur erahnen, was in ihm vorgegangen sein mag, als er vom Feld nach Hause kommt und die Musik und das freudige Getöse des Festes hört.

Dieser Kerl kann Feste nicht leiden. Feste sind albern. Es hat ihn schon immer geärgert, wenn er nach Hause kam und eine Party im Gange war, nur weil ein verlorenes Schaf gefunden wurde oder irgendwelches Zeug wieder entdeckt wurde. Der Bruder kommt also nach Hause und hört die Musik, und seine erste Reaktion war wohl: «Was ist denn jetzt schon wieder los?» Er hält den ersten Knecht auf, der ihm entgegenkommt, und fragt: «Was hat das alles zu bedeuten?»

Ich stelle mir vor, dass der Knecht auch in Feststimmung war. Er freut sich und genießt die Feierlichkeiten, denn er kennt das Herz des Vaters besser als der Sohn. Aber jetzt hat der Knecht ein Problem. Der ältere Bruder ist der Chef, sein Vorarbeiter, und so muss er ihm nun erklären, was da vor sich geht. Ich kann mir vorstellen, dass er zuerst vor Begeisterung übersprudelt und sagt: «Mensch, wir haben heute ein Fest! Dein Bruder ist nach Hause gekommen und der Vater ist überglücklich, und zwar so sehr, dass er das gemästete Kalb geschlachtet hat! Die Nachbarn sind auch alle da und feiern mit!»

Der ältere Bruder ist erbost, dreht sich auf dem Absatz um und geht weg. Er weigert sich, an dem Fest teilzunehmen. Jesus hat die Pharisäer an einem bestimmten Punkt «Heuchler» genannt: «Weh euch, ihr Pharisäer und Schriftgelehrten, ihr Heuchler! Ihr verschließt den Menschen das Himmelreich. Ihr geht selbst nicht hinein, aber ihr lasst auch die nicht hinein, die hineingehen wollen.» (Matthäus 23,13). Er sagt zu ihnen: «Wacht auf, öffnet eure Augen, das Königreich Gottes ist gekommen und es ist ein Reich, wo Freude herrscht!»

Erinnern wir uns daran, dass Jesus diese Geschichte im Rahmen eines Festes mit Steuereintreibern und Sündern erzählte. Das waren die Eigensinnigen, die zurückgekommen waren. Sie waren nach Hause gekommen, um vom Heiligen Geist zu trinken und Leben von Jesus zu schöpfen. Er war derjenige, mit dem sie zusammen sein wollten, denn sie sahen die Ganzheitlichkeit in Ihm, sie spürten, dass Jesus echt war. Sie spürten auch, dass Jesus sie sogar mochte, dass sie um Ihn herum sein konnten, ohne sich verurteilt zu fühlen. Sie fühlten sich frei und gelassen in Seiner Gegenwart, aber die Pharisäer und Schriftgelehrten waren auf der anderen Seite und sagten: «Schämt euch für euren Spaß!!»

## Das offene Herz des Vaters

Beobachte an dieser Stelle jetzt aber den Vater. Wieder einmal drängt Ihn seine überfließende Liebe aus dem Haus, denn die Liebe des Vaters ist für beide Söhne gleich. Die Liebe des Vaters für die älteren Brüder unterscheidet sich nicht von Seiner Liebe zu den eigensinnigen verlorenen Söhnen. Und so verlässt der Vater das Fest und geht nach draußen, ohne eine Spur von Verurteilung in seinem Herzen. Er geht zu seinem älteren Sohn und sagt: «Komm doch, komm herein! Verstehst du nicht, dass mein Sohn zurückgekommen ist? Komm doch und feiere mit uns!»

Aber der Bruder kann seine verletzten Gefühle nicht mehr verbergen und lässt eine Litanei an Selbstgerechtigkeiten von sich. Er sagt: «Schau, all diese Jahre habe ich mich für dich abgerackert!» In Wahrheit aber hatte er nicht für den Vater gearbeitet, sondern für sich selbst! «All diese Jahre habe ich mich für dich abgemüht.» Erkennst du die Dynamik, die sich hier vollzieht? Er war genauso weit vom Vater entfernt wie der jüngere Sohn. Auch wenn er im Haus in der unmittelbaren Nähe des Vaters geblieben war, so war auch er mit seinem Herzen in einem fernen Land. Er hatte niemals die Freude, die Freiheit, die überströmende Liebe des Vaters erlebt, obwohl er unter demselben Dach lebte. Er war davon überzeugt, dass ihm nur etwas zukommen würde, wenn er es sich verdienen würde. Er hatte lange genug, hart genug und treu genug gearbeitet, um das zu bekommen, was ihm zustand.

Aus Vers 30 in Lukas 15 können wir entnehmen, dass der ältere Bruder in seinem eigenen fernen Land war:

> Kaum aber ist der hier gekommen, dein Sohn, der dein Vermögen mit Dirnen durchgebracht hat, da hast du für ihn das Mastkalb geschlachtet.

Es ist interessant, dass nirgendwo sonst im Text erwähnt wird, was genau der Junge gemacht hat, außer dass er sein Geld verschleudert hatte. Nirgends wird etwas von Dirnen erwähnt, außer die Vermutung des älteren Bruders. Es ist eine logische gedankliche Schlussfolgerung von ihm, aber eben nur eine Vermutung. Die Dynamik, die wir hier sehen, ist offensichtlich: Während der jüngere Bruder seine Fantasien auslebte, unterdrückte der ältere Bruder die seinigen und projizierte sie auf den jüngeren. Er hatte es sich immer und immer wieder vor Augen gemalt und ihn scharf dafür verurteilt. Aber er erkannte nicht, dass er genauso weit vom Vater entfernt war wie der jüngere Bruder. Der einzige Unterschied bestand darin, dass er zu Hause geblieben war. Aber er war in einer zerbrochenen Beziehung, in Gebundenheit, und er kannte seinen Vater nicht wirklich.

Es ist tragisch, dicht beim Vater zu leben und Ihn doch nicht wirklich zu kennen. Es ist tragisch, einen Vater zu haben, der völlig frei ist, der jederzeit zu einem Fest bereit ist, der Seine Arme ausbreitet, der mit Seinen Kindern tobt und sie liebkost – und Ihn doch nicht zu kennen. Es ist eine Tragödie zu meinen, einen leistungsorientierten Vater zu haben, wenn Er es in Wahrheit gar nicht ist. Es ist tragisch, wenn wir Gottes Herz so verfehlen, und die meisten von uns können sich mit dem älteren Bruder identifizieren, denn die meisten von uns sind wie er. Die Freude des Vaters ist uns völlig entgangen. Wir haben uns in unserem Denken weit von der Wahrheit entfernt und haben versucht, Erfüllung zu finden, indem wir Dinge für Gott getan haben. Aber der Vater sagt: «Mein Sohn, siehst du nicht, dass du Mein Herz übersehen hast? Du hättest zu jeder Zeit ein Fest haben können! Weißt du denn nicht, dass alles, was Mir gehört auch dir gehört?»

Der ältere Bruder sagte etwa Folgendes: «Vater, es ist ja in Ordnung, dass du ihn willkommen heißt. Ich verstehe deine Bereitschaft, ihn aufzunehmen – aber ein Fest, eine Party? Sei doch gescheit! Warum bist du seiner Bitte nicht einfach nachgekommen und gibst ihm jetzt die Möglichkeit, seine Treue zu beweisen? Eine Probezeit in der Dienerschaft wäre durchaus angemessen. Aber nein, du stellst ihn gleich wieder auf ein Podest! Das geht zu weit!! Vergebung – in Ordnung, aber Wiederherstellung? Heilung? Wiedereinsetzung als Dein Erbe???»

Kannst du die Stimme des Pharisäers hören? Was ist in seinem Herzen, das ihn so beißt? Was reizt ihn da so, dass er all seine Frustration jetzt an dem Vater auslässt? Ich glaube, dass die Ursache das unterschwellige Bewusstwerden seiner eigenen seelischen Armut ist.

Er spürt die Leere der zerbrochenen Beziehung zum Vater, aber er ist nicht bereit, dies auf ehrliche Weise anzusprechen. Sogar als der ältere Sohn zur Feier eingeladen wird, klagt er den Vater an, ihm niemals solch ein Fest bereitet zu haben. Die Traurigkeit dieser Szene ist überwältigend.

Die Antwort des Vaters ist jedoch tiefgreifend:

> Mein Sohn, du bist immer bei mir, und alles, was mein ist, ist auch dein. Aber jetzt müssen wir uns doch freuen und ein Fest feiern, denn dein Bruder war tot und lebt wieder; er war verloren und ist wiedergefunden worden.

Im Prinzip sagt der Vater zu seinem Sohn, dass er ein Fest hätte haben können, wann immer er gewollt hätte. Er erklärt ihm, dass das Erbe für ihn immer zur Verfügung stand – es wurde ja schon am Anfang der Geschichte unter den beiden Söhnen aufgeteilt! Im Herzen des Vaters war immer ein Fest, und es war sein Wunsch, dass der ältere Sohn in dieser Dynamik leben sollte. Der Vater bat seinen älteren Sohn, aber er stieß nur auf taube Ohren. Jesus, der meisterhafte Erzähler, lässt die Geschichte offen. Er führt sie nicht zu Ende und überlässt es dem älteren Bruder, seine eigene Entscheidung zu treffen.

In diesem bewegten Moment richtet Jesus dann die Frage an die Pharisäer: «Kommt ihr herein? Feiert ihr mit oder verkennt ihr weiterhin Mein Herz? Es ist eure Entscheidung. Ich aber feiere gern und Mein Herz ist das Herz eines freien Vaters. Mein Herz ist ein Herz der Wiederherstellung und Heilung, der Freiheit, Schönheit, Freude und des Wohlbefindens – und ihr habt mich nicht erkannt.» Egal, wo wir uns auch befinden, wir müssen das Herz des Vaters an dieser Stelle sehen. Wann immer wir denken, dass wir ohne Seine Gegenwart irgendetwas tun könnten, was unsere Chancen verbessern würde, Sein Wohlgefallen zu verdienen, bewegen wir uns auf dem Grund und Boden des älteren Bruders. Das Herz des Vaters schlägt für uns genauso wie für diese Brüder: «Alles, was Mein ist, ist auch dein. Du bist Mein Sohn!»

Es gibt noch etwas anderes in der Geschichte, worüber ich sehr dankbar bin. Der jüngere Bruder ist, bevor er dem Vater gegenüberstand, nicht erst dem älteren Bruder begegnet. Wenn das so gewesen wäre – wer weiß, wie die Geschichte dann ausgegangen wäre? Was wäre passiert, wenn der Vater nicht nach dem zerbrochenen, verschmutzten, miefenden Jungen Ausschau gehalten hätte und er dem Bruder zuerst begegnet wäre? Er hätte es nie bis nach Hause geschafft. Es ist so traurig, dass heutzutage zerbrochene, verlorene Kinder, die zurück zum Papa kommen und geheilt werden wollen, oft zuerst den älteren Brüdern begegnen. Und oft sehen diese älteren Brüder so aus wie wir.

Eines Abends, als ich die Botschaft dieses Kapitels zum ersten Mal predigte, wollte ich auf dem Weg zur Gemeinde gerade auf eine Autobahn auffahren, als ich ein junges Mädchen beim Trampen sah. Ich hatte sofort den Eindruck, dass ich sie mitnehmen sollte. Sie war gerade von der Arbeit gekommen und ich fragte sie, wohin sie wolle. Sie antwortete, dass sie den Barkeeper bezahlen müsse, bei dem sie am Vorabend getrunken hatte. Sie brauchte so dringend einen Drink, dass sie sich da Geld von ihm geliehen hatte. Ich sagte ihr, dass ich einen Ort kennen würde, wo sie wirklich trinken kann und nicht mehr durstig wird. Das machte sie neugierig und so lud ich sie zum Gottesdienst ein, um dort etwas von dem «neuen Wein» zu kosten und dem Vater zu begegnen. Sie antwortete, dass sie schon einmal in der Kirche gewesen sei und genug davon hätte. Ich spürte einen tiefen Schmerz in mir, als ich ihre Reaktion hörte. Sie ist dem Vater nie begegnet. Stattdessen war sie älteren Brüdern begegnet. Sie war Menschen begegnet, die ihr aufzwingen wollten, was sie sich selbst auferlegt hatten. Sie vermittelten ihr, dass wenn sie lang genug das Richtige tun und treu genug sein würde, es am Ende vielleicht ein Fest geben würde. Sie hatte die kalte, enge, triste Atmosphäre erlebt, die der ältere Sohn um sich herum verbreitete, und das hat dazu geführt, dass sie dem Herzen des Vaters nie begegnet ist.

Doch gleich am darauffolgenden Tag hörte ich von einer der Leiterinnen im International House of Prayer in Kansas City ein bemerkenswertes Zeugnis. Leute aus der Gemeinde, die sie und ihr Ehemann leiten, gehen bereits seit Jahren in die ärmsten Teile von Kansas City, teilen dort den Obdachlosen Essen aus und feiern mit ihnen ein Fest mit Lobpreis und Anbetung. Sie verkünden die Güte des Herrn, indem sie den Armen auf ganz praktische Weise dienen. Eines Abends, als sie den Vater auf der Straße anbeteten, lief ein Mann aus dieser Gegend auf sie zu und forderte sie auf, ihn auf der Stelle zu Jesus zu führen. Er wollte von Dämonen befreit werden, getauft, mit dem Heiligen Geist erfüllt und von körperlichen Krankheiten geheilt werden – kurz gesagt, er wollte eine Luxusbehandlung aus dem Königreich Gottes, und zwar gleich alles an diesem Abend. Der Mann war in der Gegend als Alkoholiker bekannt, und als die Gruppe von Christen für ihn an jenem Abend betete, wurde er völlig befreit. Einige Zeit später fragten ihn die Gläubigen, warum er so lange gewartet habe und warum er ausgerechnet an jenem Abend gekommen sei.

Seine Antwort war bemerkenswert. Er erzählte der Gruppe, dass er jahrelang beobachtet habe, wie Christen mit unterschiedlichen Programmen und aus verschiedenen Beweggründen kamen und gingen. Und in seinem Herzen hatte sich Zynismus breit gemacht, als er die tristen, freudlosen, verurteilenden Christen sah, die versuchten, die Leute von der Straße zu bekehren, ohne dass sie ihnen ein wirkliches Anliegen gewesen wären oder dass sie sie überhaupt kennen lernen wollten. Und so hatte er Rondas und Dannys Gruppe eine ganze Zeit lang beobachtet. Sie kamen an mehreren Abenden Woche für Woche und verbrachten Zeit mit den Leuten, saßen mit ihnen am Straßenrand, beteten für sie, machten Lobpreis mit ihnen und dienten ihnen mit Freude im Herzen. Und schließlich war er überwältigt. Er sah die Freude, die herrliche Freiheit der Söhne Gottes und sagte: «Das will ich auch.» Er lief zum Haus des Vaters und wurde mit Freude von dienenden Söhnen und Töchtern aufgenommen, die das Herz des Vaters kannten.

Der Herr wünscht sich eine solche Atmosphäre der Freiheit und Freude. Er will solch eine Freigebigkeit im Herzen Seines Volkes freisetzen, sodass die Zerbrochenen das auch wollen und nach Hause kommen. Sie werden im Herzen von Gottes Volk dasselbe Herz erkennen, das Jesus hatte – ein Herz, das zerstörte Menschen in Seine Gegenwart zieht. Er will Söhne und Töchter, die sich an dem Erbe freuen, das ihnen bereits gehört und das schon jetzt in der innigen Gemeinschaft mit dem Vater erlebt werden kann. Ich erinnere mich noch daran, als mein Sohn David gerade sprechen lernte. Ich fragte ihn eines Mittags: «David, was möchtest du heute Abend machen?» Er antwortete: «Mmmh – ich glaub kuscheln!» Ich war überwältigt. Hier war ein Kind, das wusste, wie die Beziehung zu seinem Vater sein sollte. Ich bin davon überzeugt, dass der Vater sich ein ganzes Haus voller Söhne und Töchter wie David wünscht, die das Herz ihres Vaters kennen und mit Freude das Leben mit Ihm feiern.

Ich glaube, dass Gott in diesen Tagen Menschen aufrichtet, die den Vater kennen wollen. Diese Menschen wollen diesen großzügigen und lebendigen Gott kennen, der zerbrochene Söhne und Töchter mit Küssen und freudigem Herzen willkommen heißt. Sein Wunsch ist, dass leistungsorientierte Söhne und Töchter in die Freiheit kommen und erkennen, dass ihre Berufung nur in der innigen Nähe zu Ihm gefunden werden kann. Der Vater will, dass sie wissen, dass ihr Lebenswerk unter einem offenen Himmel der Offenbarung und Verwurzelung in Seiner extravaganten und überschwänglichen Liebe gelebt werden soll. Dieser Vater zieht die Herzen der Menschen überall an den Ort des Gebets und zeigt ihnen, dass die innige Nähe zu Gott der Antrieb für unser Leben ist. Dort erkennen wir, dass Er tatsächlich ein guter Vater ist, und dass Er wunderbare Dinge für diejenigen bereit hat, die mit Freude und Dankbarkeit in Seine Gegenwart kommen.

Das Volk Gottes wird das Herz Gottes kennen. Sein Leib wird Sein Herz haben. Wir werden nicht bloß gute Herzen haben, wir werden Sein Herz haben! Meine Frage ist: Was für ein Herz schlägt in deiner Brust? Ist es das kalte, versteinerte Herz des älteren Bruders? Wenn das so ist, dann habe ich gute Nachrichten für dich – es besteht die Möglichkeit zu einer Herztransplantation! Gott wird dein steinernes Herz nehmen und dir ein fleischernes Herz geben. Er wird in uns die Leidenschaft hineinlegen, die in Ihm selbst brennt. Jesus hat uns verheißen, dass wir die Fülle der Liebe des Vaters kennen würden. Und das ist, wonach wir uns sehnen, weil Er dieses Verlangen in unser Herz hineingelegt hat. Wenn wir Ihm Seinen eigenen Willen zuflüstern, wird Er uns sicherlich geben, worum wir Ihn bitten.

# 5

# Der vergebende Vater

## *Johannes 14,21-23*

Eine der stärksten, uns vertrautesten, aber auch eine der wohl am wenigsten gewürdigten Offenbarungen der Heiligen Schrift ist die, dass Gott ein *vergebender Gott* ist. Vergebung ist eine der wichtigsten biblischen Lehren im Leib Christi, die völlig grundlegend für unseren Glauben ist. Die Lehre ist uns jedoch so vertraut geworden, dass Gläubige zu Gedanken neigen wie diese: «Na ja, Vergebung und das alles ist wichtig, aber ich suche nach etwas Neuem, nach neuer Offenbarung, ich will auf dem neuesten Stand sein, in Bezug auf die Dinge, die Gott tut.» Vor einigen Jahren, als ich Mitarbeiter im Pastorenteam der Metro Christian Fellowship in Kansas City war, wurde ich gebeten, eine Predigtreihe über dieses Thema zu halten, und ich ertappte mich dabei, wie ich dachte: «Ich hab sicherlich noch ein paar alte Predigten über die Vergebung Gottes in meinen Unterlagen. Ich werde einfach etwas den Staub abwischen und sie mit ein paar neuen Illustrationen und Beispielen auffrischen.»

Auf mich wartete jedoch eine Überraschung. Der Herr legte ein unsagbares Verlangen auf mich, Seine Barmherzigkeit und Vergebung tiefer zu verstehen. Als ich betete und über das Wort Gottes nachsann, spürte ich in mir etwas Seltsames und Beunruhigendes. Ich hatte den Eindruck, dass ich zu einem tieferen Verständnis von Vergebung gelockt wurde, und das stärker als je zuvor. Das Beunruhigende daran war jedoch, dass sich das alles am Rande meines

Verständnisses abspielte und dort irgendwie hängen blieb. Ich hatte den Eindruck, dass ich vor einer gewaltigen Erkenntnis stand. Vielleicht kennst du diese Erfahrung, dass dich etwas zieht oder zu dir zu sprechen scheint. Es ist so, als ob der Klang sich genau an der Grenze deines akustischen Hörvermögens befindet. Doch sobald du dich in seine Richtung bewegst, entfernt er sich im gleichen Augenblick und verstummt.

Das beste Bild, das mir zur Beschreibung dieses Zustandes einfällt, ist dieses: Ich fühlte mich wie ein sehr kleiner Mensch in einem sehr kleinen Boot, das auf einem sehr kleinen See segelt. Irgendwoher hatte ich den Eindruck, dass da draußen ein sehr großer Ozean sein musste. Aber außer in meiner eigenen Vorstellung hatte ich ihn nie gesehen. Ich hatte niemals die Frische gerochen und ich hatte niemals erlebt, wie majestätisch es ist, auf diesem gewaltigen Meer zu segeln – aber ich war fest davon überzeugt, dass er existiert. Und dann entstand in mir das große Verlangen, diesen Ozean zu sehen und in seine Tiefen zu tauchen. Ich wollte mich von seinen gewaltigen Wellen treiben lassen. Auch wenn ich noch nicht ausreichend Erfahrung mit diesem Ozean gemacht habe, merke ich doch, dass ich die Verantwortung habe, anderen Menschen diesen Ozean zu beschreiben.

In Psalm 130 finden wir einen wunderbaren Abschnitt, der eine gewaltige Aussage über das vergebende Wesen Gottes macht. Vers drei und vier dieses Psalms bezeugen:

> Wenn du, HERR, die Sünden anrechnest, wer wird bestehen?
> Doch bei dir ist die Vergebung, damit man dich fürchte.

«Wenn du Sünden anrechnest ...». Das bedeutet, dass Gott die Sünden *nicht* anrechnet, sondern dass Er ein Gott der Vergebung ist. Sein Wesen ist nicht nachtragend, sondern Er befreit die Menschen von Schuld, damit sie wieder in Seiner Barmherzigkeit und Gnade wandeln können. Diese Wahrheit und Erkenntnis muss schließlich, so der Psalmist, die Furcht des Herrn im Herzen der Menschen wecken. Wenn ich jedoch die allgemeine Reaktion auf diese Botschaft betrachte, dass Gott Menschen vergibt, so scheint mir, dass nur wenige Menschen von Ehrfurcht und Staunen ergriffen werden. Vielmehr scheinen die meisten das für selbstverständlich zu halten und benutzen es sogar als Lizenz, um weiterhin so zu leben, wie sie wollen.

Dem Psalm nach ist das vergebende Wesen jedoch etwas, was eine heilige Furcht vor Gott wecken sollte. Es ist gewaltig zu entdecken, dass Vergebung in Gottes Natur liegt und es Sein echtes Verlangen ist, Vergebung zu schenken. Während wir hier dieses Thema betrachten, ist es mein Gebet, dass der Heilige Geist uns Gnade schenkt, diese wunderbare Freude der Vergebung umfänglich erfahren und erleben zu können. Ich bete darum, dass die lebensverändernde Kraft der heiligen Furcht Gottes kommt, wenn wir erfassen, dass unser Vater der Vater der Vergebung ist.

Ich möchte unsere Aufmerksamkeit auf eine ergreifende Geschichte lenken, nämlich auf ein Gleichnis Jesu, in dem Er Vergebung im Königreich Gottes veranschaulicht. Wir finden das Gleichnis in Matthäus 18 und es geht in dieser Geschichte um drei wesentliche Punkte: Es geht um die Großzügigkeit der Vergebung Gottes, um unsere Tendenz, in selbstverschuldeter Sklaverei zu leben, anstatt in der geschenkten Sohnschaft, und schließlich geht es um die Qual der Bitterkeit und Unversöhnlichkeit, die Er manchmal gebraucht, um uns zurück in Seine Gnade zu ziehen. Bevor du die nächsten Abschnitte liest, nimm dir bitte die Zeit, Matthäus 18,21-35 zu lesen.

## Gottes großzügige Vergebung

Das ist eine sehr ernüchternde Geschichte, nicht wahr? Wenn die Vergebung Gottes wie ein mächtiger Ozean ist, und Er uns dazu einlädt, auf diesem Ozean zu segeln, dann ist es beinah so, als ob in seinen dunklen Tiefen Seemonster hausen würden! Es ist erschreckend, wie ernst es Gott mit der Vergebung meint – sowohl die, die wir empfangen, als auch die, die wir weitergeben.

Es ist sehr interessant, dass Jesus in diesem Gleichnis ein Zahlenbeispiel benutzt, um Vergebung zu veranschaulichen. In der Parallelstelle in Lukas 17,3-5 sagt Jesus:

> Habt acht auf euch selbst: Wenn dein Bruder sündigt, so weise ihn zurecht, und wenn er es bereut, so vergib ihm. Und wenn er siebenmal am Tag an dir sündigt und siebenmal zu dir umkehrt und spricht: Ich bereue es, so sollst du ihm vergeben. Und die Apostel sprachen zu dem Herrn: Mehre uns den Glauben!

Hast du jemals über die Konsequenzen dieser Aussage nachgedacht? Jesus sagt: Wenn ein Mensch siebenmal pro Tag gegen uns sündigt und es bereut, sollen wir ihm vergeben. Nehmen wir mal ein praktisches Beispiel. Stell dir vor, dein Kollege kommt zu dir und sagt etwas Beleidigendes, Abwertendes oder völlig Unangemessenes. Nach ein paar Minuten tut es ihm leid und er kommt zu dir und bittet dich um Vergebung. Aber kurz darauf tut er das Gleiche wieder. Und wieder bereut er es und bittet dich um Vergebung. Aber dann tut er es wieder und wieder und wieder und bittet jedes Mal wieder um Vergebung. Und das alles an einem Tag! Gehe dann noch einen Schritt weiter, denn in Matthäus 18 erhöht Jesus den Maßstab von sieben auf siebzig mal sieben! Grenzenlose Vergebung.

Wie viele sehen hier, dass wir ein größeres Herz brauchen? Ich brauche eine größere Kapazität, um eine solche Barmherzigkeit ausüben zu können. Wir brauchen Glauben! Wir brauchen eine unglaublich tiefe Erfahrung der Liebe und Vergebung des Vaters in unseren eigenen Herzen, um auf einer solchen Ebene Barmherzigkeit weitergeben zu können. Und genau das ist der Grund, warum ich denke, dass wir, was das Thema Vergebung angeht, nicht wirklich stark sind. Ich glaube, dass nur wenige von uns wirklich erkannt haben, wie sehr wir die Vergebung Gottes brauchen, dass Gott uns tatsächlich vergeben hat und dass wir von jeder Schuld völlig freigesprochen sind. Ich vermute auch, dass nur wenige von uns wirklich die kraftvolle und lebensverändernde Begegnung gehabt haben, die Vergebung sein sollte – die erfahrbare Realität, dass die schwere Last der Sünde von unseren Schultern genommen wurde.

Anstatt eine tiefe Begegnung mit diesem Gott voller gewaltiger und furchterregender Vergebung zu haben, denken wir oft, dass Er bloß ein Auge zudrückt und sagt: «Da haben wir es mal wieder. Aber na ja, ich weiß, du konntest nicht anders.» Wir haben uns von dem biblischen Beispiel entfernt, das uns zeigt, wie man mit Sünde umgeht. Schließlich wollen wir doch vorsichtig mit verletzten Menschen umgehen. Wir wollen sie nicht vom Evangelium abschrecken, und so haben wir das Evangelium verwässert und unwirksam gemacht. In der modernen Version des Evangeliums ist die größte Aufgabe und Herausforderung nur noch, «uns selbst zu vergeben». Irren wir uns jedoch nicht: Nirgendwo in der Bibel ist davon die Rede, dass wir uns selbst vergeben sollten! Dies ist ein häretisches[23] Konzept, das aus einem verwässerten popkulturartigen Seelsorgemodus heraus entstanden ist, der echte pastorale Fürsorge in den Gemeinden ersetzt hat und im Umgang mit dem Problem von Schuld und Scham völlig wirkungslos ist. Wir brauchen uns nicht selbst zu vergeben. Wir brauchen vielmehr eine kraftvolle Begegnung mit der Barmherzigkeit Gottes. Wir brauchen die Erkenntnis der atemberaubenden Realität, dass der heilige und gerechte Gott, in dem es keine Finsternis gibt, ein Gott der Vergebung ist. Wir müssen Seine Vergebung auf eine Art und Weise empfangen, die uns vor Dem auf die Knie fallen lässt, der die Macht hat, uns zu verurteilen, der jedes Recht dazu hat, uns zu verdammen – aber der sich entschlossen hat, uns auf Seine Kosten zu vergeben.

Das Buch Numeri (4. Mose) ist nicht gerade ein Buch, das mich geistlich inspiriert. Aber vor Kurzem habe ich Kapitel 19 gelesen und ich wurde von der Wahrheit ergriffen, die in der prophetischen Symbolik des Opfersystems steckt. In 4. Mose 19 geht es um die Aufgaben der Priester. Zur Reinigung von Sünde musste der Priester ein makelloses Tier vor dem Herrn schlachten und es dann als Brandopfer für die Sünden auf den Altar legen. Das Tier ohne Fehler oder Makel ist ein Bild für die Vollkommenheit und Reinheit Jesu. Der Priester musste das Tier aus dem Lager führen und es dort schlachten – dies deutet wieder auf Jesus hin, der außerhalb der Stadtmauern Jerusalems gekreuzigt wurde. Dann musste der Priester den Altar siebenmal mit dem Blut des vollkommenen Opfers besprengen. Sieben ist die Zahl der Vollkommenheit in der Bibel, und so sehen wir ein Bild der vollkommenen Vergebung. Vollkommene, unbegrenzte Vergebung von einem Gott, der die Sünde nicht zurechnet, denn wenn Er das tun würde, wer könnte dann vor Ihm bestehen?

In der Version im Lukasevangelium sagt Jesus in dem Gleichnis: *«Wenn dein Bruder sündigt, so weise ihn zurecht»*. Das Wort für zurechtweisen ist hier *epitimao* und bedeutet «belasten». Es bedeutet, den Wert der jeweiligen Sünde festzusetzen, die dazu geführt hat, dass die Person in deiner Schuld steht, und diese Last dann förmlich «auf die Person zu legen». Wenn wir also jemandem, der gegen uns sündigt, nicht vergeben, dann ist es so, als ob wir seine Schuld nehmen, sie auf ihn legen und zu ihm sagen: «Das wirst du tragen, bis du mir alles zurückbezahlt hast.»

Das Wort «vergeben», *aphiemi* dagegen, bedeutet wörtlich, dass du die jeweilige Last von ihm nimmst und dann wegschickst. Genau das hat der Vater vor Augen, wenn Er uns in Sein Reich der Vergebung ruft. Er nimmt die Schuldenlast von uns und schickt sie fort. Wir haben das wunderbare Bild in Jesaja 53,6: *«Wir alle irrten umher wie Schafe, wir wandten uns jeder auf seinen eigenen Weg; aber der HERR legte auf ihn die Schuld von uns allen.»* Der Herr hat die Rechnung genommen und sie auf Seine eigenen Schultern gelegt. Er trug sie zum Kreuz und schickte sie dann fort! Deshalb wird uns im Nachsinnen über das Kreuz Christi deutlich, was es Gott wirklich gekostet hat, um uns Gnade und Barmherzigkeit schenken zu können. Wir werden Den sehen, den wir durchbohrt haben. Und unsere Herzen werden mit göttlichem Schmerz über unsere Sünde ergriffen werden und das Wunder der Vergebung wird uns mit der Furcht des Herrn erfüllen.

In unserer Geschichte in Matthäus 18 finden wir mehrere Aspekte dieser überwältigenden Großzügigkeit der Vergebung Gottes. Als Erstes lesen wir, dass der König seine Diener rief, um mit ihnen abzurechnen. Manche Versionen übersetzen hier mit dem Wort «Knecht», andere mit «Sklave». Das Wort an dieser Stelle ist *doulos*, und bedeutet wörtlich Sklave. Das Wort bezieht sich auf eine Beziehung, die zwar als ein Sklave-Herr-Verhältnis begann, aber der Sklave konnte schließlich als Sohn adoptiert und eingesetzt werden, wenn sich die Beziehung zu einer engen Freundschaft hin entwickelte.

Der Knecht in unserer Geschichte wird gerufen, weil er seinem Herrn 10.000 Talente schuldete. Hier möchte ich zuerst darauf hinweisen, dass es einen Tag der Abrechnung geben wird. Der Herr oder König in diesem Gleichnis sagt nicht: «Ach, wir lassen einfach das Vergangene vergangen sein und vergessen diese kleine Angelegenheit.» Irren wir uns nicht: Sünde zählt und ist real! Sünde ist eine Beleidigung der Heiligkeit und des Wesen Gottes und an jenem letzten Tage wird sie angerechnet! Genau deshalb war der Preis so hoch, um für die Sünde zu bezahlen. Die Heilige Schrift sagt uns, dass wir nicht mit vergänglichen Dingen wie Gold oder Silber erkauft wurden, sondern mit unvergänglichen Dingen – dem kostbaren Blut Jesu Christi. Sünde zählt! Und deshalb wird es einen Tag der Abrechnung geben.

Ich bin froh darüber. Ich bin dankbar, dass mich die Barmherzigkeit Gottes nicht meinem eigenen Schlamassel überlässt und mir nur ein bisschen auf die Schultern klopft, als ob es völlig unwichtig wäre. Die Barmherzigkeit Gottes ist eine heilige, wunderbare Angelegenheit, die mich aufbaut und sagt: «Du sollst Mein Sohn sein und du sollst Mein Wesen widerspiegeln. Du sollst heilig sein, denn Ich bin heilig.» Das ist eine gute Nachricht. Er lässt uns nicht in unserem Schlamassel. Und es wird einen Tag der Abrechnung geben.

Für diejenigen, die ihre Herzen zu Christus bekehrt und ihr Vertrauen in Ihn gesetzt haben, wird dieser Tag ein Tag der Freude sein, an dem wir unseren Lohn empfangen und in die ewige Gegenwart unseres geliebten Bräutigams Jesus Christus eintreten werden. Aber für diejenigen, die Vergebung abgelehnt haben, ist es ein Tag des Terrors und der Verurteilung. Es ist ein Tag, an dem die Menschen dem unglaublichen Preis ins Auge sehen, den Gott bezahlt hat, um Vergebung möglich zu machen, und diejenigen, die Sein Angebot abgelehnt haben, werden Seinem vollkommenen Zorn begegnen.

Zum Glück ist der heutige Tag immer zugleich auch ein Tag der Rettung. Wir können Jesu Angebot der Vergebung immer noch in Anspruch nehmen. Und wenn du bisher noch nicht zum Herrn gekommen bist und Ihm noch nicht deinen Schuldschein deiner Sünde gegeben und gesagt hast, «Ich kann die Last nicht mehr tragen. Ich kann es nicht bezahlen», so kann heute der Tag deiner Rettung sein. Der Herr steht heute mit offenen Armen vor dir und sagt: «Komm zu Mir, ich will die Rechnung für dich bezahlen! Ich will sie von dir wegnehmen und fortschicken, so dass du den Platz als Mein Kind und Meine Braut einnehmen kannst.»

## Haushoch verschuldet

Die Schulden dieses Knechtes waren enorm. Ich habe mit den angegebenen Maßeinheiten mal ein bisschen rumgerechnet. Der Text sagt, dass der Knecht seinem Herrn 10.000 Goldtalente schuldete. In unserer heutigen Zeit sagt uns der Begriff Talent nichts mehr, aber in der damaligen Kultur war ein Talent eine Standardmaßeinheit für rund 35 kg Gold. Zum Zeitpunkt des Schreibens dieses Buches beträgt der Preis für ein Kilogramm Gold 12.138,32 Dollar. Damit steht der Preis für ein Talent bei 424.841,20 Dollar und mündet in einer Gesamtsumme von etwa 4,2 Milliarden Dollar Schulden. – Oh weh!

Es gibt nur wenige Leute auf dieser Erde, die so viel Geld haben. Und dieser Kerl hier schuldete einem König diese Summe. Was sagt uns das über den König und seine Vorräte? Der König ist reich!

Ein einzelner Mann schuldet ihm so viel Geld, wie heutzutage in unserer Zeit der Inflation nur eine kleine Anzahl von Menschen auf der Welt besitzen. 10.000 Goldtalente – 4,2 Milliarden Dollar!

Das Zweite, was wir an dem Text sehen, ist, dass der Knecht eine völlig unrealistische Selbsteinschätzung hatte in Bezug auf seine Fähigkeit, dem König diese Summe zurückzahlen zu können. *«Habe Geduld mit mir und ich will dir alles bezahlen.»* Ich liebe den Humor, mit dem Jesus die Geschichte erzählt: *«Da er aber nicht zahlen konnte ...»*. Was du nicht sagst!

Hast du jemals Gott um Vergebung gebeten und gleichzeitig geschworen, dass du von jetzt an alles besser machen wirst? Oder du versuchst, Gott ein Versprechen zu geben und sagst: «Wenn Du das tust, werde ich mich ganz bestimmt bessern!» Aber wir müssen verstehen, dass wir uns niemals «bessern» können, wenn wir nicht die tiefe und mächtige Begegnung mit der furchterregenden Vergebung Gottes haben. Ohne Gottes Gnade und Barmherzigkeit haben wir nicht das Zeug dazu, uns zu bessern.

Die Heilige Schrift zeigt uns jedoch das richtige Versprechen, das wir dem Herrn gegenüber machen können. In Psalm 50 sagt uns der Geist Gottes, dass wir dem Herrn ein Dankopfer bringen und Seinen Namen anrufen sollen. Der Herr lässt die Menschen wissen, dass Er ihre Opfer nicht braucht. Er braucht sie nicht, um die Schulden zu bezahlen. Die Schulden sind so hoch, dass sie sie sowieso nicht bezahlen könnten, und so sagt Er: «Ich sage dir, was ich gerne möchte. Sag *«danke»* und bitte mich wieder um Hilfe.» Das ist alles! Sag Ihm *«danke»* und bitte Ihn um mehr. Gott ist unglaublich großzügig und gütig und es freut Ihn, wenn Er Seinen Kindern Gutes geben kann. Das Einzige, wonach Er verlangt, ist unsere Dankbarkeit und unser Vertrauen. Das ist das Versprechen, das dem Herrn wohlgefällt.

Dieser Knecht aber dachte, dass er es schon hinkriegen würde, diese Schulden zu bezahlen, und so versucht er, um Aufschub zu bitten: «Habe Geduld und ich will dir alles bezahlen.» Aber das ist eine unbezahlbare Summe. Ich habe die Rechnung mal gemacht.

Der Lohn eines Sklaven war ein Denar pro Tag. Auf unsere heutige Zeit umgerechnet entspricht das etwa einem Stundenlohn von 25 Dollar oder 200 Dollar pro Tag. Weißt du, wie lange es dauern würde, um bei solch einem Gehalt 4,2 Milliarden Euro zurückzuzahlen? 21 Millionen Werktage. Das sind 80.459 Jahre ohne Wochenende oder Urlaub. Wie viele von uns wissen jetzt, dass hier einer offensichtlich einen Nebenjob sucht? Denn dieser Typ will Überstunden machen: «Kann ich vielleicht am Wochenende arbeiten?!» «Soll ich die Schicht von irgendjemandem übernehmen?» Dieser Kerl hat eine Menge Arbeit, um seine Schulden zurückzuzahlen. Weil er in dieser Schuldenmentalität bleibt, versucht er, einem Freund eine viel geringere Summe von Schulden abzuverlangen. Dieser hat Schulden bei ihm und er selbst braucht das Geld dringend!

Aber wenn wir die Schuld der Sünde als das sehen, was sie ist, so ist seine Bitte absurd, auch wenn sie ernst gemeint ist. Er kann die Schulden nicht zurückbezahlen. Wir können es weder jetzt, noch werden wir in der Zukunft jemals die Ressourcen haben, um Gott die Schuld für unsere Sünden zurückzahlen zu können, und ohne Vergebung sind wir ganz und gar verloren. Unsere einzige Hoffnung ist ein Gott, der maßlosen Reichtum besitzt und der barmherzig und großzügig ist.

Und das ist der dritte Punkt. Der König, dem wir dienen, ist über jedes Maß hinaus reich, barmherzig und großzügig. Wir haben den Gott, den wir brauchen. Der Gott, dem wir dienen, ist der Gott, den wir brauchen, und Er ist mehr als bereit, um an unserer Statt zu handeln. Psalm 62,11-12 sagt:

> Eines hat Gott gesagt, zweierlei habe ich gehört: Bei Gott ist die Macht und dein, o Herr, die Gnade; denn du, du vergiltst jedem nach seinem Werk.

Er hat die Macht und die Bereitschaft, das zu tun, was wir brauchen. Bist du jemals in einer Situation gewesen, wo du bereit warst, etwas zu tun, aber du hattest nicht die Mittel? Oder dass du die Mittel hattest, aber nicht die Bereitschaft? Das ist wohl noch schlimmer. Aber wir dienen einem Gott, der sowohl die Mittel als auch die Bereitschaft hat, das zu tun, was wir brauchen. Das ist wunderbar! Er liebt uns und bei Ihm ist Macht und Gnade. Er ist unbeschreiblich reich, Er ist reich genug, um solch enorme Schulden zu vergeben. Er ist gnädig und barmherzig. Das griechische Wort für Barmherzigkeit ist *splagchnon*, was in der revidierten Elberfelder mit «er wurde innerlich bewegt» übersetzt wird. Der griechische Begriff bedeutet jedoch noch mehr und spricht von einer kraftvollen Vergebung, die dann zum Vorschein tritt, wenn Gott in seinem Inneren zutiefst von Barmherzigkeit und Erbarmen bewegt wird, und dabei mit dem Verlangen und der Bereitschaft erfüllt wird, denen zu helfen, die Ihn mit dankbarem Herzen bitten.

Als der König von dem Knecht das absurde Versprechen hört, alles zurückzahlen zu wollen, wird er im Innersten tief bewegt und mit Erbarmen erfüllt. Er antwortet dem Knecht nicht einmal auf seine Bitte, sondern er antwortet ihm mit dem Herzen des Vaters. Er vergibt die Schuld und lässt ihn frei. Nicht, dass er ihm die Schuld vergab und ihn anschließend feuerte mit den Worten: «Ich will nicht, dass dieser Schuft weiter für mich arbeitet.» Er ließ in frei und er konnte zu seinem Dienst, seinem Leben, seiner Arbeit zurückkehren. Im Prinzip sagte er damit zu dem Knecht: «Geh und lebe in der köstlichen Freiheit der furchterregenden Vergebung.»

Warum nenne ich die Vergebung «furchterregend»? Wenn sie doch aus freiem Willen geschieht und Gott die Ressourcen hat, sie zu geben, warum muss diese Begegnung dann die Furcht des Herrn in unseren Herzen hinterlassen? Weil der Vater die Schuld der Sünde auf sich nimmt und sie dann aus Seinen eigenen Ressourcen bezahlt. Der Preis ist das kostbare Blut Jesu.

Als ich diese Botschaft predigte, kam eine Frau in der Gemeinde auf mich zu und erzählte mir eine wunderbare Geschichte, die ich an dieser Stelle weitergeben möchte. Während der Gebetszeit kam sie nach vorne, um die Vergebung Gottes zu empfangen. Dreißig Jahre zuvor hatte sie ein uneheliches Kind bekommen und war von ihrer Familie weggeschickt worden, um das Kind zur Welt zu bringen und dann zur Adoption freizugeben. Als sie wieder nach Hause kam, begegnete sie als Erstes ihrem Vater, der in seiner Art der verdrießliche Buchhalter war, mit dem wir Gott oft verwechseln ... Er gab ihr ein kleines schwarzes Buch, in dem er detailliert alle Kosten ihrer Schwangerschaft aufgelistet hatte. Er brachte seine Tochter in ihr Zimmer und legte das Buch auf den Schreibtisch und sagte: «Hier, damit du es nicht vergisst.»

Wie viele von uns wissen, wie diese kleinen schwarzen Bücher aussehen, in denen es um viel mehr geht als um Geld? Um Scham, Ablehnung, Angst und Zerbrochenheit. Jede Woche, wenn sie ihren Lohn mit nach Hause brachte und ihn ihrem Vater gab, ging er in ihr Zimmer und berechnete neu den aktuellen Schuldenbetrag – Pfennig um Pfennig, Woche für Woche, bis alles bezahlt war. Vielleicht kannst du die Last der Scham und die Schwere des Schuldgefühls nachempfinden, die wie eine dunkle Wolke über jeder Begegnung mit ihrem Vater hingen – mit dem, der hätte vergeben können, der aber entschieden hatte, es nicht zu tun. Die Welt ist voll von Menschen, die unter solch einer Wolke der Unvergebenheit leben. Sie erleben niemals die Freude, von einer Schuld befreit zu werden und glauben niemals, dass Gott der Vater der Vergebung sein würde.

So kam sie an jenem Sonntagvormittag nach meiner Predigt zum Gebet und der Herr öffnete die Augen ihres Herzens. Sie sah sich noch einmal, wie sie in ihrem Zimmer stand und auf das kleine schwarze Buch auf dem Schreibtisch starrte. Plötzlich öffnete sich die Tür und Jesus kam herein. Er ging direkt auf das Buch zu, öffnete es und setzte Seinen Stempel mit der Aufschrift «Bezahlt» hinein. Dann nahm Er das Buch mit den Schulden und schleuderte es weg. Er schickte es fort. Er warf es weg! Und dann nahm Er ein kleines weißes Buch, was ein Buch der Verheißungen war, gab es ihr und sagte: «Hier, das ist das Buch der Erlösung.» Er ersetzte die Schulden durch Hoffnung. Die Schuld ist bezahlt und weggeworfen. Sein Blut ist genug. Du schuldest Gott nichts, außer dass du

Ihm danke sagst und Ihn wieder um Hilfe bittest.

Etwas in uns will es selber wieder gut machen und die Schuld bei Gott bezahlen. Aber was können wir dem Blut Jesu noch hinzufügen? Jesaja sagt uns, dass unsere gerechten Werke wie schmutzige Lumpen sind im Vergleich zu dem Blut Jesu. Das ist ein sehr kraftvoller Ausdruck, und was Jesaja hier sagt, ist, dass unsere Bemühungen, für die Gerechtigkeit zu bezahlen, nichts nützen. Was wir auch tun, es hilft nicht.

## Verschuldete Knechtschaft anstatt Sohnschaft

Abgesehen davon will Gott nicht, dass wir Ihm aus einer Sklavenmentalität heraus begegnen. Das war genau das Dilemma des älteren Sohns in Lukas 15. Gott will Söhne, die Seine Partner sind und Seine Barmherzigkeit weitergeben. Er will Söhne, in deren Herzen eine Party nach den anderen steigt, Söhne, die reich an Barmherzigkeit und Vergebung sind und wissen, wie man feiert! Der Vater will einen aufgrund Seiner Barmherzigkeit befreiten Diener, der sich an der Vergebung freut und vor Freude über seine ausgelöschte Schuld nur so übersprudelt.

Kennst du den Film *Mission*[24]? Er ist schon einige Jahre alt und wer ihn noch nicht gesehen hat, sollte ihn sich auf jeden Fall anschauen. Es ist eine Geschichte der Vergebung und Barmherzigkeit des Königreichs Gottes. Eine der Hauptfiguren ist ein Söldner in Südamerika. Er wurde von der Regierung dazu angeheuert, die Indianerstämme zu Sklaven zu machen. Und so verfolgte er sie bis in die letzten Winkel. Aber dann begegnete er einem Jesuitenpriester, der ihn zu Christus führte, und schließlich wurde dieser Sklavenhändler zu einem Missionar. Er ging hinauf zu den großen Wasserfällen, wo sich die abgelegenen Indianerdörfer befanden, und brachte genau den Leuten, die er zuvor verfolgt hatte, die gute Nachricht der Errettung.

Dieser gerettete Sklavenhändler hatte jedoch immer noch eine

Schuldenmentalität und nicht die Freiheit der Sohnschaft. Er war so geplagt von der Schuld seines Lebens, dass er alle seine Waffen in einen großen Sack steckte und diesen auf seinem Rücken den steilen Berg zu den Wasserfällen hinauf tragen wollte. Aber schnell wurde deutlich, dass er die Last nicht tragen konnte. Er stolperte, fiel den Abhang hinunter, raffte sich wieder auf, nur um die gleiche Prozedur noch einmal zu erleben. Erschöpft und am Ende seiner Kräfte kauert er schliesslich am Boden, und es kommt zum Höhepunkt des Filmes, als einer der Indianer, die er zuvor erbarmungslos verfolgt hatte, mit einem scharfen Messer auf ihn zukommt. Die Spannung in dieser Szene ist unglaublich, denn es wäre nur gerecht, wenn der Indianer ihn töten würde. Dieser Indianer hatte jedoch zu Christus gefunden und so nimmt er das Messer, greift mit seiner Hand nach dem Söldner, schneidet die Last von seinen Schultern – und wirft sie hinab in die Fluten des Wasserfalls! Dann streckt er dem ehemaligen Feind seine Hand entgegen und hilft ihm auf der noch vor ihm liegenden Wegstrecke. Vergebung! Die Last ist weggeworfen! Vor Freude darüber verfällt der Soldat in einen herzergreifenden Jubel von Dankbarkeit und erfüllt von echter Ehrfurcht. Wie kann das nur sein! Bei Dir, Gott, ist Gnade, damit man Dich fürchte.

Wenn uns der Vater Vergebung schenkt, dann will Er, dass wir Sein Herz für uns und unsere Geschwister erkennen. Er will, dass wir radikale Lieferanten der Barmherzigkeit werden. Nicht die ungeheiligte, verwässerte Art der «Barmherzigkeit», die die Menschen in ihrem Durcheinander belässt, sondern die ungestüme Vergebung des Löwen von Juda. Das ist eine starke Liebe, die uns auf unsere Füße stellt und uns zu Söhnen und Töchtern, zu Königen und Königinnen macht. Ungestüme Barmherzigkeit ermöglicht es uns, die Braut Christi zu sein, die in Kraft und Autorität mit dem König wandelt!

Der Knecht in unserem Gleichnis verstand das jedoch nicht. Anstatt in seine neue Identität und in seine Berufung als Partner des Königs einzutreten, wählte er die Knechtschaft und nicht die Sohnschaft. Das war tragisch. Vers 28 sagt uns:

> Jener Knecht aber ging hinaus und fand einen seiner Mitknechte, der ihm hundert Denare schuldig war. Und er ergriff und würgte ihn und sprach: Bezahle, wenn du etwas schuldig bist!

Anstatt Vergebung zu empfangen und sie weiterzugeben, hielt er an der Schuldenmentalität fest. Deshalb konnte er es sich auch nicht leisten, seinem Mitknecht zu vergeben. Wenn wir in der Schuldenmentalität bleiben, dann müssen wir das von anderen erzwingen, was sie uns schulden, *denn wir haben selbst noch Schulden.* Wenn er immer noch die 4,2 Milliarden Dollar Schulden im Hinterkopf hatte, dann war es für ihn sehr wichtig, diese 100 Tage Lohn von seinem Knecht zu bekommen, um seinem Herrn zurückzahlen zu können. Siehst du die Verbindung? Unbarmherzigkeit und Nicht-Vergeben ist Ausdruck einer Schuldenmentalität. Wenn wir an Dingen festhalten, von denen Gott will, dass wir sie vergeben, dann haben wir die Barmherzigkeit Gottes in unserem eigenen Leben immer noch nicht verstanden. Wir sind weder in die Dankbarkeit und Freude der Vergebung hineingekommen, noch bitten wir Gott um Hilfe. Ein Denar war etwa ein Tageslohn und entspricht etwa 200 Dollar. 100 Denare entsprechen also ungefähr 20.000 Dollar. An sich ist das eine Menge Geld und ich würde sicherlich genau aufschreiben, wenn mir jemand 20.000 Dollar schulden würde. Ich selber schreibe auf, wem ich welches Buch aus meiner Bibliothek leihe. Wenn mir jemand 20.000 Dollar schulden würde, hätte das auf jeden Fall meine vollste Aufmerksamkeit. Und doch, wenn wir den Betrag mit der Summe vergleichen, die der Knecht in der Geschichte dem König schuldete, so sind die Schulden des Mitknechts ein lächerlicher Betrag. Ich habe wieder ein bisschen gerechnet.

Nehmen wir mal eine Zahl, unter der wir uns etwas vorstellen können, denn kaum einer hat eine Vorstellung von dem, was 4,2 Milliarden Euro sind. Streichen wir also ein paar Nullen, so dass wir eine Zahl haben, die innerhalb unseres Vorstellungsvermögens liegt: 420.000. Sagen wir also, der Kerl schuldete dem König 420.000 Dollar. Manche Leute verdienen so viel in einem Jahr, die Summe ist also greifbar. Weißt du, wie hoch vergleichsweise die Summe ist, die der Mitknecht dem Kerl schuldete? Wenn er dem König 420.000 Dollar schuldete, dann schuldete ihm sein Mitknecht ganze zwei Dollar! Angenommen du sammelst etwa alle 100 Tage zwei Dollar ein – weißt du, wie lange es dauern würde, 100.000 Euro zusammenzuhaben? 21 Millionen Tage. Und so geht der Knecht zu seinem Freund, erzwingt seine zwei Dollar und sagt: «Puh, jetzt brauch ich nur noch 21 Millionen und 999.900 Tage. Ich werd es schon schaffen!» So lächerlich ist Unbarmherzigkeit. Nicht-Vergeben ist grotesk. Es führt uns in Gebundenheit und Qual hinein und hilft uns nicht dabei, unsere Schulden zurückzuzahlen, denn sie sind unbezahlbar! Nun aber hat Gott uns in ein neues Wirtschaftssystem, zu einer anderen Art von Haushaltsführung eingeladen. Weil der Preis, den Jesus bezahlt hat, hoch genug war, haben wir Vergebung und – mach dir das bewusst – wir haben keine Schulden mehr. Wenn du es noch nicht glaubst, dann sprich es laut aus: «Ich schulde Gott nichts mehr.» Es ist wirklich wahr, ich schulde Gott nichts. Du schuldest Ihm nichts, außer dass du danke sagst und Ihn um mehr bittest!

Gott wünscht sich, dass wir Seine Partner der Barmherzigkeit werden. Weil wir keine Schulden mehr haben, besteht auch kein Grund, von anderen zu erzwingen, was sie uns schuldig sind. Vielmehr möchte Er, dass wir an Seiner Seite stehen und all denen Vergebung schenken, die kommen. Er lädt uns dazu ein, die Kosten ihrer Schulden auf uns zu nehmen, in der Gewissheit, dass Er mehr als genug Ressourcen hat, um diese Schulden zu decken. Er sagt: «Hier, ich werde alles für dich bezahlen. Komm, vergib ihnen. Gib ihnen Vergebung weiter, nimm ihre Schuld auf dich selbst und bring sie zu Mir.» Und so können wir zu Ihm mit der Last aller Schmerzen kommen, die innerhalb menschlicher Beziehungen entstehen können. Wie viele von uns wissen, dass in unserer engsten Beziehung dieses *Siebenmal-am-Tag* von uns gefordert wird? Siebenmal am Tag, immer und immer wieder werden wir von den kleinen unnachgiebigen Dingen in unseren Beziehungen mit der Entscheidung konfrontiert, zu vergeben. Wenn wir nicht die richtige Entscheidung treffen, enden wir selbst in Gebundenheit und Schmerz, denn wir werden durch unsere eigene Unbarmherzigkeit gepeinigt und gefangen genommen. Der einzig sichere Ort ist unsere Auslieferung an die Barmherzigkeit Gottes.

## Eine Lektion im Umgang mit Ressourcen

Als mein Sohn David zwölf Jahre alt war, kamen wir überein, dass er eine Einführung darüber erhalten sollte, wie man mit Finanzen richtig umgeht. Ich sagte zu ihm: «David, ich werde dir von jetzt an mehr Geld geben und du musst es dir so einteilen, dass du davon deine Kleidung bezahlen kannst, deine Sportsachen, Bücher für die Schule, deine Klavierstunden, deine Hobbys – kurz gesagt, alles, was zu deinem jungen Leben gehört. Also, du weißt jetzt, was du nun alles von deinem Geld finanzieren musst und wofür du verantwortlich bist.» Als ich ihm die Details aufzählte, für die er jetzt verantwortlich sein würde, sah ich einen gequälten Blick in seinem Gesicht und seine Augen füllten sich mit Tränen. Ich fragte ihn: «Was ist los, mein Junge?» Und er sagte: «Aber das alles kann ich mir doch gar nicht leisten!» Ich war zutiefst betroffen, als ich sah, dass ihm ein ganz entscheidender Teil unseres Gesprächs entgangen war. Ich sagte: «David, ich werde dir doch das Geld geben!»

Siehst du – was ihn überwältigte, war der Gedanke, dass er immer noch mit 5 Dollar pro Woche auskommen müsste. Als er in Bezug auf seine Finanzen diese Partnerschaft mit mir einging, verstand er nicht, dass *ich* derjenige sein würde, der ihm alles Nötige zur Verfügung stellen würde. Er würde alles bekommen, was er brauchte. Es war nur eine Frage des Umgangs mit den Ressourcen, nicht des Produzierens von Ressourcen. Siehst du den Unterschied? Es ist eine Frage des Umgangs. Wenn wir uns noch in dieser alten Wirtschaftsordnung der Schuldenmentalität befinden, dann haben wir nicht genug Ressourcen, um zu vergeben. Wenn wir aber die Partnerschaft mit dem Vater eingehen, dann haben wir ein unbegrenztes Spesenkonto.

Hier ist unser Spesenkonto. Paulus betet in Epheser 1:

> Ich bete, dass der Gott unseres Herrn Jesus Christus, der Vater der Herrlichkeit, euch gebe den Geist der Weisheit und der Offenbarung, ihn zu erkennen. Und er gebe euch erleuchtete Augen des Herzens, damit ihr erkennt, zu welcher Hoffnung ihr von ihm berufen seid, wie reich die Herrlichkeit seines Erbes für die Heiligen ist und wie überschwänglich groß seine Kraft an uns, die wir glauben, weil die Macht seiner Stärke bei uns wirksam wurde, mit der er in Christus gewirkt hat. Durch sie hat er ihn von den Toten auferweckt und eingesetzt zu seiner Rechten im Himmel über alle Reiche, Gewalt, Macht, Herrschaft und alles, was sonst einen Namen hat, nicht allein in dieser Welt, sondern auch in der zukünftigen.

Das ist dein Bankkonto! Nimm es und vergib allem, was sich bewegt! Suche nach Wegen, um Barmherzigkeit weiterzugeben und komm zurück zum Vater und sag: «Das ist super! Danke, danke, danke – gib mir noch mehr!» Und wir gehen hinaus und tun das Gleiche wieder. Weißt du, was dann geschieht? Erweckung! Das Haus des Vaters füllt sich, die Verlorenen werden von der Schönheit und Pracht Jesu in den Bann gezogen und der Himmel breitet sich aus auf Erden.

## Die Qual des Nicht-Vergebens

Diejenigen, die sich weigern, in der Kraft und Gnade der großzügigen Vergebung des Vaters zu leben, enden gebunden und gepeinigt. Inmitten der Qual des Nicht-Vergebens und der Schuldenmentalität vergessen wir, dass das, was Menschen uns schulden, nichts ist im Vergleich zu dem, was wir dem Vater schulden. Als dieser Mann loszog und sich den Mitknecht schnappte und ihm an die Gurgel ging, berichteten die anderen Knechte dies ihrem Herrn und sagten: «Das ist nicht richtig.» Sie erzählten von seiner Untreue, die einen anderen Knecht zurück in die Gebundenheit führte, zurück in die Schuldenmentalität, und der König war dann dazu gezwungen, mit dem ersten Knecht entsprechend seiner Entscheidung, nicht zu vergeben, zu verfahren. Für den Knecht war es eine Frage der Entscheidung, nicht eine Frage seiner Fähigkeit. Der Text sagt, dass der Mitknecht ihn bat, Geduld mit ihm zu haben, er sich aber weigerte. Er weigerte sich, barmherzig zu sein und forderte sein Geld zurück. Der Knecht hatte so viel Gnade empfangen, dass er mit heiliger Furcht hätte erfüllt sein müssen – aber er war nicht bereit, die empfangene Gnade weiterzugeben!

Wenn es darum geht, anderen zu vergeben, dann ist das keine Frage der Fähigkeit, sondern der Entscheidung, denn wir haben den Vorrat der Gnade Gottes. Es ist so, als ob wir auf einem großen Ozean der Gnade Gottes treiben und jemand uns um ein Glas Wasser bittet, wir aber antworten: «Ich glaube nicht, dass genug für mich selbst da ist.» Es ist lächerlich, an der Schuld eines anderen festzuhalten. Der König hat die Gnade gegeben, auf dass sie weitergegeben werde. Der König erwartete, dass der Knecht dieselbe Vergebung praktizieren würde, die er selbst empfangen hatte. Als er Vergebung verweigerte, und das war seine eigene Entscheidung, wurde er zurück in den Status des Schuldners versetzt und war nun wieder für seine Schulden verantwortlich. Und dann wurde er den Folterknechten übergeben.

Ich glaube, dass die «Folterknechte», die in dieser Geschichte erwähnt werden, dämonische Mächte sind, die den Verstand und die Seele eines Menschen bedrängen, wenn dieser sich weigert, in der Gnade der Vergebung zu leben. Angst und Schuld plagen ihre Gedanken. Zorn über ungelöste Beziehungsprobleme quält sie. Sie führen plötzlich Selbstgespräche – manchmal nur gedanklich, manchmal aber auch hörbar – verwünschen und verfluchen andere und rechtfertigen sich selbst, aber sie finden keine Ruhe. Das sind elende, unglückliche Menschen und sie suchen nach allen möglichen Mitteln, um ihre Ängste zu stillen.

Kennst du die Qual der Unversöhnlichkeit und des Nicht-Vergebens in deinem eigenen Leben? Kennst du die Seelenqual, die über dich kommt, wenn du allein im Auto sitzt oder über die Straße gehst und auf einmal taucht in deinen Gedanken eine Liste auf von allen möglichen Leuten, die schuldig an dir geworden sind? Die Gnade und Barmherzigkeit Gottes löst sich in Wolken auf und du wirst von Wut und Zorn ergriffen. Und jetzt möchte ich dir sagen, dass du nicht mehr so weiterleben musst. Wir werden in ein neues Wirtschaftssystem hinein eingeladen. Wir werden dazu eingeladen, uns zu dem neuen Wirtschaftssystem des Königs zu bekehren. Aber wenn wir uns weigern, zu vergeben, dann begeben wir uns selbst in ein Gefängnis mit Folterknechten, die uns mit Scham und Angst peinigen. Wir werden so lange dort gefangen sein, bis wir entweder unsere Schuld bezahlt haben, die jedoch unbezahlbar ist, oder bis wir das Herz des Königs annehmen, Ihm gleich werden und Seine Partner im Werk der Versöhnung werden.

## Partner der Versöhnung

Ich glaube, dass es für den Knecht nur einen einzigen Weg heraus aus seiner Folterkammer gibt – ein erneutes Gesuch beim König. Er muss ihn erneut um seine Gnade bitten und dann selbst diese Gnade an andere weitergeben, so wie der König es gedacht hatte. Wenn er doch noch einmal zum König gekommen wäre und gesagt hätte: «Oh, Herr, ich erkenne, was ich getan habe, hab noch einmal Erbarmen mit mir!» Der König hätte wieder Erbarmen mit ihm gehabt! Der König hätte ihn aus dem Gefängnis entlassen und ihn in die Freiheit der Partnerschaft mit Ihm eingeladen. Doch solange er nicht bereit war, das zu tun, musste er sein Leben in der

Qual seines eigenen Versagens – und des Versagens der anderen an ihm – leben.

Die Vergebung Gottes ist eine wunderbare Sache. Seine Gnade und Barmherzigkeit setzen uns frei und befähigen uns, Mittler Seiner Versöhnung zu sein. Der Psalmist sagt es ganz richtig: «Bei dir ist Vergebung, Herr, damit man dich fürchte.» Gott lädt uns ein, vorwärts zu gehen und aus der Qual der Unversöhnlichkeit herauszukommen und in die wunderbare Freiheit des Königreichs Gottes einzutreten. Er besteht darauf, dass wir frei werden. Er liebt uns zu sehr, als dass Er uns in unserer Knechtschaft und Kleinlichkeit lassen könnte. Er meint es ernst mit unserer Freiheit. Wenn Seine Güte uns nicht motiviert, dann ist Er bereit, uns den Folterknechten zu übergeben, bis wir uns Seiner Gnade und Barmherzigkeit anvertrauen wollen. Welche Entscheidung triffst du heute? Wirst du in dem Gefängnis der Unversöhnlichkeit und Bitterkeit bleiben? Oder wirst du dich davon befreien und dich der Barmherzigkeit Gottes anvertrauen?

In seinem Buch *«Zukünftige Gnade»*[25] schreibt John Piper einen wunderbaren Abschnitt:

> Der giftige Hauch des finsteren Tals der Bitterkeit kann auf den Gipfeln des Glaubens und der zukünftigen Gnade nicht bestehen. Groll lässt Nebelschwaden im Tal des Selbstmitleids, der Angst und Leere entstehen. Diese können sich aber auf dem Gipfel der Gelassenheit, der Zuversicht und der Freude, die von dem vergebenden Gott der zukünftigen Gnade ausgeht, nicht halten.

Gott lädt dich heute in die Freiheit ein. Er lädt dich dazu ein, Seine Vergebung zu empfangen. Er lädt dich dazu ein, *«danke»* zu sagen und Ihn für die Last der Sünden um Vergebung zu bitten. Er möchte dich von der Kleinlichkeit der Undankbarkeit in deinem Herzen befreien. Er bittet dich, zu Ihm zu kommen und deine Seele in Seiner Gegenwart zu laben. Das ist Sein Weg zur Freiheit in deinem Leben. Es gibt keinen anderen.

# 6

# Der fürsorgliche Vater

## *Lukas 12,32*

Ich liebe gute Geschichten. Ich erzähle gerne Geschichten und ich höre gerne zu, wenn jemand eine gute Geschichte erzählt. Gut erzählte Geschichten sind sowohl für den Erzähler als auch für den Zuhörer eine Freude und Wonne. Die gekonnte Erzählung einer guten Geschichte belebt unsere Phantasie und vermittelt auf geniale Weise grundlegende Wahrheiten. Unsere Vorliebe für gute Geschichten wurde uns mit in die Wiege gelegt, sie ist uns angeboren und jede Kultur in der Menschheitsgeschichte hat die Kraft und den Einfluss gut erzählter Geschichten erkannt. Legenden, Mythen und Sagen geben den Zuhörern Hoffnung und Bedeutung. Wir identifizieren uns mit den Charakteren in einem mitreißenden Drama, und da, wo der Held den Kampf gewinnt, schöpfen wir Hoffnung für unsere eigenen Probleme und unsere Verzweiflung. Unsere Gefühle der Angst und Hoffnungslosigkeit beruhigen sich, wenn den Unterlegenen Gerechtigkeit widerfährt und sie von den Bösewichten im letzten Moment befreit werden.

Jesus war solch ein meisterhafter Erzähler, der wusste, dass das Schicksal des Volkes Gottes das beste, romantischste und spannendste Drama in der ganzen Menschheitsgeschichte war. Jesus wusste, dass die Herzen Seines geliebten Volkes von den Geschichten aus ihrer eigenen Vergangenheit ergriffen werden würden. Er konnte eine Geschichte so kunstvoll erzählen, dass sich die Zuhörer selbst als Hauptdarsteller im wahren Drama des Lebens sahen. Er wusste, dass sie sich in den Geschichten wiederfinden würden und dass ihre Reaktion auf diese Botschaft ihr Leben völlig transformieren würde.

Es war typisch für Jesus, Situationen aus dem täglichen Leben, die Er mit Seinen Jüngern erlebte, als Anlass für Seine Geschichte zu verwenden. Seine Methode war, die alltäglichen Begebenheiten des Lebens zu nehmen, und dabei die entscheidenden Punkte ins Licht zu rücken. Diese Art und Weise zu lehren, schenkte ihm die Möglichkeit, die Zuhörer näher an Sein Herz zu ziehen. Im Johannesevangelium, Kapitel sechs, finden wir genau solch eine Geschichte, in der Jesus Seine Jünger unterweist, indem Er als Beispiel eine der bekanntesten Begebenheiten aus der Geschichte des Volkes Gottes verwendet. Es ist die Geschichte vom himmlischen Manna, mit dem Gott Sein Volk während der Reise von Ägypten in das Gelobte Land ernährte. Ich möchte dich dazu ermutigen, dir ein paar Minuten Zeit zu nehmen und die Geschichte in Johannes 6,25-58 zu lesen, damit du meine folgenden Ausführungen besser verstehen kannst.

Die Geschichte spielt sich in folgendem Kontext ab: Am Tag zuvor hatte Jesus das Wunder der Speisung der Fünftausend am See Genezareth vollbracht. Am Abend hatte Er Seine Jünger angewiesen, mit dem Boot ans andere Ufer zu segeln. Mitten in der Nacht in einem heftigen Sturm kam Jesus auf den Wellen im Wasser auf sie zu! Was für eine Nacht musste das gewesen sein! Am Tag unserer Geschichte fragte sich die Menschenmenge, wo Jesus geblieben war, und sie fanden Ihn schließlich in der Synagoge in Kapernaum auf der anderen Seite des Sees. Sie wussten, dass Jesus nicht zusammen mit den Jüngern ins Boot gestiegen war, und so waren sie sehr überrascht und perplex.

Als sie Jesus fragten, wie Er nach Kapernaum gekommen sei, offenbarte der Heilige Geist Jesus, was in ihren Herzen vor sich ging. Er sah, dass sie nicht deshalb an Ihm interessiert waren, weil ihre Herzen von der Wahrheit ergriffen waren, sondern weil Er sie in einer Notlage gespeist hatte. Jesus war ein guter Kerl, den man sich besser warm hielt – jemand, der das Mittagsbrot eines Kindes in so viel Essen verwandeln konnte, dass 5000 Männer samt ihren Familien davon satt wurden! Denk nur mal darüber nach, was für eine Bedeutung dies für eine Gemeinschaft gehabt haben mag, die gewohnt war, in Armut zu leben! So nutzte Jesus diese Situation als Gelegenheit für eine Geschichte, die das Herz Seines Vaters auf einzigartige Weise offenbaren würde.

## Der falschen Speise nachjagen

Jesus weist Seine Zuhörer darauf hin, wie sinnlos es ist, alle Energie auf das Erlangen einer Speise zu verwenden, die nicht ewig ist. Er ruft sie dazu auf, nach echter Speise zu suchen, und zwar nach solcher, die nicht nur ihren körperlichen Appetit stillt, sondern die sie mit ewigen Realitäten verbindet. Genau an dieser Stelle ruft Jesus ihnen wieder ihre eigene Vergangenheit ins Gedächtnis. Er erinnert sie an Abschnitte wie Jesaja 55, wo der Prophet das Volk dazu auffordert, umsonst Speise und Trank zu kaufen, die zu einer ewigen Erfüllung des Herzens führen. Er bezieht sich in der Wahl Seiner Worte auf Psalm 42 und Psalm 63, wo das Verlangen nach dem geistlichen Wasser der Gegenwart Gottes ein vertrautes Thema ist. Aber der echte Köder, mit dem Jesus Seine Zuhörer lockt, ist die bekannteste Geschichte ihrer Vergangenheit, nämlich die des Auszugs aus Ägypten und der Versorgung durch das Manna vom Himmel, das der Vater als Antwort auf die Gebete Moses sandte. Jesus will sie über das lebendige Brot und über die echte Speise lehren, nach der sie suchen. Und so wirft Er den Köder in Form einer Aussage vor ihnen aus, um zu sehen, ob sie anbeißen:

> Schafft euch Speise, die nicht vergänglich ist, sondern die bleibt zum ewigen Leben. Die wird euch der Menschensohn geben; denn auf ihm ist das Siegel Gottes des Vaters.
>
> Johannes 6,27

Und tatsächlich, sie beißen an. Ihre unmittelbare Frage an Jesus ist, was sie tun sollen, um die Kraft und Fülle des Königreiches Gottes in ihrem Leben zu erleben. Jesus antwortet mit der Aufforderung, an Ihn zu glauben – Ihm zu vertrauen, dass Er der ist, den Gott gesandt hat. Diese Aussage ist der Haken, an dem der Köder befestigt ist und an dem sich die Zuhörer nun festgebissen haben. Ihre nächste Frage öffnet die Tür für die Botschaft, die Jesus auf dem Herzen brennt:

> Da sprachen sie zu ihm: Was tust du für ein Zeichen, damit wir sehen und dir glauben? Was für ein Werk tust du? Unsere Väter haben in der Wüste das Manna gegessen, wie geschrieben steht: «Er gab ihnen Brot vom Himmel zu essen.»
>
> Johannes 6,30-31

Der wahre Grund ist nun offensichtlich. Die Juden wollen ein Zeichen sehen, das ihnen bestätigt, wer Jesus ist. Der Maßstab, an dem man solche Zeichen messen konnte, war das Geben von Manna, das in der Zeit des Auszugs aus Ägypten vom Himmel kam. Ihr Held war Mose, dessen Leiterschaft sie durch die Kraft seiner Gebete bestätigt fanden, denn auf sein Gebet hin schenkte Gott das Manna. Ihr Fehler war jedoch, dass sie ihren Blick ganz auf Mose gerichtet und ihn zu einem sagenumwobenen Helden gemacht hatten, anstatt zu sehen, dass Gott das Manna gab und dass dies ein prophetisches Bild für den Messias war. Gott sorgte für ihre unmittelbaren Bedürfnisse auf wundersame Weise und versorgte sie mit himmlischer Speise, die zwar schlicht aussah, aber doch alles an Nährstoffen in sich trug, was sie brauchten. Aber Er gab ihnen auch ein prophetisches Zeichen, das darauf hindeutete, dass Er eines Tages Seinen eigenen Sohn als Brot des Lebens senden würde. Er würde die wahre Speise sein, die für immer ihre Lebensquelle sein würde. Auch wenn Er schlicht – in der Gestalt eines Menschen – erschien, so war Er doch der Menschensohn und der Sohn Gottes zugleich. Jesus ist das lebendige Brot und das lebendige Wasser, das sie bis in alle Ewigkeit nähren würde:

> Da sprach Jesus zu ihnen: Wahrlich, wahrlich, ich sage euch: Nicht Mose hat euch das Brot vom Himmel gegeben, sondern mein Vater gibt euch das wahre Brot vom Himmel. Denn das Brot, das Gott gibt, kommt vom Himmel herab und gibt der Welt das Leben.
>
> Johannes 6,32-33

Jesus tut etwas Gewaltiges in diesem Abschnitt. Er verkündet eine Wahrheit, die unglaubliche Auswirkungen hat, aber Er spricht sie auf so subtile Weise aus, dass sie ihnen völlig entgeht, wenn sie die Augen ihres Herzens verschließen. Mit der Einleitung «wahrlich, wahrlich, ich sage euch ...» bekundet Jesus erneut Seine Vollmacht, die letztendliche Wahrheit zu verkünden. Was für die Juden eine korrekte Auffassung war, wurde nun durch den umdefiniert, der die Vollmacht hatte, sie umzudefinieren. Und dann erklärt Er ganz einfach, dass Er selbst die Erfüllung des prophetischen Bildes vom Manna sei, dass Er das wahre Brot Gottes sei, das vom Himmel herabgesandt wurde, um Leben zu geben.

Die Juden verstehen nicht wirklich, was Er sagt, und die Spannung steigt:

> Da sprachen sie zu ihm: Herr, gib uns immer solches Brot.

Jesus aber sprach zu ihnen: Ich bin das Brot des Lebens. Wer zu mir kommt, wird nie mehr hungern; und wer an mich glaubt, wird nie mehr Durst haben. Aber ich habe euch gesagt: Ihr habt mich gesehen und glaubt doch nicht. Alles, was mir mein Vater gibt, das kommt zu mir; und wer zu mir kommt, den werde ich nicht hinausstoßen. Denn ich bin nicht vom Himmel gekommen, damit ich meinen Willen tue, sondern den Willen dessen, der mich gesandt hat. Es ist aber der Wille dessen, der mich gesandt hat, dass ich keinen von denen, die er mir gegeben hat, zugrunde gehen lasse, sondern dass ich sie auferwecke am Jüngsten Tage. Denn das ist der Wille meines Vaters, dass alle, die den Sohn sehen und an ihn glauben, das ewige Leben haben und dass ich sie auferwecke am Jüngsten Tage.

Da murrten die Juden über ihn, weil er sagte: Ich bin das Brot, das vom Himmel herabgekommen ist. Und sie sagten: Ist das nicht Jesus, der Sohn Josefs, dessen Vater und Mutter wir kennen? Wie kann er jetzt sagen: Ich bin vom Himmel herabgekommen?

Johannes 6,34-42

Die Juden nahmen Anstoß an dem, was Jesus sagte. Sie behaupteten, dass sie es verstanden, aber ihr Verständnis war auf eine oberflächliche Erkenntnis des Menschen Jesus begrenzt. Und so antwortet Er ihnen noch einmal:

Jesus antwortete und sprach zu ihnen: Murrt nicht. Es kann niemand zu mir kommen, es sei denn, der Vater, der mich gesandt hat, zieht ihn und ich werde ihn auferwecken am Jüngsten Tage. Es steht geschrieben in den Propheten: «Sie werden alle von Gott gelehrt sein.» Jeder, der auf den Vater hört und seine Lehre annimmt, der kommt zu mir. Niemand hat den Vater gesehen außer dem, der von Gott ist; nur er hat den Vater gesehen.

Wahrlich, wahrlich, ich sage euch: Wer glaubt, der hat das ewige Leben. Ich bin das Brot des Lebens. Eure Väter haben in der Wüste das Manna gegessen und sind gestorben. So aber ist es mit dem Brot, das vom Himmel herabkommt: Wenn jemand davon isst, wird er nicht sterben. Ich bin das Brot des Lebens, das vom Himmel herabgekommen ist. Wer von diesem Brot isst, wird in Ewigkeit leben. Und dieses Brot ist mein Fleisch, das ich geben werde für das Leben der Welt.

Johannes 6,43-51

## Die Notwendigkeit echter Speise

Jesus bezieht sich hier auf die Dynamik, dass Gott die Menschen mit einem Bedürfnis nach Nahrung geschaffen hat; Nahrung, die von außen – das heißt, von außerhalb ihrer selbst – kommen muss. Wir können uns nicht selbst erhalten, wir können uns nicht selbst regenerieren. Wir brauchen Substanz und Nahrung von außen, um am Leben zu bleiben. Wir sind kein Perpetuum Mobile[26], wir können nicht bestehen, wenn wir nur unsere eigenen Ressourcen zur Verfügung hätten.

Gott hat uns so geschaffen, dass wir Leben aus der Beziehung zu Ihm schöpfen. Er hat uns dazu geschaffen, in Seiner Nähe zu wandeln, Leben aus der Gemeinschaft mit Ihm zu ziehen.

Als Adam und Eva in der Kühle des Abends mit Gott im Garten Eden wandelten, untersuchten sie nicht bloß die Pflanzen, um zu sehen, ob Adam auch ein guter Gärtner gewesen war. Durch das Leben in der Gegenwart Gottes schöpften sie Leben und wurden daraus genährt und gestärkt. Alles Leben war in Ihm, von Ihm, durch Ihn und zu Ihm hin, und das war der Rahmen für die innige Nähe und Beziehung zum Vater, an der sich Adam und Eva ergötzen und in der sie ihre Kraft fanden.

Gott versorgte sie auch mit natürlicher Speise, aber in Wirklichkeit kam ihre Lebenskraft aus dem Segen Seiner Gegenwart. Er hatte ihnen Arbeit gegeben, aber es war keine Sklavenarbeit. Es war ein freudebringendes und erfüllendes Mitbestimmen der Schöpfung, das sich im Rahmen der innigen und beständigen Freundschaft mit Gott abspielte. Er hatte Adam und Eva Autorität über all die Dinge gegeben, die Er gemacht hatte, Ihre Bedeutsamkeit aber sollten sie nicht darin suchen. Gott hatte die Absicht, sie nahe zu sich zu ziehen, damit sie ihre wahre Würde und ihre Bestimmung in Seinen Armen finden würden – ihre Identität als Erben Gottes und als Partner Seines ewigen Sohnes.

Und so war es kein Zufall, dass der Feind kam – in der Verkleidung eines verführerischen Reizes –, um ihre Aufmerksamkeit auf eine andere Art der Nahrung zu lenken. Satan begann, ihren Blick auf die materielle Nahrung zu richten, so dass sie die *Substanz der Nahrung* für die *Quelle der Nahrung* halten würden. Mit seinem taktischen Vorgehen brachte Satan Adam und Eva dazu, das zu hinterfragen, was Gott gesagt hatte. Damit verfolgte er das Ziel, Zweifel in ihre Gedanken über die Wahrheit und Aufrichtigkeit der Absicht Gottes ihnen gegenüber zu säen. Sie fingen an zu hinterfragen, ob Gott wirklich das Beste mit ihnen vorhatte. Sie fragten sich, ob Er wirklich ihr Verlangen nach Bedeutsamkeit, nach Nähe und nach Bestimmung stillen würde. Satan spielte mit ihrem Verlangen nach Größe und überzeugte sie davon, dass sie selbst nach ihr greifen müssten, anstatt dem Vater zu vertrauen, dass Er ihnen zur rechten Zeit und durch Seine Gnade wahre Größe schenken werde.

Im Gegensatz dazu finden wir in einem der Psalme die Worte Davids, die die feste Zuversicht in Gottes Versorgung zur rechten Zeit zum Ausdruck bringen:

> Aller Augen warten auf dich, und du gibst ihnen ihre Speise zur rechten Zeit. Du tust deine Hand auf und sättigst alles, was lebt, nach deinem Wohlgefallen.
>
> Psalm 145,15-16

Der Vater will uns alles zur rechten Zeit geben. Aber es gibt jedoch einen perfekten Zeitpunkt, den der Vater in Seinem Herzen festgelegt hat, um all das freizusetzen, wonach wir uns sehnen. Und dann werden uns diese Dinge zum Segen, zu unserer größten Freude und Herrlichkeit gereichen. Gott ist darauf aus, dass Sein Name verherrlicht wird, und Seine Strategie für Seine Verherrlichung ist, Seine Söhne und Töchter mit Herrlichkeit zu schmücken. Er wird uns vor Seinen Sohn stellen, vor unseren Bräutigam Jesus, und wir werden perfekt vorbereitet, strahlend und voller Glanz sein – die geeignete Braut für den Sohn, die Krone Seiner Herrlichkeit.

Wir finden ein wunderbares Bild dafür im Buch Esther, Kapitel zwei. Der Eunuch des Königs von Persien, ein Mann namens Hegai, hat Esther als eine der Kandidatinnen aufgenommen, die als neue Königin in Frage kommen. Nachdem die frühere Königin Vashti in Ungnade gefallen war, wurde im ganzen Land nach einer geeigneten Partnerin für den König gesucht, die seine Herrlichkeit und Autorität teilen würde. Esther – als Bild der Braut Christi in dieser Geschichte – gewinnt Hegais Wohlgefallen. Der Mann Hegai spiegelt den Geist des Vaters wider, der Esther auf die Begegnung mit dem König vorbereitet. Er versorgt sie mit der doppelten Menge an Produkten und Materialien, gemessen an dem, was den Konkubinen sonst zugeteilt wird. Er stellt ihr Dienerinnen zur Seite, die die Aufgabe haben, ihr bei dem Reinigungsprozess behilflich zu sein, und er selbst überschaut den Verlauf ihrer ganzen Vorbereitung, damit sie das Herz des Königs aufs Höchste bezaubern und erfreuen kann.

Und so verfährt der Vater auch mit uns. Um Seiner eigenen Freude willen gibt Er uns genau zur richtigen Zeit alles, was wir brauchen, damit Er uns makellos und strahlend vor Seinen Sohn führen kann. Aber die Strategie des Feindes ist genau die gleiche wie bei Adam und Eva – er versucht, uns davon zu überzeugen, dass Gott während dieses ganzen Prozesses der Versorgung nicht vertrauenswürdig ist. Satan will, dass wir glauben, dass wir müssten unser Schicksal selbst in die Hand nehmen und unsere Identität selbst bestimmen, falls wir jemals Erfüllung finden wollen. Wir denken dann, dass wir die Chancen für die Vorbereitung selbst ergreifen müssen, um uns selbst zu verschönern und zu reinigen. Es ist ein tragischer Fehler, den Lügen des Feindes zu glauben.

## Der Kampf um Nahrung

Das heißt jedoch nicht, dass wir im Suchen nach Nahrung für unsere Seele passiv sein sollten. Das Verlangen nach Nahrung ist wohl der stärkste Drang, den wir als Menschen haben. Menschen, die sich in einer Situation befinden, in der sie sich existentiell bedroht fühlen, tun beinahe alles, um Nahrung zu finden um zu überleben – selbst dann, wenn dies unmenschliche Entscheidungen beinhaltet.

Ich erinnere mich noch daran, als unsere älteste Tochter Alyson ein Baby war, und wie sie es liebte von meiner Frau gestillt zu werden. wie meine Frau unsere ältere Tochter Alyson als Baby an ihrer Brust stillte. Für das kleine Mädchen war es jedesmal ein richtiges Fest zu essen, und wenn es wieder Zeit war, gab es nichts, was ihr hätte im Wege stehen können! Sie schrie und schrie, bis die Botschaft uns erreichte und wir auf sie reagierten. Und sobald Mary sie auf den Arm nahm, wühlte sie sich durch Marys Kleidung hindurch und war völlig darauf fixiert, an die Quelle ihrer Nahrung zu gelangen. Sie scherte sich nicht darum, wer da noch alles im Zimmer war, oder wo wir überhaupt waren oder ob es nun gerade passte. Sie wollte Nahrung und sie wollte sie sofort!

Ich glaube, dass niemand diesem Drang nach Nahrung entwachsen ist. In jedem von uns steckt dieser starke Drang nach Erfüllung in Bezug auf Leib, Seele und Geist und wir tun alles, um diesen Hunger zu stillen. Durch die gesamte Menschheitsgeschichte hindurch ist es die Strategie des Feindes gewesen, mit diesem unsäglichen Verlangen zu spielen. Er versucht, uns an den Punkt zu bringen, wo wir der wahren Quelle unserer Nahrung misstrauen und nach dem greifen, was eigentlich nie dazu gedacht war, unsere Bedürfnisse zu stillen. Die Dinge des Lebens waren dazu gedacht, ein Mittel zur Ernährung zu sein, Mittel durch die die Nahrung und Fürsorge des Vaters zu uns kommen sollte. Sie waren aber nie dazu gedacht, die Quelle der Nahrung zu sein. Da der Feind uns jedoch beeinflusst hat und wir törichte Entscheidungen getroffen haben, ist das durchgängige Verhaltensmuster der Menschen immer wieder gewesen, die echte Quelle der Nahrung und Fürsorge zu ignorieren und einem Brot nachzujagen, das nicht sättigt.

Immer wieder hat das Volk Gottes in seiner Vergangenheit die Stimme in der Ferne gehört, die rief: «Komm zu Mir, komm zu Mir! Ich bin dein Leben, Ich bin deine Nahrung, Ich bin dein Versorger,

Ich bin der, der dich heilt. Komm zu Mir.» Aber die Berichte der Menschheit bezeugen, dass sich die Menschen immer wieder von dieser Stimme abgewandt haben und Dingen nachgejagt sind, die ihnen greifbarer erschienen. Wir wollen Dinge, welche wir fühlen, sehen und verstehen können. Wir haben uns von dem Vater abgewandt, der uns wirklich nährt. Die Geschichte des Volkes Gottes ist voll von tragischen Ereignissen. Sie ziehen sich durch die ganze Geschichte des Volkes Israel hindurch bis zur modernen Gemeinde – dich und mich eingeschlossen.

Warum tun wir das immer wieder, wenn doch die Sinnlosigkeit dieses Handelns aus der Vergangenheit zu uns schreit? In Kapitel drei habe ich darüber gesprochen, dass Schafe dazu neigen, immer ihren eigenen Weg gehen zu wollen. Wir können stur sein und unsere Nase in eine Richtung strecken, die Gott uns nicht gewiesen hat. Wir können unseren eigenen Weg gehen. Vielleicht haben wir sogar Seine Stimme gehört, die uns in die andere Richtung rief, aber wir gaben dem lauten Getöse des Feindes nach. Letztendlich sind wir doch der Meinung, dass wir *besser* wissen, wie wir die Dinge erreichen können, die uns Leben und Erfolg bringen. Wir denken, dass unser Leben besser und erfüllter werden würde, wenn wir diese Beziehung haben, jene Position bekommen oder diesen Luxus haben. Wir ignorieren die Stimme des Vaters, die uns an den Ort der Nähe mit Ihm ruft, weil wir denken, dass wir dann unsere Zeit verschwenden. Wir sehnen uns nach Erfüllung und wir denken: «Falls ich jemals Erfüllung finden will, dann muss ich es selbst in die Hand nehmen!» Wie tragisch und töricht!

Hören wir auf den Schreiber der Sprüche, wie er die Stimme der Torheit beschreibt, die uns zu der falschen Art der Nahrung ruft:

Frau Torheit fiebert nach Verführung;
das ist alles, was sie versteht.
Sie sitzt vor der Tür ihres Hauses
auf einem Sessel bei der Stadtburg,
um die Vorübergehenden einzuladen,

die geradeaus ihre Pfade gehen:
Wer unerfahren ist, kehre hier ein.
Zum Unwissenden sagt sie:
Süß ist gestohlenes Wasser,
heimlich entwendetes Brot schmeckt lecker.
Und er weiß nicht, dass Totengeister dort hausen,
dass ihre Gäste in den Tiefen der Unterwelt sind.

Sprüche 9,13-18

Unsere Gesellschaft ist voll von all diesen Sachen. Die Pfade der Vergangenheit sind übersät mit katastrophalen Folgen – alles Ergebnisse der Suche nach Nahrung an falschen Quellen und an falschen Orten. Wir hören auf die Stimme des Bösen, die uns von der Wahrheit über Gottes Versorgung wegführen will – hin zu Dingen, die naheliegender und leichter erreichbar scheinen. Wir stürzen uns auf unsere Arbeit und denken, dass wir dort Versorgung finden. Wir gehen in den richtigen Gesundheitsverein und denken, dass wir dort Besserung finden. Wir gehen in die richtige Gemeinde und denken, in dem System Bedeutung zu finden. Wir gehen Beziehungen ein, die nicht legitim sind, und denken, dass sie uns von unserer Langeweile befreien.

Die Strategie des Feindes ist es seit jeher gewesen, diesen äußeren Schein aufrecht zu erhalten, dass in diesen Quellen Leben zu finden sei. Er will dich dazu bringen zu glauben, dass du genug Nahrung in diesem Brot finden würdest, dass dein Durst gestillt würde, wenn du von jener Quelle trinkst. Und Frau Torheit ruft: «Komm, iss und trinke hier, gestohlenes Wasser ist süß, und heimlich gestohlenes Brot schmeckt wunderbar.» Aber schauen wir uns das Ende des Spruches an: *«Und sie wissen nicht, dass dort Totengeister herrschen, dass ihre Gäste in den Tiefen der Unterwelt sind.»* Wenn wir uns mit diesen Quellen verbinden und denken, dass wir aus ihnen Leben und Bedeutung schöpfen könnten, dann nehmen wir in Wahrheit die Zerbrochenheit der Menschen und des Systems in uns auf, von dem wir trinken. Anstatt Leben von Gott zu empfangen, öffnen wir uns der brüchigen und verschmutzten Realität eines gottlosen Systems und gottloser Menschen, und wir fangen an zu sterben. Der zerfahrene Zustand in unserer Gesellschaft und unserer Kultur ist ein direktes Resultat von diesem hartnäckigen Streben, Leben und Bedeutung an Orten zu suchen, wo sie nicht zu finden sind.

Ich bin immer wieder erstaunt über den ständigen Gebrauch von sinnlich aufreizenden Bildern in unserer Werbung, die praktisch alles zu verkaufen versucht, was zu vermarkten ist. Wir verkaufen aber keine Produkte. Wir verkaufen Sex-Appeal, das Versprechen von Glück oder die Illusion von Erfolg und Macht. Die Werbung weckt den falschen Appetit auf sinnliche Erfüllung und wir fallen immer wieder darauf rein. Tausendmal pro Tag werden wir mit der Stimme der törichten Frau bombardiert: «Hier, komm herein und kaufe, trink von diesem Brunnen.» Es ist ein Brunnen des Todes.

Warum wohl ist es die Top-Strategie des Feindes, Familien auseinander zu bringen und die innige Beziehung zwischen Mann und Frau zu zerstören? Weil Gott solche Dinge wie *ein Zuhause* geschaffen hat, wo das Kind lernt, Nahrung von einer *gesunden Mutter* aufzunehmen und das Brot der Identität und der Ermutigung zu essen, das ein *gesunder Vater* schenkt. Gottes Plan war, dass das Kind an diesem Ort das Wasser mit *wahrem Gehalt* trinkt. Wenn der Geist in diesem Rahmen genährt wird, kann das Kind gesund heranreifen und verstehen, wie es seinen Blick auf den Vater im Himmel richten kann, der die Quelle aller guten Dinge ist. Viele Häuser werden jedoch von erwachsenen Kindern bewohnt, die zerbrochene Seelen und ungelöste Identitätskrisen haben – Menschen, die ihre Bedeutung im äusserlichen Umfeld suchen. Ihr eigener Geist ist verletzt und das Streben nach Erfolg bringt keine Erfüllung. Sie haben nichts, was sie einander geben können, und schon gar nicht den Kindern, die sie zeugen. Die Welt und die Gemeinde Christi sind voll von fehlernährten, schwachen und verlassenen Menschen, die ohne Hoffnung und voller Schmerz und Einsamkeit sind. Sie sind verletzt und entfremdet und sie verstehen nicht, wie sie das Leben aufnehmen können, das allein in Gott ist.

Das Volk Gottes ist voller Schmerz. Wir haben den Hunger von kleinen Kindern, die nicht genug zu essen haben und ständig von Hunger geplagt werden. Und so laufen wir von einem ausgetrockneten Brunnen zum anderen, von einem zerbrochenen Menschen zum anderen, von einer erfolgversprechenden Arbeitsstelle zur anderen, von einem Haus zum anderen. Wir irren endlos umher und suchen immer wieder nach Nahrung und nach Befriedigung. Aber wir finden sie dort nicht, wo wir sie suchen. Die Rolling Stones waren Propheten ihrer Zeit, als sie die Botschaft ins Mikrophon schrien: «I can't get no satisfaction».[27]

## Echte Nahrung

So weit die schlechte Nachricht. Aber die gute Nachricht ist, dass Gott, unser Vater, uns etwas zu sagen hat. Er hat zu uns durch Seinen Sohn Jesus Christus gesprochen, der zu uns sagt: «Ich bin das Brot des Lebens, ich bin das lebendige Wasser.» Jesus kam nicht voller Zorn oder Wut zu den hungrigen und durstigen Menschen. Er zeigte auch nicht mit dem Finger auf sie und schimpfte nicht: «Jetzt reiß dich mal zusammen und stell dich nicht so an!» Er verstand zutiefst das nagende Verlangen in ihnen. Jesus wusste, dass wir uns nach der Nahrung des Vaters sehnen, weil Gott uns so geschaffen hat. Es war Seine Idee, dass wir in solch einer innigen Beziehung mit dem Vater leben sollten, damit Sein Leben durch uns fließen kann. Jesus wandelte in solch einer innigen Beziehung mit dem Vater, dass Er zu Seinen Jüngern sagen konnte: «Ich habe eine Speise, von der ihr nichts wisst! Meine Speise ist es, den Willen des Vaters zu tun, und Er nährt mich fortwährend mit Seiner Güte, denn Er offenbart mir Seinen Plan Tag für Tag.»

Das Vaterherz Gottes ist ein Herz, das mit der Leidenschaft brennt, dein sehnliches Verlangen nach echter Nahrung zu stillen. Er kommt heute zu dir und sagt: «Ich bin der Brunnen des Lebens und ich habe dir Mein Leben durch Meinen Sohn Jesus zur Verfügung gestellt. Komm und trink von Mir durch Ihn und du wirst niemals mehr durstig oder hungrig sein!» Das Herz des Vaters ist für uns und Seine Nahrung steht jedem zur Verfügung.

Ich habe einmal ein Team mit nach El Paso, Texas, genommen und dort den Dienst von Vater Rick Thomas besucht. Vater Rick Thomas war ein katholischer Priester, der den Armen in El Paso und in der benachbarten Stadt Juarez in Mexiko diente. Während unserer Zeit dort hatten wir die Möglichkeit, in Gefängnissen und psychiatrischen Kliniken von Juarez zu dienen. In den Gefängnissen von Juarez wurden die Gefangenen damals nicht mit Essen versorgt. Wenn sich keine der Familienmitglieder oder jemand anderes erbarmte, blieben sie ohne Nahrung. Vater Rick ging mit seinem Team regelmäßig in das Gefängnis, sie verkündeten den Männern und Frauen das Evangelium, riefen sie in die Beziehung mit Christus und gaben den Gefangenen zu essen. Die Insassen kamen dann aus ihren Zellen in einen Innenhof und dort bekamen sie ein reichhaltiges Vitamingetränk und nahrhaftes Mehrkornbrot, das sie mit den wichtigsten Nährstoffen versorgte. Dieses Mehrkornbrot konnte man nicht auf dem Markt kaufen – es war ein sehr reichhaltiges Brot. Als ich sah, wie diese Männer und Frauen dieses Brot ergriffen – so, als ob es das Leben selbst wäre –, war dies wie eine Offenbarung für mich! Sie waren hungrig und es war dem Vater eine Freude, sie zu nähren. In gleicher Weise ruft uns Jesus dazu auf, Ihn als Brot des Lebens zu empfangen – als den, aus dem wir alles Leben schöpfen können.

## Die himmlische Speise aufnehmen

Aber wie nehmen wir nun diese himmlische Speise in uns auf? Wie sieht das praktisch aus, sich mit Ihm zu füllen, damit unser Leben die Herrlichkeit des Herrn ausstrahlt und sich in unserem Antlitz widerspiegelt? Aus meiner Sicht tragen drei einfache Realitäten dazu bei, um in der Fülle der Nahrung, die in der Gegenwart Gottes liegt, zu leben. Die erste Realität beinhaltet, sich von falschen Nahrungsquellen abzuwenden, und die zweite bedeutet, in der Gegenwart Jesu zu leben. Die dritte werde ich am Ende des Kapitels ausführen.

Ich bin, während ich dieses Buch schreibe, gerade von Kona, Hawaii zurückgekehrt, wo ich eine Woche lang an der University of the Nations gedient hatte. Das ist ein bekannter Campus, der zu *Jugend mit einer Mission* gehört. Ich hatte mehrere unserer Mitarbeiter vom *International House of Prayer* (IHOP) in Kansas City bei mir, die in dieser Woche dienten. Seth Parks, ein junger Anbetungsleiter vom IHOP, hatte an einem Abend die Anbetungszeit geleitet und die Gegenwart des Herrn war gleich von Anfang an spürbar gewesen. Nach der Veranstaltung kam ein junger Mann auf Seth zu und fragte ihn, wie das kam, dass er gar keine Zeit zum «sich aufwärmen» gebraucht habe, so dass die Gegenwart des Herrn gleich vom ersten Klang an spürbar nahe gewesen sei.

Ich weiß warum: Seth lebt in der Gegenwart Jesu. Der Sohn Gottes ist Seths Speise geworden. Er hat andere Quellen abgewiesen, die den Strom des Lebens verunreinigen, und sein einziger Brunnen ist der Sohn Gottes. Seth und seine junge Frau Erin haben den Allerhöchsten zu ihrem Zufluchtsort gemacht. Sie haben die Welt der Unterhaltung und des Entertainments abgeschaltet, um Jesus anzubeten. Sie haben einen Lebensstil des Fastens und Betens angenommen, weil sie in Seiner Gegenwart leben und von Seinem Leben genährt werden wollen. Sie haben entschieden, dass ihre Identität nicht von dem bestimmt wird, was die Welt denkt. Sie haben entschieden, dass Jesus genug für sie ist, und Er beweist sich ihnen Tag für Tag. Wenn Seth zu Beginn einer Anbetungszeit die Saiten seiner Gitarre erklingen lässt, dann lädt er einfach andere an diesen Ort ein, an dem er ständig lebt. Der Tisch ist immer gedeckt, das Brot des Lebens ist immer da und das Wasser des Lebens fließt frei.

Der erste Schritt hinein in ein Leben der Fülle und der Versorgung des Vaters ist, zu erkennen, dass sie nur in Seiner Gegenwart gefunden werden kann. Kehre dich deshalb von allen anderen Dingen ab, mit denen du dich zu füllen versuchst, und wende dich Ihm zu. Entwickle ein Leben des Betens und Fastens. Widersteh dem Trugschluss, dass du aus eigener Kraft Bedeutung und Erfüllung finden kannst. Es auf deine Weise zu tun, besagt nicht, dass du das Gewünschte erreichst. Der Vater sehnt sich danach, dich in Seine Arme zu schließen und dich mit dem Reichtum Seines Lebens und Seiner Liebe zu versorgen, aber Er wird dich nicht dazu zwingen! Er lädt dich nur dazu ein, die falsche Nahrung aus irdischen Bestrebungen loszulassen und zu Ihm an den Ort der Anbetung zu kommen.

Am Ort der Anbetung trinken wir von Seinem Leben. Wenn wir Ihm im Geist und in der Wahrheit dienen, wird der süße Wein Seiner Gegenwart zu uns fließen. Das Brot des Lebens wird für uns gebrochen, wenn wir dem Wort Gottes begegnen, dem Mann Jesus Christus, der in der Heiligen Schrift offenbart wird. Es gibt keinen geheimen Weg, kein Mysterium und auch nichts Exotisches, was wir tun müssten, um dieses Leben zu finden. Es steht uns offen, jeden Tag, egal wo wir sind. Wir wenden uns nur von dem ab, was zwar Erfüllung verspricht, sie aber nie bringt, und wenden uns dem Mann Jesus zu, der uns die Liebe des Vaters Tag für Tag offenbart. Wir tun dies an dem Ort der persönlichen Anbetung und da, wo wir mit anderen zusammen in Anbetung vor Ihn treten. Es geschieht an dem Ort des Nachsinnens über das Wort Gottes. Wenn wir uns Seinem Wort und Seiner Anbetung hingeben, werden unsere Seelen von dem echten Brot und dem lebendigen Wasser Seines Lebens genährt. Es ist so einfach. Und es gibt keinen anderen Weg.

Wenn ein kleines Känguru geboren wird, kämpft es sich durch das Fell der Mutter nach vorne bis zu dem Beutel, wo es sich an die Quelle seines Lebens hängen und die Milch der Mutter trinken kann. Das junge Känguru sucht unbeirrt und zielstrebig nach diesem Ort, denn sein Überleben hängt davon ab. Wenn es diesen Ort gefunden hat, bleibt es so lange dort, bis es herangewachsen und stark genug ist.

Ich möchte dich dazu auffordern, auf solch eine Weise anzubeten und den Zufluchtsort des Allerhöchsten mit jener Zielstrebigkeit zu suchen. Du musst verstehen, dass dein Überleben davon abhängt, den wahren Ort der Nahrung zu finden. Und du musst verstehen, dass der Vater diesen Ort bereits für dich vorbereitet hat. Kämpfe dich durch den Irrgarten sinnloser Ablenkungen zu dem Ort vor, an dem Sein Leben fließt. Er will gefunden werden und Er will dich gern mit allem versorgen, was du brauchst. Wenn du Seine Gegenwart in der Anbetung suchst und Seine Realität im Wort Gottes erforschst, wird deine Seele genährt. Du wirst anfangen, eine belebende und gesunde Realität der Gegenwart Gottes zu erleben.

Ich glaube, dass viele von uns ein erneuertes Verständnis von der Feier des Abendmahls brauchen, insbesondere die, die einen konservativen protestantischen Hintergrund haben. Zu lange sind wir Evangelikalen an der Schönheit und Kraft des Abendmahls vorbeigegangen, weil wir es lediglich auf ein blosses «Gedenken» reduziert haben, anstatt eine echte Begegnung mit der Kraft des Herrn zu haben.

Jesus erklärte in Johannes 6,55-56, dass in dem Essen des Brotes und im Trinken des Weines eine Realität der Kraft liegt, die uns tiefer in die innige Beziehung mit Ihm führt:

> Denn mein Fleisch ist die wahre Speise, und mein Blut ist der wahre Trank. Wer mein Fleisch isst und mein Blut trinkt, der bleibt in mir und ich in ihm.

Das Abendmahl bedeutet also mehr als lediglich ein Gedenken an etwas, das in der Vergangenheit liegt. Es ist eine kraftvolle Begegnung und ich möchte uns dazu aufrufen, neu darüber nachzudenken, wie wir das Geheimnis Seiner Gegenwart in Brot und Wein feiern. Ich bin davon überzeugt, dass der Heilige Geist die Ehrfurcht und Bewunderung gerne wiederherstellen möchte, die in der Urgemeinde herrschte, als sie das Mahl des Herrn feierten. Er wird uns dabei helfen, zu verstehen und zu erfahren, was Jesus alles für uns bereit hat – in der Gemeinschaft mit Ihm.

Die dritte Dimension des Ernährtwerdens durch den Himmlischen Vater liegt im Teilhaben an einer lebendigen Gemeinschaft von Gläubigen, die das Leben der Anbetung und das Wachstum im Wort Gottes gemeinsam erleben wollen. Ich habe diesen Aspekt für den Schluss aufgehoben, denn er kann nur verwirklicht werden, wenn wir die ersten beiden Realitäten leben. Ein Hauptgrund dafür, dass Menschen immer wieder durch Beziehungen innerhalb von Gemeinden enttäuscht werden, liegt darin, dass wir meinen, wir könnten Leben in der Gemeinschaft untereinander finden, ohne uns einem Leben der Anbetung in Wort und Gebet hinzugeben. Das «Wichtigste» – nämlich, Gott mit unserem ganzen Herzen, unserer ganzen Seele, unserem Verstand und unserer Kraft zu lieben – muss immer an erster Stelle bleiben. Andernfalls bleibt das «Zweitwichtigste», nämlich die Beziehungen untereinander, ohne Substanz. Wenn aber das Erste an erster Stelle steht, dann ist das Leben in einer lebendigen Gemeinschaft mit anderen Gläubigen der nächste unentbehrliche Bestandteil unseres Lebens.

Gott will sich uns durch andere offenbaren. Er will sich anderen durch uns offenbaren. An dem Ort des gegenseitigen Dienen zieht uns der Vater in dieselbe Partnerschaft mit sich, wie Jesus sie hatte. Der Vater will, dass wir füreinander Kanäle Seines Leben sind. Er will, dass wir einander in Heiligkeit und Liebe annehmen, dass wir füreinander sorgen und einander im Geist Christi dienen. So wird unser Leben auf die richtige Art und Weise gebrochen. Weil Sein Leib für uns gebrochen wurde und Er Sein Leben ausgoss, können auch wir uns in liebender Selbstlosigkeit hingeben und unser Leben ausgießen. Wir trinken von Ihm in der Gemeinschaft miteinander und so wird das Leben des Leibes Christi gestärkt und aufgebaut.

Dies geschieht in kleinen Gruppen wie Hauskreisen, die in echter Liebe und auf echte Weise leben. Es geschieht, wenn wir zusammen beten, wenn wir Seite an Seite im Reich Gottes arbeiten, wenn wir einander im Geist Christi dienen. Es geschieht, wenn unsere Zerbrochenheit in der Liebe Jesu geheilt wird und wenn wir lernen, einander in heiliger Liebe anzunehmen; und das muss in Familien geschehen, zwischen Ehepartnern, zwischen Eltern und Kindern. Es muss in Hauskreisen und im Gottesdienst geschehen, wenn wir einander mit dem Wort ermutigen und einander so sehen, wie der Geist Gottes uns sieht.

Wenn das geschieht, werden sich einige erfolgsversprechende Ergebnisse abzeichnen. Der Abschnitt in Johannes 6 sagt, dass der Durst der Durstigen gestillt werden wird und dass wir den Zufluchtsort in Ihm finden werden. In Sprüche 9 lesen wir, dass Weisheit und Erkenntnis unser Leben erfüllen werden, wenn wir von dem Leben des Vaters trinken. Es gibt diesbezüglich noch einen weiteren Abschnitt, der mein Herz ganz besonders ergreift, und er befindet sich im Buch Jesaja. Ich möchte an dieser Stelle einige Verse aus Kapitel 60 ab Vers 15 mit eigenen Worten wiedergeben. Dort steht: Auch wenn du verlassen und verachtet wurdest und niemand zu dir kommt (d. h. keiner sich für deine Existenz interessiert), auch wenn sich alle von dir abgekehrt haben, auch wenn du im Stich gelassen und wie ein hungriges Kind allein gelassen wurdest, wird Gott dich zum ewigen Stolz und zur ewigen Freude aller Generationen machen. Du wirst Milch von den Völkern trinken, du wirst vom Vater genährt und versorgt werden. Als Resultat wirst du wissen, dass der Herr dein Retter, dein Erlöser und der Mächtige Jakobs ist. Wenn du von Ihm trinkst und dich von Ihm ernährst, wird Er das Schwache in deinem Leben entfernen und dir das Erhabene geben, Er wird das nehmen, was fehlerhaft ist, und dir das geben, was rein ist. Dann wird Folgendes geschehen:

> Man hört nichts mehr von Unrecht in deinem Land, von Verheerung und Zerstörung in deinem Gebiet. Deine Mauern nennst du «Rettung» und deine Tore «Ruhm». Bei Tag wird nicht mehr die Sonne dein Licht sein, und um die Nacht zu erhellen, scheint dir nicht mehr der Mond, sondern der Herr ist dein ewiges Licht, dein Gott dein strahlender Glanz. Deine Sonne geht nicht mehr

> unter und dein Mond nimmt nicht mehr ab; denn der Herr ist dein ewiges Licht, zu Ende sind deine Tage der Trauer. Dein Volk besteht nur aus Gerechten; sie werden für immer das Land besitzen als aufblühende Pflanzung des Herrn, als das Werk seiner Hände, durch das er seine Herrlichkeit zeigt.

Wann wird das geschehen? Wenn du von der königlichen Brust getrunken hast, wenn du dich am Vater genährt hast. Dann wirst du das Land – die Fülle des Königreiches Gottes – für immer besitzen. Aus tiefstem Herzen rufe ich dich dazu auf: Trink von dem Brunnen des Lebens, labe dich am Himmlischen Vater, der in der Person Jesus Christus offenbar wird. Er ist alles, was du brauchst.

# 7

# Der demütige Vater

## *Lukas 14,1-14*

Eine der größten Freuden, die ich in meinen Erfahrungen erlebe, geschieht durch das Nachsinnen über die Eigenschaften Gottes, die mir offenbart werden durch das Leben Jesu, wie es in den Evangelien beschrieben wird. Für Jesus war es das vorrangige Ziel in Seinem Dienst auf Erden, den wahren Charakter des Vaters in Seinem Menschsein zu veranschaulichen. Es war Jesu Leidenschaft, das wahre Wesen des Vaters zu offenbaren. Und doch ist es interessant zu sehen, wie viel Mühe die Jünger hatten, diesen Gott anzunehmen, den Jesus Tag für Tag offenbarte. Ihre Vorstellungen von Gott waren so weit von der Wahrheit entfernt, dass Jesus sie immer wieder daran erinnern musste, dass der Vater und Er eine Einheit waren und dass der Vater genau so war wie Er selbst.

So sagte Er Seinen Jüngern am Ende Seiner Zeit auf Erden:

> Wenn ihr mich erkannt habt, so werdet ihr auch meinen Vater erkennen. Und von nun an kennt ihr ihn und habt ihn gesehen.
>
> Johannes 14,7

Als Jesus dies zu Seinen Jüngern sprach, bat Philippus, Er solle ihnen den Vater offenbaren. Wenn Er das tun würde, so Philippus, dann wäre das genug, um alle Sehnsüchte ihres Herzens zu stillen. Philippus' Bitte spiegelt den grundlegenden Herzensschrei wider, den Vater zu kennen und eine Offenbarung von Seinem Wesen haben zu wollen. Aber Philippus hatte noch gar nicht begriffen, dass Jesus genau aus diesem Grund die ganze Zeit über bei ihnen gewesen war, und so antwortet Jesus mit der sanftmütigen, aber gezielten Ermahnung:

> So lange bin ich bei euch, und du kennst mich nicht, Philippus? Wer mich sieht, der sieht den Vater!

«Wer Mich sieht, der sieht den Vater.» Was für eine Aussage! Das bedeutet, dass wir zu dem deutlichsten Bild des wahren Wesens Gottes kommen, wenn wir Jesus in den Evangelien betrachten und darüber nachsinnen, wie Er den schwachen Menschen begegnete und an ihnen handelte. Er ist das vollkommene Ebenbild des Vaters, nach dem wir uns sehnen.

In Lukas 14,1-14 öffnet sich durch das Leben und die Lehre Jesu ein weiteres Fenster, das uns einen Blick in den Charakter des Vaters gewährt. Dort finden wir einen Abschnitt, der die Demut Gottes offenbart. Er ist wahrhaftig ein demütiger Vater. Jesus befindet sich erneut in einer Situation, die extrem spannungsgeladen ist. Er hat ganz deutlich Seine Autorität als Rabbi bewiesen. Die Klarheit Seiner Lehre und die Wunder, die Seine Lehre überall begleiteten, hatten Ihn zum Zentrum der Aufmerksamkeit aller Gruppierungen in der damaligen Kultur gemacht.

Aufgrund Seiner wachsenden Bekanntheit und Beliebtheit erregt Jesus nun auch die Aufmerksamkeit der argwöhnischen Pharisäer. Sie wollen Ihn unter die Lupe nehmen, Ihn beobachten und versuchen, einen Weg zu finden, wie sie Ihn unter Kontrolle bekommen könnten. Seine Worte und Werke sind zweifelsohne voller Kraft. Viele Menschen werden durch sie beeinflusst und deshalb muss Er ernst genommen werden. Und so wird Er als Ehrengast zu einem Festessen bei einem der Pharisäer eingeladen. Nach weltlichem Denken mag solch eine Einladung als willkommene Gelegenheit gesehen werden, auf der Leiter der Prominenz aufzusteigen. Schließlich haben die Einflussreichen endlich Notiz von Ihm genommen! Jesus hat sich jedoch hartnäckig geweigert, das allgemein bekannte Spiel der religiösen Leiter mitzuspielen, das sie bereits seit Jahrtausenden auf dem gesamten Erdball spielen. Es ist das Spiel, bei dem es um das Streben nach Positionen, Macht, Ansehen und Autorität innerhalb der menschlichen Strukturen der Gesellschaft geht. Es schien so, als ob Jesus sich einfach gar nicht darum scherte, was andere dachten, und dass Er auch kein Blatt vor den Mund nahm, wenn es darum ging, dieses System zu konfrontieren.

## Ein falsches Verständnis

Eine der Konfrontationen, die Jesus regelmäßig mit den Pharisäern hatte, drehte sich um die Einhaltung des Sabbats. Der Sabbat war von Gott dazu gedacht, dass die Menschen sich von den gewöhnlichen Aktivitäten des Alltags zurückziehen und so Gott begegnen konnten. Stattdessen missbrauchten die Pharisäer diesen Tag zugunsten einer religiösen Pflichterfüllung. Der Sabbat war von einer strengen, verurteilenden Atmosphäre geprägt, anstatt von Erquickung und inniger Nähe zum Vater, wozu er eigentlich gedacht war.

Als nun Jesus bei diesem Gastmahl einen Mann sah, der unter Ödemen[28] litt, prallte das Erbarmen Seines Herzens mit den religiösen Erwartungen der Pharisäer zusammen. So stellte Jesus die Frage in den Raum, ob es erlaubt sei, am Sabbat zu heilen. War es an dem Ruhetag legitim, einer Person Ruhe zu verschaffen, deren Leib und Seele aufgrund der unheilbaren Krankheit ausgelaugt waren? Die Pharisäer konnten keine Antwort auf diese Frage geben. Man kann sich die Frustration und den aufsteigenden Groll nur zu gut vorstellen, als die hohle und unbarmherzige Fassade ihres religiösen Verständnisses vor allen entblößt wurde.

Als Jesus den Mann heilte, veranschaulichte Er damit eine der wunderbarsten Charaktereigenschaften des Vaters – nämlich, dass

Gott ein demütiger Vater ist. Er ist der Gott, der den niedrigen Platz einnimmt und anderen Menschen in ihrer Not dient, anstatt auf Seinen eigenen kurzfristigen Vorteil fixiert zu sein. Jesus nimmt die Position des Dieners ein, um zerbrochene Menschen zu heilen und zur Ganzheit zu führen. Jesus lebte vor ihren Augen in der innigen Gemeinschaft mit dem Vater. Dieses Prinzip, wonach Er handelte, hatte Er während einer anderen Begegnung an einem Sabbat erklärt – es war die Heilung des Mannes am Teich Betesda in Johannes 5. Dort lesen wir:

> Jesus aber antwortete ihnen: Mein Vater wirkt bis auf diesen Tag, und ich wirke auch. Wahrlich, wahrlich, ich sage euch: Der Sohn kann nichts von sich aus tun, sondern nur, was er den Vater tun sieht; denn was dieser tut, das tut in gleicher Weise auch der Sohn. Denn der Vater hat den Sohn lieb und zeigt ihm alles, was er tut, und noch größere Werke wird er ihm zeigen, so dass ihr euch verwundern werdet.
>
> Johannes 5,17;19-20

Jesus lebte in einem immerwährenden Sabbat, der einem Ort des Ruhe in der Liebe und Gnade des Vaters entsprach und sich durch beständige Offenbarung über all das ausdrückte, was der Vater sagte und tat. Die Pharisäer waren aufgebracht, weil Jesus am Sabbat «Werke tat», aber sie verstanden nicht, worum es am Sabbat eigentlich ging. Sinn des Sabbats war es, ausgelaugte Menschen zu Gott dem Vater zu führen, in eine Begegnung mit Ihm, die sie erquickt und ihnen Ruhe geben würde. Jesus übertrat nicht auf arrogante Weise das Gesetz. Er nahm den Platz der Demut ein und erfüllte auf sanftmütige Art den Sinn des Gesetzes. Er wollte verwundete und ausgelaugte Menschen in die Begegnung mit dem lebendigen Gott führen. Sein Dienst an den Kranken und Zerbrochenen war ein Zeugnis der Demut, die direkt vom Herzen des Vaters kam.

## Der Kampf um Ehre

In den darauffolgenden Versen spitzt sich die Situation zu. Jesus beobachtet das am weitesten verbreitete Symptom der Zerbrochenheit der Menschen: den Kampf um den Platz der Anerkennung und Ehre. Bei solch einem Bankett gab es für die Sitzplätze eine vorgegebene Rangordnung und die Gäste stritten sich hier um die besten Plätze. Sie wollten, dass andere sie an einem Ehrenplatz sehen, sodass Ihre Wichtigkeit in der sozialen Hierarchie vor allen sichtbar wird. Jedoch hatten sich manche leider auf einem Platz niedergelassen, der für einen anderen bestimmt war. Sie wurden umgesetzt und mussten diese Demütigung vor den Augen aller Gäste ertragen.

Diese Situation deutet auf eine innere Spannung hin, die in unserem Herzen besteht. Jeder von uns spürt tief im Innern, dass wir jemand Wichtiges sein sollten und dass andere uns anerkennen und für uns Raum schaffen sollten. Ich glaube, dass dieses Gespür von Gott gegeben ist. Es wurde in uns ein Abdruck einer Identität angelegt, die Teil von Gottes Wesen ist, in dessen Ebenbild wir geschaffen wurden. Er ist der König der Könige und der Herr der Herren! Er ist der Schöpfer, der Allwissende, der allmächtige Gott, vor dem sich jedes Knie beugen wird, und wir sind Seine Söhne und Töchter! Wir wurden geschaffen, um Könige und Königinnen zu sein, Erben der Geheimnisse Gottes – als Miterben Christi. Wir wurden dazu geschaffen zu herrschen, wir wurden zur Größe bestimmt und das Bewusstsein hinsichtlich dieses Plans motiviert uns Tag für Tag.

Ich glaube, dass dies der Grund ist, warum Jesus so behutsam war in Seiner Korrektur den Gästen gegenüber. Es gab andere Situationen, wo Seine Jünger um Größe rangelten, und Jesus wies sie nie deshalb zurecht, weil sie den Wunsch nach Größe hatten. Ich bin davon überzeugt, dass Jesus sie sogar in diesem Wunsch nach Größe bestärkte. Aber Er rückte dieses Verlangen immer wieder ins rechte Licht und lehrte sie, dass ihre Größe nicht in äußerlichen Positionen oder in Macht lag. Vielmehr lehrte Jesus sie, dass Größe in der Erkenntnis des Vaters und in dem Ort der Nähe zu Ihm verwurzelt ist.

In Lukas 10 lesen wir, dass Jesus die Jünger aussandte, um in der Kraft des Heiligen Geistes zu dienen. Sie kamen voller Freude zurück und erzählten, wie sich Gottes Kraft in ihren Situationen manifestiert hatte! Sie waren begeistert darüber, dass die Macht und Autorität Jesu auf ihnen lag und dass die Dämonen vor ihnen die Flucht ergriffen, wenn sie sie in der Kraft Seines Namens zurechtwiesen. Und Jesus feierte mit ihnen! Der Text sagt, dass Jesus sich mit ihnen im Heiligen Geist freute, aber Er rückte ihren Blick immer wieder ins rechte Licht, an den Ort der innigen Beziehung mit dem Vater. Er forderte sie auf, ihre Freude auf die Tatsache zu richten, dass ihre Namen im Himmel geschrieben stehen. Mit anderen Worten, dass der Vater am besten wusste, wer sie waren. Das ist der Ort der Bedeutsamkeit und der Grösse! Der Vater kennt deinen Namen! Freu dich an dieser Tatsache und dann rücken alle anderen Dinge ins rechte Licht.

## Wahrhaftige Größe erlangen

Das Problem ist also nicht der Wunsch, sondern unsere Vorstellung davon, wie man zu Größe gelangt. In unserer Zerbrochenheit haben wir das Gespür für die Freude und Wonne verloren, die Gott an Seinen Kindern hat – die Freude des Vaters, die die Grundlage im Leben Jesu war. Weil wir gesündigt haben, haben wir uns von dieser Gnade entfernt. Wir haben das Verständnis verloren, dass es Gottes volle Absicht ist, uns als Seine Kinder zu verherrlichen. Aus unserer gefallenen Natur heraus nehmen wir an, dass wir für unsere Erhöhung selbst verantwortlich seien, und so streben wir aggressiv nach Macht. Wir behaupten uns und greifen nach dem höchsten Platz, denn in unserem Herzen spüren wir zurecht, dass er uns gehört!

Gleichzeitig fürchten wir aber, dass wir nicht das empfangen, was uns zusteht, dass wir nicht als die bedeutsamen Menschen erkannt werden, die wir sind. Das Problem ist, dass wir das demütige Herz des Vaters nicht kennen, welches uns grossmütig und vollauf erheben wird, wenn wir Ihm unser Leben geben und lernen, im Charakter Jesu zu leben.

Und so beginnt Jesus, die Gäste des Banketts darin zu unterweisen, wie sie die größte Freude und Ehre erlangen können, und Seine Methode ist überwältigend! Er spricht das Prinzip himmlischer Ehre an, das eine direkte Widerspiegelung des Wesens Gottes ist. Jesus lebt dieses Prinzip unter ihnen aus. Er artikuliert es in den Versen 10 und 11:

> ... wenn du eingeladen bist, so geh hin und setz dich untenan, damit, wenn der kommt, der dich eingeladen hat, zu dir sagt: Freund, rücke hinauf! Dann wirst du Ehre haben vor allen, die mit dir zu Tisch sitzen. Denn wer sich selbst erhöht, der soll erniedrigt werden; und wer sich selbst erniedrigt, der soll erhöht werden.

Kannst du das Herz des Vaters in diesen Worten entdecken? Es ist Sein Wunsch, Seinen Kindern die größte Ehre zukommen zu lassen. Doch muss dies auf die richtige Art und Weise geschehen. Voraussetzung für Erhöhung ist Demut! Das Königreich Gottes operiert auf dieser Grundlage – und es gibt keinen Weg daran vorbei, denn die Wurzeln liegen in dem Wesen Gottes selbst, dem demütigen Vater. Wenn wir verstehen, dass die Lehre Jesu über Demut dazu bestimmt ist, uns den Weg zur höchsten Ehre zu zeigen, dann werden wir beginnen, unsere Wünsche der himmlischen Realität anzupassen. Und dann werden wir anfangen, die Frucht der Erhöhung in unserem Leben zu erfahren.

Die meisten von uns sind nicht in einer geistlichen Kultur aufgewachsen, in der Gott als derjenige gesehen wird, der *für* uns ist. Wir sind es nicht gewohnt, den Vater als den zu kennen, der sich an dem Wachstumsprozess Seiner Kinder freut. Die meisten Gläubigen denken – falls sie überhaupt ein Bild von Gottes Freude haben –, dass uns Sein Wohlgefallen nur dann zustehe, wenn wir einen gewissen Reifegrad erreicht haben. Wir denken, Er sei erst dann zufrieden mit uns, wenn alle Schwachpunkte aus unserem Leben beseitigt und wir dem Bild Jesu völlig gleich geworden sind. Wir können uns kaum einen Gott vorstellen, der sich an uns freut, während wir noch heranreifen, während wir noch mit all unseren Schwachpunkten zu kämpfen haben, während wir immer noch im Vorwärtsgehen straucheln und versagen. Wir sehen unseren Stolz und kämpfen dagegen an und wir verabscheuen die Tatsache, dass wir überhaupt damit zu ringen haben. Wir sind uns bewusst, dass Satan die ersten Menschen mit Stolz und der Illusion von Größe verführt hat, so dass sie das Leben in Gott, das für sie vorgesehen war, dafür eintauschten.

Was wir jedoch verstehen müssen, ist, dass Satan Adam und Eva nicht mit einer *Illusion* von Größe verführte. Das Bewusstsein, dass sie zu Großem bestimmt waren, war echt. Ihre Sünde war nicht das Verlangen nach Größe, sondern dass sie sich überzeugen ließen, dass Gott ihnen echte Größe vorenthalten wollte. Sie glaubten der Lüge, dass sie nur dann diese Bedeutsamkeit erlangen könnten, wenn sie selbst nach ihr greifen würden. Satan überzeugte sie davon, dass Gott in der Sache ihrer Erhöhung nicht vertrauenswürdig sei. Anstatt sich dem Vater in Demut anzuvertrauen und darauf zu warten, dass Er sie zur rechten Zeit erheben würde, griffen sie auf eigene Faust nach Größe. Anstatt zu warten, bis Er diese durch die Kraft Seiner Gnade schenken würde, nahmen sie die Verantwortung für das Erlangen von Größe durch ihr eigenes Streben selbst in die Hand.

Diese Entscheidung hatte verheerende Folgen und sie sind durch die gesamte Menschheitsgeschichte sichtbar. Eine der treffendsten Passagen in der Heiligen Schrift, die die Konsequenzen stolzen Verhaltens in Worte fasst, findet sich in dem unverblümten Brief des Jakobus an die Gemeinde im ersten Jahrhundert:

Woher kommt der Kampf unter euch, woher der Streit? Doch nur, dass in euren Gliedern die Gelüste gegeneinander streiten. Ihr seid begierig und erlangt es nicht; ihr mordet und neidet und gewinnt nichts; ihr streitet und kämpft und habt nichts, weil ihr nicht bittet; ihr bittet und empfangt nichts, weil ihr in übler Absicht bittet, nämlich damit ihr es für eure Gelüste vergeuden könnt.

Ihr Abtrünnigen, wisst ihr nicht, dass Freundschaft mit der Welt Feindschaft mit Gott ist? Wer der Welt Freund sein will, der wird Gottes Feind sein. Oder meint ihr, die Schrift sage umsonst: Mit Eifer wacht Gott über den Geist, den er in uns hat wohnen lassen.

Jakobus 4,1-5

Die Ursache aller menschlichen Konflikte liegt in ungelösten Problemen mit Stolz, dem fleischlichen Streben nach einer großen Berufung, von der wir zutiefst spüren, dass sie uns zukommen sollte. Doch anstatt sie aus der gnädigen Hand unseres Vaters zu empfangen, schmieden wir unsere eigenen Pläne dahingehend, wie wir durch aggressives Streben das erreichen können, was Er uns gerne schenken will. Wir gehen fälschlicherweise davon aus, dass Gott gegen uns und nicht für uns ist, dass Er ein Gott ist, der uns das Gute vorenthält und nicht ein Gott, der uns das Beste gibt. Wir verfallen dem Trugschluss, dass Er uns zerbrechen wird, wenn wir uns Ihm ganz hingeben. Wir denken, dass wir die Ewigkeit als gelangweilte, erbärmliche, mitleiderregende Karikaturen verbringen werden, die auf Wolken schweben und Harfen herumschleppen, die sie nicht spielen können.

Nichts ist jedoch weiter von der Wahrheit entfernt als das! Gott selbst ist das größte Wesen im Universum und es ist Sein Wunsch, dass wir dem Bild Seines Sohnes völlig gleich werden. In dem Mann Jesus Christus ist alle Fülle der Gottheit in menschlicher Gestalt. Und weil du Sein geliebtes Kind bist, ist es Sein Verlangen, dich groß zu machen. Aber wir müssen verstehen, der Weg zu Größe führt über Demut und Dienen. Das ist der Weg, den Jesus ging, und das ist auch unser Weg. Er ruft uns zur Demut, aber nicht, um uns zu unterdrücken oder uns unfähig zu machen, sondern gerade deshalb, weil es der Weg zu Größe und Ehre ist.

## Demut ist im Charakter Gottes verwurzelt

Ich möchte unseren Blick auf einige Abschnitte lenken, die das Wesen der Demut des Vaters veranschaulichen. Den ersten Abschnitt finden wir auch schon gleich im ersten Buch Mose, wo von der ersten Begegnung zwischen dem Vater und den neu geschaffenen Menschen berichtet wird. Das Erste, was der Vater tat, war – Er «segnete sie».[29] An dieser Stelle wird das hebräische Wort *barak* gebraucht und es bedeutet, vor jemandem niederzuknien, um ihn entweder zu segnen oder um von ihm gesegnet zu werden. In diesem Abschnitt ist davon die Rede, dass der Schöpfer vor Adam und Eva kniet und ihnen mit allem dient, was sie für ihre Freude und Erfüllung brauchen. Er segnet sie mit der Freude der Fortpflanzung, mit der Berufung zu herrschen, mit der Fülle Seiner Versorgung und mit Würde und Bedeutung.

Im nächsten Kapitel, in 1. Mose 2,19, bringt Gott alle Tiere des Feldes und alle Vögel des Himmels zu Adam, «um zu sehen, wie er sie nennen würde»! Das ist ein bedeutendes Bild der Demut Gottes. Er gibt den Menschen eine unglaubliche Würde und Autorität, indem Er die Herrschaft über die Schöpfung mit ihnen teilt. Die Realität, dass der ewige, allmächtige Gott eine Beziehung der Partnerschaft mit Seinen Geschöpfen eingeht, um ihnen Würde zu verleihen und sie in Seinen Stand zu erheben, ist absolut überwältigend. Gott scheint sich in Bezug auf Seine Autorität nicht bedroht zu fühlen. Stattdessen gebraucht Er Seine Machtposition, um die Menschen zu stärken und Seine Herrlichkeit mit ihnen zu teilen.

Das wohl größte Beispiel der Demut Gottes im Schöpfungsbericht ist die Tatsache, dass Gott Adam und Eva die Entscheidungsfreiheit schenkt, sich mit Ihm zu verbünden oder es nicht zu tun. Gott kreiert ein Szenario, wo die geschaffenen Menschen die Freiheit haben, sich für eine Beziehung mit Ihm zu entscheiden oder Ihn abzuweisen und ihren eigenen Weg zu gehen. Das ist ein überwältigender Gedanke! Gott nimmt eine wartende Haltung ein – Er wartet darauf, dass sich Menschen für Ihn entscheiden! Und nicht nur das, denn die Haltung, die Er wählt, ist die Haltung eines Vaters und eines Bräutigams! Sein Herz brennt mit Sehnsucht und Verlangen nach uns und Er öffnet sich dafür, abgelehnt zu werden. Er öffnet sich für die Möglichkeit, dass wir Menschen minderwertigen Götzen den Vorzug geben. Das ist unbegreiflich! Wir können nicht verstehen, warum ein Gott sich solch einer Verwundbarkeit unterwirft, Sein Herz von Seinen Geschöpfen berühren zu lassen und darauf zu warten, von ihnen erwählt zu werden. Je länger ich über dieses Wunder nachdenke, desto mehr wird mein Herz von diesem Gedanken ergriffen. Demut ist der zentrale Kern im Wesen des allmächtigen Gottes!

Durch das Leben von König David malt Gott ein prophetisches Bild von dem Charakter Seines eigenen Sohnes Jesus – und dieses Leben ist von Demut geprägt. David setzte sein Vertrauen immer wieder in das Wesen und den Charakter des Vaters. David vertraute Gott, dass Er die Verheißungen für sein Leben zu Seiner Zeit wahr machen würde. David versuchte nicht, Gottes Verheißungen zu manipulieren oder sie selbst zu erfüllen. Er richtete sich darauf aus, Gott gehorsam zu sein und legte seine Position und Sicherheit in Gottes Hände. Er stand fest in der Gnade Gottes über seinem Leben. Er schenkte den Verspottungen der Männer keine Aufmerksamkeit, als er sich Goliath näherte, sondern war fest entschlossen, auf Gottes Treue und nicht auf die scheinbare Realität der Situation zu vertrauen. Er unterwarf sich einem ungerechten König, genauso wie Jesus sich menschlicher Obrigkeit unterordnete und Sein Leben in die Hände Gottes legte, der die alleinige Autorität hatte, Könige ein- und abzusetzen. David lebte im uneingeschränkten Vertrauen in Gottes Güte und glaubte den Worten über seine Berufung, die Gott zu ihm gesprochen hatte. Er wartete auf den Herrn und auf diese Weise wurde er zu einem prophetischen Bild, das auf Jesus, den Messias, hinwies.

Ein weiteres prophetisches Bild bezüglich der Demut Jesu findet sich in Jesaja 42. Der Abschnitt ist eines der großen Lieder über den Dienstknecht Gottes und es beschreibt in den Versen eins bis vier das Wesen und die Art des Sohnes Gottes. Er hat die Identität des Knechtes, der durch die starke Hand Gottes aufrechterhalten wird. Allein diese Realität sollte uns dazu veranlassen, einen Lebensstil des Dienens anzunehmen! Der Knecht wird durch die Hand Gottes aufrechterhalten. So möchte ich auch leben.

Der Geist Gottes ruht auf diesem Knecht und Seine Aufgabe besteht darin, Gerechtigkeit auf Erden aufzurichten. Seine Vorgehensweise ist nicht aggressiv oder selbstbezogen. Er ist nicht auf Bekanntheit aus. Seine Priorität ist, den Zerbrochenen und Schwachen auf behutsame Weise zu begegnen. Er ist zielstrebig und entschlossen und lässt sich durch nichts von Seinem Vorhaben abbringen, Gerechtigkeit auf Erden zu schaffen. Das ist der Gott der Demut und die Erde wartet darauf, dass Sein Gesetz aufgerichtet wird. Sogar die Schöpfung sehnt sich nach der Herrschaft dieses Dienstknechts!

Denk über solche Schriftstellen nach, die von Gottes Freude an denen berichten, die ein demütiges Herz haben. Zuerst finden wir die Aussage des Psalmisten:

> Denn der HERR ist hoch und sieht den Niedrigen
> und kennt den Stolzen von ferne.
>
> Psalm 138,6

Der Herr, der hoch erhaben ist, sieht den Niedrigen. Das Sehen beinhaltet eine zielgerichtete, spezifische Beachtung. Den Stolzen gegenüber bewahrt Er jedoch eine Distanz.

Daneben haben wir die Einblicke Jesajas:

> Denn so spricht der Hohe und Erhabene, der ewig wohnt, dessen Name heilig ist: Ich wohne in der Höhe und im Heiligtum und bei denen, die zerschlagenen und demütigen Geistes sind, auf dass ich erquicke den Geist der Gedemütigten und das Herz der Zerschlagenen. Jesaja 57,15

Das deutliche Bild in diesem Abschnitt ist, dass der Erhabene den demütigen und zerschlagenen menschlichen Geist als geeignete Wohnung ansieht, genauso geeignet wie der hohe und heilige Platz im Himmel! Der Hohe und Erhabene ist in dem Herzen eines Demütigen und Zerschlagenen zu Hause!

Ein weiteres Bild von Gottes Demut finden wir in Sacharja:

> Juble laut, Tochter Zion! Jauchze, Tochter Jerusalem! Sieh, dein König kommt zu dir. Er ist gerecht und hilft; er ist demütig und reitet auf einem Esel, auf einem Fohlen, dem Jungen einer Eselin.
> Sacharja 9,9

Diese prophetische Verheißung, die im Leben Jesu gemäß Matthäus 21,5 erfüllt ist, verkündet deutlich, dass der König der Gerechtigkeit und Rettung ein demütiges Wesen hat. Er ist von Seinem Wesen her ein demütiger König. Da ist nichts gespielt, keine vorgetäuschte Haltung den Medien gegenüber, um die Wähler zu beeindrucken. Dieser König ist wahrhaftig demütig! Das ist Sein Wesen und deshalb ist Er gern mit denen zusammen, die ein gleichgesinntes Herz haben. Er zieht die Gesellschaft von demütigen Menschen vor. Wenn Er sie findet, dann prüft Er die Echtheit ihrer Demut und erhebt sie dann in Seine Gegenwart, um sie an Seiner Herrschaft teilhaben zu lassen.

## Die demütige Art Jesu

Mit dieser Beschreibung des Charakters Jesu im Alten Testament können wir die sanfte und gelassene Herangehensweise sehen, was

Sein Leben und Sein Dienst angeht. Er ist ein Gott der Demut, der in Niedrigkeit kommt, um den Menschen auf der Erde Rettung zu bringen. Wenn wir also die Geschichten in den Evangelien lesen, und sehen, dass Jesus als ein Baby auf die Erde kommt, das einem armen Ehepaar in einem Stall geboren wird, dann fangen wir an zu verstehen, dass Gott wirklich die volle Absicht hat, das Wesen der Demut auszuleben. Wir sehen, wie Er als Diener kommt, anstatt in offensichtlicher Herrlichkeit. Er kommt in der Gestalt eines sanften Menschen, der den Nöten der Menschen Tag für Tag dient. Er lässt sich nur von dem leiten, was der Vater Ihm sagt und durch den Heiligen Geist offenbart. Wir sehen Gott unter uns, ein Gott, der nahbar ist, den man anfassen kann, der erreichbar und zugänglich ist. Er ist nicht auf Distanz von uns, sondern Er ist einer von uns. Er wird nicht von einer Anzahl Bodyguards umgeben, die die Aufgabe haben, Ihm die Menge vom Leib zu halten. Wann immer die Jünger versuchen, eine solche Haltung einzunehmen, weist Er sie zurecht und gebietet ihnen, den Menschen Zugang zu Ihm zu gewähren.

Jedes Mal, wenn Er einen Kranken berührte und Ihn heilte, brachte Er Gerechtigkeit auf Erden. Er brachte Gerechtigkeit zu einer Person nach der anderen. Jedes Mal, wenn Er zu einem Menschen sprach und ihm seine wahre Identität offenbarte, rückte Er die Dinge in der Gegenwart zurecht und brachte das Königreich Gottes auf die Erde. Er nahm nur die Impulse auf, die vom Vater kamen, und stand in der demütigen Wahrheit dessen, was der Vater über Ihn sagte. Er ließ sich nicht durch die Meinungen anderer Menschen beeinflussen. Er unterwarf sich undenkbaren Dingen: Der Sohn Gottes wurde in einem schmutzigen Fluss getauft, damit Er uns in Seinem Herzen an den Ort der Gerechtigkeit tragen kann. Er ließ sich vom Heiligen Geist in die Wüste führen, um vom Teufel versucht zu werden. Das muss man sich einmal vorstellen – Gott von Satan versucht! Es ist undenkbar, dass Gott Seinen eigenen Sohn in solch eine Lage bringen würde, aber das ist die Art eines demütigen Gottes! Der Menschensohn nahm uns mit an den Ort der Versuchung und widerstand der List des Bösen. Immer wieder entschied Er sich für den Weg des Vaters, anstatt den einfachen Weg zu gehen. Dadurch bekräftigte Er den Tatbestand, dass es einen Menschen gab, der unter extremen Bedingungen den Versuchungen des Feindes widerstand und dem Vater gehorsam war. Es gab Einen, der nicht Seinen eigenen Weg ging, sondern der unter der demütigen Devise «nicht mein Wille, sondern dein Wille geschehe» lebte. Durch Seinen unbeirrbaren Gehorsam wurde Er zum zweiten Adam und Gott gab Ihm die Macht, einen völlig neuen Menschen zu schaffen: demütige und gehorsame Söhne und Töchter.

In all dem war Jesus die lebendige Erfüllung der alten Kirchenhymne, die wir in Philipper 2,5-11 finden. Gerade weil Er genau so war wie der Vater, erniedrigte Er sich selbst und nahm die Gestalt eines Knechtes an. Er legte die Herrlichkeit des Himmels ab und kleidete sich in menschliche Gewänder, damit Er das Wesen des Dienens, das im Charakter des Vaters enthalten ist, ausleben konnte. Er nannte sich selbst das lebendige Wasser; nicht nur deshalb, weil Er erfrischend für alle war, die zu Ihm kamen. Er wählte diese Bezeichnung, weil das Wasser immer den tiefsten Punkt sucht, um das Niedrige und Geringe zu füllen. Er demütigte sich anhaltend bis zum Tod am Kreuz, dem Ort der unvorstellbaren Schande und des Horrors. Willig wurde Er zum Verfluchten, damit Er die am zerbrochensten und beschämtesten aller Menschen retten kann. Er tat es, damit niemand behaupten kann, dass Gott ihn nicht verstehe oder dass Er seinen Schmerz nicht kennen würde. Er nahm die Sünde der Welt auf sich und trug die Scham, die uns aus der Gegenwart des Vaters wegtrieb. Er trank den Kelch des Zorns leer bis auf den letzten Tropfen, Er hing nackt und verlassen am Kreuz, damit Er eine ewige Beziehung mit Menschen wie dir und mir haben kann. Dieser Gott ist unfassbar. Er ist unglaublich in Seiner Demut. Er ist der Gott, den wir brauchen, und Er ist der Gott, den wir haben.

Deshalb hat Gott Ihn auch hoch erhöht. Weil Er Seine Seele bis in den Tod ausgegossen hat, weil Er zu den Ungerechten gezählt wurde, weil Er die Sünde vieler getragen hat und Fürbitte für die Übeltäter getan hat, deshalb hat Gott Ihm alle Macht gegeben. Weil Er das Wesen des Vaters vollkommen ausgelebt und nichts zurückgehalten hat, hat Gott Ihm den Namen gegeben, der über allen Namen steht, damit sich jedes Knie im Himmel, auf Erden und unter der Erde vor Seinem Namen beuge. Die Herrschaft ruht auf Seinen Schultern und Sein Reich wird kein Ende nehmen. Das ist unser König. Er ist der demütige Gott.

So ist es auch kein Wunder, dass Jesus am Tage Seiner Erhöhung als der einzig Würdige geehrt wird. In Offenbarung 5 lesen wir, dass die Engel und die Heiligen, die vier lebendigen Kreaturen und die Ältesten vor Ihm niederfallen und verkünden, dass Er allein würdig ist, alle Macht, allen Reichtum, alle Weisheit, Kraft, Ehre, Herrlichkeit und allen Segen zu empfangen! Jesus Christus ist die exakte Repräsentation des demütigen Vaters und Er ist würdig, all diese Dinge zu empfangen, denn Er hat alle Herrlichkeit abgelegt, wurde arm und gab sich hin für zerbrochene Menschen wie du und ich. Er ist hoch erhöht, denn Er demütigte sich sogar bis in den Tod am Kreuz.

Aus diesem Grund beobachtet Jesus die wetteifernden und strebsamen Söhne im Gleichnis von Lukas 14 und sagt zu ihnen: «Meine Brüder, wenn ihr doch nur verstehen würdet, wie das Königreich Gottes wirklich aussieht. Es geht um Demut! Ihr müsst verstehen, dass das Herz des Vaters demütig und sanft ist und dass Er Menschen sucht, die einen ebensolchen Geist haben, damit Er unter ihnen wohnen kann. Nimm den niedrigen Platz ein – nicht, weil du nicht mehr wert bist, sondern weil dir Ehre bevorsteht, wenn du in Seinem Charakter lebst. Du kannst Ihm vertrauen, dass Er dich erhöhen wird, wenn du Sein Wesen verstehst und Sein Wesen widerspiegelst.»

Wie nun, sollen wir angesichts dieser Tatsachen als Söhne und Töchter des Vaters leben? Wie wandeln wir als Braut auf Erden, die mit diesem König verlobt ist? Zuerst müssen wir wirklich davon überzeugt sein, dass Sein Wesen tatsächlich so ist. Wir studieren das Wort, sinnen über die Geschichten Jesu nach und über die Zeugnisse derer, die Ihn gut gekannt haben. Wir denken an Seine Langmut und Geduld mit törichten Menschen und wir denken über Seine Güte nach in Seinem Handeln an uns. Wir laden den Heiligen Geist ein, die Wahrheit in unser Herz hineinzusprechen und wir bekennen die Wahrheit über das Wesen des Vaters, so wie die Heilige Schrift es uns offenbart. Wenn wir über all diese Dinge nachsinnen, wird unsere Wahrnehmung von Seinem Charakter und Wesen in Einklang treten mit Seinem Wort.

Als Zweites lernen wir, unser Leben in die Hände dieses demütigen Gottes zu legen, der es liebt, diejenigen aufzurichten, die ein zerschlagenes und zerbrochenes Herz haben. Langsam aber sicher fangen wir an zu vertrauen, dass Er wirklich unser Bestes im Sinn hat und dass wir uns deshalb nicht um unser Wohlbefinden sorgen müssen. Wir fangen an zu verstehen, dass die Umstände in unserem Leben dazu da sind, das zu entlarven, was in unseren Herzen immer noch in Unglaube und Misstrauen gefangen ist. Wir nehmen die Umstände an als Gottes beauftragte Helfer. Sie helfen uns, die Wurzeln von Zweifel und Angst auszurotten, die uns davon abhalten, in verwegenem Vertrauen in Seine Güte und Souveränität zu leben. In Zeiten der Versuchung und Prüfung entscheiden wir uns für die Wahrheit, die in Seinem Wort offenbart wird. Wir entscheiden uns für das Zeugnis Jesu, anstatt unseren eigenen seelischen Meinungen über Gott und Sein Vorhaben zu glauben.

Und schließlich fangen wir an, so mit anderen Menschen zu leben, als ob diese Dinge wirklich wahr wären. Wir fangen an, anderen den Vorrang zu geben, in der Gewissheit, dass der Vater uns sieht und sich daran freut, wenn wir so handeln wie Er. Die Angst um unser eigenes Wohlbefinden weisen wir unbeirrt zurück und entscheiden uns stattdessen dafür, zuerst das Wohl anderer zu suchen.

Wir fangen an, den Armen zu dienen, weil Gott sie liebt und weil sie es niemals zurückbezahlen können. Wir weigern uns, die Kontrolle über unsere Umstände in die Hand zu nehmen, um unser eigenes Wohlbefinden zu sichern. Stattdessen legen wir unser Leben in Seine Hände und lassen Ihm alle Möglichkeiten offen. Wir investieren in die Armen und Zerbrochenen, weil wir wissen, dass wenn wir das tun, wir so handeln wie Er. Damit bekunden wir, dass wir tatsächlich das geeignete Gegenüber für den herrlichen Sohn sind.

Ich sage dir, der Vater der Demut sieht dich. Er hat unvorstellbare Herrlichkeit und Ehre für dich bereit, wenn du den Charakter Seines wunderbaren Sohnes umarmst und annimmst. Fürchte dich nicht, den niedrigeren Platz einzunehmen, sondern vertrau dich Ihm an, und Er wird dich zur rechten Zeit erhöhen.

# 8

# Der einladende Vater

## *Matthäus 22,1-14; Lukas 14,15-24*

Da gibt es eine bestimmte Wahrheit, die mein Herz auf ganz besondere Weise bewegt: Der Vater hat mit dem Verlangen nach inniger Beziehung mit uns Menschen zum Ziel, uns für das Hochzeitsmahl des Lammes vorzubereiten. Es wird ein Hochzeitsfest geben! Der König der Könige ist der Bräutigam, und Seine Braut ist das Volk Gottes, das mit Gerechtigkeit geschmückt und durch Seine Kraft dazu vorbereitet wird, Sein perfektes Gegenüber zu sein.[30] Das ist die Realität, die den Anstoß für eine wunderbare Art der Evangelisation gibt, denn sie trifft eine der grundlegendsten Sehnsüchte im menschlichen Herzen: von jemandem auf einzigartige Weise geliebt zu werden, der absolut faszinierend und atemberaubend ist.[31] Die Botschaft des Evangeliums sollte niemals sein: «Hör auf zu sündigen oder du kommst in die Hölle.» Der Kern des Evangeliums ist auch nicht primär auf den Gedanken fixiert, die Vergebung Jesu zu erlangen, so dass wir in den Himmel kommen, wenn wir sterben. Zwar gehören beide Aspekte zum Evangelium, aber sie sind nicht der Schwerpunkt, der auf Gottes Herzen brennt. Sie gehören vielmehr zu dem Weg, der zu einem unbeschreiblich gewaltigen und herrlichen Ziel führt.

Der Kern der Botschaft im Herzen Gottes ist immer der gewesen: «Es wird ein Hochzeitsfest geben! Der König ist verliebt, Er hat Seine Braut erwählt und die bist du! Deshalb – komm zum Fest!» Das ist das Thema, das am stärksten im Herzen des Vaters brennt, und deshalb ist es auch der zentrale Inhalt der Lehren Jesu vor Seinem Tod. Immer wieder finden wir in den letzten Kapiteln der Evangelien, dass Jesus das Königreich Gottes damit vergleicht, dass ein Mann ein Hochzeitsfest für seinen Sohn vorbereitet. Das ist genau die Analogie aus den Paralleltexten Matthäus 22,1-14 und Lukas 14,15-24. In meinen folgenden Ausführungen über die Darstellung des Vaters als diesen König werde ich abwechselnd diese beiden Paralleltexte zitieren, weil die Texte sich ergänzen und so ein harmonisches Gesamtbild ergeben.

In den vorigen Kapiteln haben wir gesehen, dass Jesus sich in Gesellschaft von religiösen Leitern bei einem Sabbatmahl befand. Er hatte das Thema des Hochzeitsfestes bereits zur Sprache gebracht und in diesem Kontext über Demut gelehrt. Er hatte auf behutsame, aber unmissverständliche Weise darauf hingewiesen, dass das Streben nach hohen Positionen nicht der Weg zu Größe im Königreich Gottes sei, und im Gegensatz dazu Sein Vater ein Gott sei, der ein demütiges Herz schätzt. Ich kann mir nur zu gut vorstellen, wie peinlich es den Gästen gewesen sein musste, als ihr Herz vor aller Augen offenbar wurde.

Und wie das oft in solchen Situationen ist, fühlte sich eine arme Seele dazu gedrängt, die Spannung, die in der Luft lag, mit einem Kommentar aufzulösen. Einer der Gäste am Tisch versucht die Situation zu retten und kommentiert: «Selig ist, der das Brot isst im Reich Gottes.» Diese Art von Kommentar bezeichnet man in der jüdischen Kultur als ein *Schibboleth.* Ein Schibboleth ist eine klischeehafte Floskel, die weise und tiefgründig klingen soll, aber in Wirklichkeit nichts besagt. Es entspricht einem Spruch wie *«Was sein wird, wird sein»* oder *«Jungs bleiben Jungs»*, eine leere Phrase, die in sich nichts besagt. Der Mann am Tisch gibt hier nicht einer tiefen Einsicht Ausdruck, die er etwa durch die Lehre Jesu empfangen hätte. Vielmehr versucht er, sich selbst und den Rest der Gäste aus dieser peinlichen Situation, die durch die Worte Jesu hervorgerufen wurde, zu retten.

Sein Plan geht aber nicht auf, denn das Reich Gottes war bereits in ihre Mitte gekommen – nur hatte er es noch nicht realisiert. Der König selbst hatte sich schon zu ihnen gesetzt und sie speisten mit Ihm am selben Tisch. Ihr König war unter ihnen und sie erkannten Ihn nicht, und dafür würden sie verurteilt werden. Jesus ergreift jedoch die Gelegenheit beim Schopf und führt das Thema noch weiter aus. Wenn den Gästen schon jetzt nicht mehr ganz Wohl zumute war, dann wartete noch eine böse Überraschung auf sie. Was Jesus jetzt zu sagen hatte, würde für die religiösen Leiter verheerende Auswirkungen haben. Gleichzeitig aber sollte es für die, die am Rande der Gesellschaft standen und keinen Platz am Tisch hatten, zur Freude werden. Wieder einmal gebraucht der Rabbi Jesus das schon erwähnte *«Remesprinzip»*[32] und mit nur wenigen Worten hat Er den historischen Rahmen geschaffen für das, worauf Er hinaus will. Als Er den ersten Satz beendet hatte, wussten alle Zuhörer, worum es ging: Jesus sprach vom großen Mahl am Ende der Zeiten. In den folgenden Abschnitten werde ich die einzelnen Komponenten erläutern, die zum Verständnis der Zuhörer beitrugen.

## Zu einem Fest eingeladen

Die Lehre Jesu erfolgt im Rahmen eines Festessens, einem Mahl, das von einem der Pharisäer ausgerichtet wurde und zu dem eine Reihe von Gästen eingeladen war. Der Kommentar des Mannes über das zukünftige Brot im Reich Gottes gibt uns einen kleinen Einblick in das jüdische Verständnis von einem Fest. Die Juden wussten, dass es ein großes Mahl geben wird – ein eschatologisches Fest, auf das alle warteten, die daran glaubten. Dieses Konzept ist grundlegend für das jüdische Denken. Alle Feste im Alten Testament gründen auf der Offenbarung dieser himmlischen Realität und Mose schrieb die Anweisungen auf, die er von Jahwe selbst empfangen hatte.

Gott hatte den Israeliten drei Feste im Jahr vorgeschrieben,[33] zu denen das gesamte Volk zusammenkommen und die überschwängliche Gnade des Herrn feiern sollte. Diese Feste sollten fröhliche Feste sein, und sie waren obligatorisch. Jedes der Feste ist ein kraftvolles prophetisches Bild für die Erlösung in Jesus Christus, und ich möchte dich dazu ermutigen, diese Feste in der Heiligen Schrift genauer zu studieren.[34]

Als Gott am Höhepunkt Seiner Anweisungen in Bezug auf die Feste angelangt war, lud Er Mose und Aron zusammen mit zweiundsiebzig Ältesten von Israel auf den Berg ein, damit sie in Seiner Gegenwart das himmlische Fest erleben sollten. In 2. Mose 24 finden wir den überwältigenden Bericht von Gottes Gnade und Großzügigkeit gegenüber den Ältesten:

> Da stiegen Mose und Aaron, Nadab und Abihu und siebzig von den Ältesten Israels hinauf und sahen den Gott Israels. Die Fläche unter seinen Füßen war wie mit Saphir ausgelegt und glänzte hell wie der Himmel selbst. Und Gott streckte nicht seine Hand gegen die Edlen der Israeliten aus; *sie durften Gott sehen und aßen und tranken.*
>
> 2. Mose 24,9-11

Nur schon bei dem Gedanken, sich in der sichtbaren Gegenwart Gottes aufzuhalten und mit Ihm an Seinem Tisch zu sitzen, mit Ihm zu essen und zu trinken, schlägt mein Herz mit heiligem Eifer und Verlangen! Und sie überlebten es! Das ist unglaublich. Ich sehne mich nach dem Tag, an dem ich an Seinem Tisch sitzen werde!

Dieses historische Ereignis war der Schlüssel, um all die Feiern zu verstehen, die im Alten Testament «Feste» genannt werden. Dem jüdischen Volk war deutlich, dass all diese Feiern eine Vorausschau auf das große Fest waren, das kommen würde. Als der Mann an dem Tisch nun sein Schibboleth äußerte, gab er dem allgemeinen Verständnis der damaligen Zeit Ausdruck.

## Das Fest ist ein Hochzeitsfest

Die Feste des Herrn waren eine Art Schatten dessen, was kommen würde. Sie gaben den Juden der damaligen Zeit zumindest ein teilweises Verständnis von Gottes Ziel und Anliegen. Aber erst durch die Lehre Jesu und das Buch der Offenbarung können wir die Bedeutung der Feste auf umfassendere Weise interpretieren. Es ist nicht nur ein Abendbankett; es ist das große Hochzeitsfest des Himmels, das Hochzeitsmahl des Lammes, das hier in Lukas 14 beschreiben wird. In der Version des Matthäusevangeliums wird das Fest eindeutig als Hochzeitsfest bezeichnet, welches der König zu Ehren seines Sohnes gibt:

> Jesus erzählte ihnen noch ein Gleichnis: Mit dem Himmelreich ist es wie mit einem König, der die Hochzeit seines Sohnes vorbereitete. Er schickte seine Diener, um die eingeladenen Gäste zur Hochzeit rufen zu lassen. Sie wollten aber nicht kommen.
>
> Matthäus 22,1-3

Wenn wir diesen Abschnitt zusammen mit dem Bericht in Offenbarung 19,5-9 betrachten, dann tritt deutlich hervor, dass das bevorstehende Fest tatsächlich das Hochzeitsfest ist, an dem die geliebte Braut mit ihrem Bräutigam Jesus Christus vereint wird:

> Da hörte ich etwas wie den Ruf einer großen Schar und wie das Rauschen gewaltiger Wassermassen und wie das Rollen mächtiger Donner: Halleluja! Denn König geworden ist der Herr, unser Gott, der Herrscher über die ganze Schöpfung. Wir wollen uns freuen und fröhlich sein und ihm die Ehre geben; denn die Hochzeit des Lammes ist gekommen, und seine Braut hat sich bereit gemacht. Sie durfte sich kleiden in strahlend reinem Leinen. Das Leinen aber ist die Gerechtigkeit der Heiligen. Und er sprach zu mir: Schreibe: Selig sind, die zum Hochzeitsmahl des

Lammes eingeladen sind. Und er sprach zu mir: Das sind zuverlässige Worte, es sind Worte Gottes.

Offenbarung 19,5-9

Kein Wunder, dass Gott mit großem Eifer im Herzen nach diesem Fest und nach der Teilnahme Seines geliebten Volkes an diesem Fest strebt – nicht nur als Gäste, sondern als Braut!

## Es ist das Hochzeitsfest eines Königs

Auch hier hilft uns die Version des Gleichnisses von Matthäus zu sehen, wie wichtig dieses Fest war. Es ist nicht nur eine Feier und es ist auch nicht nur irgendeine Hochzeitsfeier. Es ist das Hochzeitsfest des Sohnes des Königs, und deshalb ist das Fest von größter Bedeutung. Die Feste des Königs werden im Wort Gottes allgemein als üppig und äußerst großzügig beschrieben.[35] Wie viel mehr von seinem Reichtum würde der König dann für das Hochzeitsfest des Erben seines Königreichs ausschütten!

In Anbetracht all dieser Tatsachen ist es nur zu verständlich, dass der König mit der freudigen Teilnahme der Bürger seines Königreichs am Hochzeitsfest seines Sohnes rechnete. Als alle Vorbereitungen getroffen waren, sandte der König seine Diener, *«die eingeladenen Gäste zur Hochzeit rufen zu lassen»*. Hier deutet der Text darauf hin, dass die Einladungen bereits zuvor ergangen und die Gäste darauf vorbereitet waren, dass die Hochzeit stattfinden würde und dass sie gebeten wurden, daran teilzunehmen. Die Gäste hatten zugesagt, zum Fest zu kommen, sobald alle Vorbereitungen getroffen sein würden, und nun wurden die Diener ausgesandt, um die geladenen Gäste gemäß ihrer Zusage zum Fest zu rufen.[36] Der König als Gastgeber hatte für die Anzahl der Gäste, die zugesagt hatten, entsprechende Vorbereitungen getroffen. Man kann sich also die Bestürzung gut vorstellen, als sich nun all die Gäste plötzlich entschuldigen ließen und allerlei Gründe nannten, warum sie von der

Teilnahme an den Feierlichkeiten abgehalten wurden. An sich ist solch ein Verhalten schon eine Beleidigung, aber die Tatsache, dass es sich hier um den König handelt, der so missachtet wird, bringt den Verlauf der Geschichte zu einem unvorstellbar dramatischen Höhepunkt.

## Drei faule Ausreden

Auch hier geben uns die beiden Versionen im Matthäus- und Lukasevangelium ein genaues Bild von der Geringschätzung dem König gegenüber, die die geladenen Gäste durch ihre Absagen zum Ausdruck brachten. Der Text im Matthäusevangelium berichtet uns die Reaktion der Eingeladenen mit folgenden Worten: *«Sie aber kümmerten sich nicht darum und gingen weg.»*[37] Sich um etwas «nicht kümmern» meint, es als unbedeutend und geringwertig anzusehen – etwas, was keine Aufmerksamkeit verdient. Durch ihre Gleichgültigkeit der Einladung gegenüber zeigen die Empfänger größte Verachtung für den König. Je mehr ich über diese Geschichte nachdenke, desto größer wird meine Verwunderung über dieses Verhalten, denn mir wird immer deutlicher, wie herrlich und majestätisch dieser König sein muss. Wenn Er einlädt, dann ist es nur weise von uns, «ja» zu sagen.

Lukas berichtet uns von drei verschiedenen Ausreden als Entschuldigung dafür, nicht zum Fest kommen zu können. Als Erstes lesen wir von der Person, die sagt: *«Ich habe einen Acker gekauft und muss hinausgehen und ihn besehen; ich bitte dich, entschuldige mich.»* Beim ersten Lesen scheint uns das noch ein nachvollziehbarer Grund zu sein – wer würde nicht das Grundstück sehen wollen, das er gekauft hat? Zweifelsohne war das Land teuer gewesen, und die Person wollte das Stück Land sehen. In Wirklichkeit aber ist es nur eine Ausrede. Wer kauft schon ein teures Grundstück, ohne es vorher angeschaut zu haben? Hier ging es nicht um eine wichtige Inspektion des Grund und Bodens, die – wegen der ablaufenden Frist für den Vertragsabschluss – dringend nötig gewesen wäre. Dies hier war die Ausrede eines Mannes, der mit seinen eigenen Angelegenheiten zu beschäftigt gewesen war, als dass er zu der Feier des Königs hätte kommen können! Obwohl er zuvor zugesagt hatte, meldete er sich, als der Termin der Feier herangerückt war, aufgrund seiner gleichgültigen Haltung wieder ab. Der Text lässt hier eine totale Geringschätzung dem König gegenüber erkennen – Geringschätzung gegenüber Seinem Wunsch, Sein Volk am grossen Tag Seiner Freude teilhaben zu lassen.

Das Gleiche gilt für den zweiten Geladenen. Seine Ausrede ist, dass er fünf Gespanne Ochsen gekauft habe, und dass er sie jetzt inspizieren müsse. Auch das scheint uns eine legitime Sache zu sein, bis wir genauer darüber nachdenken. Fünf Gespanne Ochsen sind zehn Tiere. Niemand macht eine so große Investition, die für den Lebensunterhalt von existentieller Bedeutung ist, ohne zuerst den Wert und den Zustand dessen zu untersuchen, was er kaufen will. Dieser Mann würde die Tiere vor dem Kauf inspiziert haben. Er hätte sie untersucht, um zu sehen, ob es gute Tiere sind und ob sie fähig sein würden, die Arbeiten zu verrichten, die für die damalige Landwirtschaft erforderlich waren. Abgesehen davon – wenn ein Mann reich genug war, um zehn Tiere auf einmal kaufen zu können, dann hätte er zweifelsohne einen Diener geschickt, um die Tiere in Besitz zu nehmen oder sie dem Eigentümer zurückzugeben. Nein, das ist kein wirklicher Grund, diese Einladung abzusagen. Er suchte nur eine Ausrede.

Die dritte Antwort auf die Einladung scheint beim ersten Hören der legitimste der drei genannten Gründe zu sein, aber er ist tatsächlich der lächerlichste von allen. Der dritte Mann informiert die Diener des Königs, dass er vor kurzem geheiratet habe und dass es seine Pflicht sei, sich jetzt erst einmal um seine Frau zu kümmern. Dies scheint uns eine noble Antwort zu sein, bis wir erkennen, dass alle Neuverheirateten in Israel das gesamte erste Jahr ihrer Ehe von allen Pflichten und Verantwortungen entbunden waren. Sie waren zu nichts verpflichtet und mussten an nichts teilnehmen, wozu sie keine Lust hatten. Sie waren vom Heeresdienst, von öffentlichen

Verpflichtungen und sozialen Erwartungen entbunden. Es lag also keinerlei Verantwortung oder Druck auf ihnen. Allerdings wurden sie aus einem bestimmten Grund von all diesen Dingen befreit, und zwar genau deshalb, *damit sie diese Zeit zusammen feiern konnten!* Es gab also niemanden, der begeisterter über die Einladung zu diesem Fest hätte sein sollen, als dieses junge Ehepaar, denn sie kannten mehr als alle anderen die Freude eines Hochzeitsfestes. Sie wollten einfach nicht kommen.

Die Situation wird nach diesen schwachen Ausreden noch verwegener. Einige der Empfänger ignorierten nicht nur die Einladung des Königs, sie wurden sogar gewalttätig, misshandelten und töteten die Knechte, die der König gesandt hatte, um sie zum Fest zu rufen. Das Undenkbare geschieht! Die Bürger des Königreichs, die zuvor ihre Zusage zum Fest gegeben hatten, ignorierten den König vollständig, als die Zeit gekommen war. Und nicht nur das – sie griffen sogar zu Gewalt, um diese Einladung abzuweisen.

## Gründe für die Reaktionen

Die Antworten der Leute auf die Einladung des Königs scheinen uns unglaublich angesichts der Herrlichkeit und Großzügigkeit, die im Leben Jesu offenbar wird und die den Charakter des Vaters widerspiegelt. Die Frage, die sich hier stellt, ist diese: «Warum?» Warum haben diese Leute mit Verachtung gegenüber der Einladung des Königs reagiert? Warum waren sie so desinteressiert, dass sie mit solch faulen Ausreden kamen und sogar zu Gewalt griffen, um sich gegen den Willen des Königs aufzulehnen? Ein paar Antworten kommen mir in den Sinn.

Als Erstes erinnert mich diese Geschichte an das Fest eines anderen großen Königs, von dem das erste Kapitel im Buch Esther berichtet. Das Buch ist ein deutliches prophetisches Bild der Beziehung zwischen dem König Jesus und Seiner Braut, der Gemeinde, und es stellt den König als großzügigen und gütigen Herrscher dar, der alle Gäste seines Festes durch eine ausgiebige Bewirtung reich beschenkt. In seiner Großzügigkeit gestattet er seinen Gästen, von allem zu profitieren und teilzuhaben, wie es ihnen gefällt. Schließlich steuert das Fest auf einen dramatischen Höhepunkt zu, als der König seine Königin Wasti rufen lässt, damit die edlen Gäste ihre Schönheit bewundern können und den König als ihren Geliebten ehrt. Die Königin lässt sich jedoch entschuldigen und sagt, dass sie nicht kommen könne, weil sie mit ihrer eigenen Feier beschäftigt sei. Mit ihrer Weigerung demütigt sie den König – den Einen, durch den sie überhaupt erst die Ressourcen für ihr eigenes Fest hatte! Er hatte die Absicht, ihr ein Fest zu bieten, wie sie es selbst gar nicht veranstalten könnte. Er hat den Wunsch, mit ihr die innige Beziehung ihrer Ehe zu feiern. Sie kann mehr haben, als sie sich nur denken kann, und zu all dem könnte sie auch noch das Herz des Königs für sich beanspruchen. Daher erscheint uns ihre Weigerung unbegreiflich!

Diese Entscheidung hat zur Folge, dass Wasti auf schmachvolle Weise als Königin abgesetzt wird und die Suche nach einer neuen Frau beginnt – eine Frau, die die Liebe des Königs verdient. Diese Frau ist Esther, eine Hirtentochter vom Lande, die in einer der wunderbarsten romantischen Begebenheiten in der Geschichte des jüdischen Volkes die Geliebte des Königs wird.

Siehst du die Parallelen? Der Vater, der oben von Jesus als der gütige König dargestellt wird, ruft das Volk, das mit dem Sohn des Königs verlobt ist, zum Fest. Das war das Bundesvolk, und der Bund wies auf die zukünftige Hochzeit des Volkes Israels mit dem König der Könige, dem Sohn Jesus Christus, hin. Es ist Gottes volle Absicht, sie wortwörtlich zur Krönung des Festes zu machen – die erhobene Braut, die die Krone der Herrlichkeit des Königs des Himmels ist. Genauso wie Wasti waren auch diese Menschen mit sich selbst beschäftigt und von ihren eigenen Dingen eingenommen. Die Reaktion des Königs war vorhersehbar – sie zieht sich durch die gesamte Geschichte der Beziehung Israels mit ihrem Gott. Wasti wird als Königin verworfen und das arme Hirtenmädchen Esther wird ihre Nachfolgerin.

Gott geht durch Seine Großzügigkeit das Risiko ein, dass unser Herz ganz von den reizvollen Nebensächlichkeiten Seiner Gnade eingenommen wird und wir es wagen, sie an uns reißen. Wir neigen dazu, ein großes Interesse für die Nebenerscheinungen der Güte Gottes zu entwickeln und zu denken, dass Seine Gaben unser Eigentum seien und dass wir das Recht hätten, über all das zu verfügen, was uns geschenkt wurde. Wenn uns dann aber der Herr dazu auffordert, etwas davon loszulassen, um das zu tun, was Er will, oder um Ihm zu dienen, dann zögern wir und weigern uns. Unsere Voreingenommenheit und das Beschäftigtsein mit unserem eigenen Plänen sind nur die erste Ebene der Weigerung. Halsstarrigkeit und pure Missachtung Seiner Wünsche kommen als Nächstes, bis hin zu wütendem und gewalttätigem Widerstand gegen Seine Initiative als Gipfel der Verweigerung eines verschlossenen Herzens.

Als die Menschen die Diener des Königs verachteten, sie misshandelten und schließlich sogar töteten, gaben sie ihrem endgültigen Widerstand gegen den Willen des Königs Ausdruck. Im Prinzip sagten sie: «Wie kannst du es nur wagen, dich in *unsere* Angelegenheiten zu mischen? Wir haben hier die Kontrolle und wir wollen mit deinen Vorschlägen, deinen Festen und deiner Herrschaft nichts zu tun haben.» Wie tragisch!

Dieses Gleichnis bezieht sich direkt auf ein anderes Gleichnis, worin Jesus eine dramatische Vorschau auf Seinen Tod gibt. In jenem Gleichnis sandte der König die Diener aus, um seine Weinberge zu inspizieren, doch die Diener stießen auf Widerstand. Schließlich sandte er seinen Sohn, denn er dachte, dass sie auf ihn hören würden. Dieses Gleichnis finden wir im vorangehenden Kapitel und ich kann mir vorstellen, dass das Echo dieser Geschichte noch in ihren Herzen nachhallte, als Jesus ihnen dieselbe Geschichte noch einmal anders erzählte. Schauen wir uns den Höhepunkt des Berichts an:

> Zuletzt aber sandte er seinen Sohn zu ihnen und sagte sich: Vor ihm werden sie Achtung haben. Als aber die Weingärtner den

Sohn sahen, sprachen sie zueinander: Das ist der Erbe; kommt, lasst uns ihn töten und sein Erbgut an uns bringen! Und sie nahmen ihn und stießen ihn zum Weinberg hinaus und töteten ihn.

Matthäus 21,37-39

Die Tragik dieses Ereignisses kann gar nicht zu hoch eingeschätzt werden. Sie töteten die Diener und dann brachten sie den Sohn um, weil sie dachten, dass sie auf diese Weise das Erbe an sich reißen könnten – *aber der König hatte es doch schon immer auf dem Herzen, ihnen sowieso das Erbe zu schenken!* Es ging doch in der Beziehung mit dem König um eine herzensnahe und innige Ehe-Partnerschaft, und es war seine Absicht, ihnen das Erbe zukommen zu lassen. Aber die Leute dachten, dass sie es durch Rebellion und Mord an sich reißen müssten. Sie waren genauso verblendet wie Adam und Eva und waren an dem Punkt des vollkommenen Misstrauens und der Verachtung dem König gegenüber angelangt. Das Resultat ihres harten Herzens war, dass sie den König der Herrlichkeit töteten – den Einen, der all die Wünsche ihres Herzen erfüllt hätte. Es war eine Geschichte von unbeschreiblichem Leid zwischen ihnen und dem König.

## Die Reaktion des Königs

Es ist schwierig, diesen Teil der Geschichte näher zu erläutern, denn die Reaktion des Königs wird nur kurz und bündig wiedergegeben. Das Lukasevangelium richtet sich vor allem an Heiden und gibt uns hier nur eine knappe Zusammenfassung der Begebenheiten. Die letztendlichen Gäste, die von den Straßen und Zäunen kamen, werden allgemein beschrieben als *«alle die, die bereit waren»*, zum Mahl zu kommen. Das sind gute Nachrichten für die Außenseiter, für die, die keinen Platz am Tisch hatten, die aber jetzt eingeladen wurden. Der König ist verliebt! Er hat ein Bankett vorbereitet, um seine Hochzeit zu feiern, und du musst kommen, denn du bist die Braut! Was für eine wunderbare Hoffnung und was für eine unglaubliche Freude.

Ich kann mir nur zu gut vorstellen, wie Esther draußen auf dem Feld die Schafe hütete, als ihr Cousin Mordechai kam und ihr mitteilte, dass Wasti als Königin verbannt worden sei. Es würde mich nicht wundern, wenn Esther gesagt hätte: «Ja, und? Das ist schlimm, aber was hat das mit mir zu tun?» Und dann erklärt Mordechai ihr, dass der Herr zu ihm gesprochen und gesagt habe, dass sie die neue Königin sein werde! Was für ein Szenenwechsel! Vom Hirtenzelt zum Königspalast! Aber das Märchen ist wirklich wahr!

Auch in diesem Fall liefert Matthäus eine ausführlichere Fassung. Sein Evangelium war speziell für die jüdische Bevölkerung geschrieben worden und deshalb berichtet uns Matthäus detaillierter, wie sich der Zorn des Königs auf diejenigen auswirkte, die seine Einladung abgelehnt hatten. Oberflächlich betrachtet scheint der Zorn des Königs übertrieben. Wenn wir jedoch den Hintergrund verstehen und sehen, wie lange der König immer wieder die Initiative ergriffen und die Menschen zu sich gerufen hat und wie unverfroren und hartnäckig die Menschen den König abgewiesen hatten, dann sehen wir die Gerechtigkeit in diesem Geschehen.

Durch die gesamte Geschichte Israels hindurch hat Gott ihnen immer wieder deutliche und verbindliche Verheißungen Seiner Güte gegeben. Er würde ihr Sieger sein.[38] Er würde ihr großer Lohn sein.[39] Sie würden das Haupt und nicht der Schwanz sein.[40] Er würde ihr Versorger sein,[41] ihr Heiler,[42] ihre Zuflucht.[43] Er würde sich selbst keine Ruhe gönnen, bis ihr Licht in der Finsternis strahlte wie eine Leuchte auf einem Sockel.[44] Er würde sich über sie freuen mit Singen[45] und Sein Herz würde für sie schlagen wie das eines Bräutigams für Seine Braut am Tage Seiner Hochzeit.[46]

Gott diente ihnen mit Seiner liebevollen Gnade, Er war nicht schroff oder streng und mutete ihnen nicht mehr zu, als sie tragen konnten. Er zählte sogar jedes einzelne Haar auf ihrem Kopf und erinnerte sie immer wieder daran, dass sie Seine geliebte Braut sein wird. Immer wieder hat Er sie umworben und immer wieder haben sie Ihn dazu gezwungen, drastische Maßnahmen zu ergreifen. Gott war dazu gezwungen, Bedrängnis in ihr Land zu senden in Gestalt von Hungersnot und Krankheit, und schließlich musste Er sie durch fremde, einmarschierende Armeen strafen.[47] Gott kündigte sogar vorher an, dass all dies geschehen würde, weil sie sich von Ihm abgewandt hatten.[48] Sie hätten nur umkehren und sich von der Sünde abwenden müssen – und sie hätten wieder Sein Wohlgefallen haben und den Ehrenplatz einnehmen können. Die Offenbarung Seiner Gnade und Seines Charakters war so groß und deshalb war Sein Zorn und Sein Gericht so verheerend.

## Das Wesen von Gottes Zorn

Die Tatsache, dass Gott Sein Volk mit Seinem Zorn heimsucht, ist etwas, worüber wir nicht gerne nachdenken. Aber wir müssen darüber nachdenken, denn es ist ein Thema, das Jesus in Seinen Lehren über den Vater immer wieder deutlich anspricht. Ich verfolge mit diesem Buch das Ziel, einen gütigen und barmherzigen Vater zu offenbaren, der die Zerbrochenen und Zerschlagenen auffängt und der Sein Volk mit einer bedingungslosen Liebe liebt. Aber genau diese bedingungslose Liebe lässt es nicht zu, dass dieses Volk einfach seinen eigenen Weg gehen kann, ohne dass Gott es konfrontiert und zurechtweist. Entweder es wird wieder in Einklang kommen mit Seinem Plan und Seinem Vorhaben oder es wird aufgrund seines eigenen freien Willens und der Entscheidung gegen Ihn von Seiner Gegenwart verbannt.

Das Angebot Seiner Liebe und Fürsorge und die Erlösung durch das kostbare Blut Jesu sind so einzigartig, dass es einer entsprechenden Reaktion bedarf. Eine halbherzige Antwort auf Sein Angebot ist – sofern wir Teil Seines Königreichs und Seines ewigen Plans sein wollen – nicht möglich, ganz zu schweigen von direkter Ablehnung. Ich habe bereits erwähnt, dass es keinen Plan B gibt. Entweder leben wir das Leben, das Gott für uns vorgesehen hat – ein Leben voll unvorstellbarer Herrlichkeit, Freude und Erfüllung – oder wir sterben. Entweder sind wir auf Seiner Seite oder wir sind gegen Ihn, mit Ihm oder ohne Ihn. Es gibt keine Schleichwege oder Seiteneingänge in die Stadt Gottes. Entweder sind wir drin oder draußen.

Gott hatte Seinem Volk eine glorreiche Vergangenheit geschenkt, die mit Seinen Liebesbeweisen und Seiner Güte gefüllt war. Das allein hätte schon genug sein müssen, um in den Herzen Seines Volkes eine angemessene Antwort auf Ihn zu erwecken. Und es gab auch solche Menschen, die auf die Weise, die Er sich wünschte, reagierten, aber es waren nur sehr wenige. Der Rest ging seinen eigenen Weg, schätzte die Herrlichkeit des Herrn gering und erkannte den Sohn Gottes nicht, als Er mitten unter ihnen war. Deshalb brach der Zorn Gottes über sie herein in Form von einmarschierenden fremden Armeen. Sie wurden aus ihrem Land verbannt und über Jahrhunderte hin verfolgt. Das waren die Konsequenzen ihrer Ablehnung gegenüber dem Sohn des Königs. Meine persönliche Überzeugung ist, dass die Zeit der Bedrängnis für Israel noch nicht vorüber ist, sondern dass noch mehr auf sie zukommen wird in den letzten Tagen der Menschheitsgeschichte. Das Volk erkennt immer noch nicht, dass es Jesus braucht. Ihre Zuversicht ruht immer noch auf anderen Dingen als auf der Barmherzigkeit und Gnade Gottes und ihr Leid ist noch nicht vollendet.

Aber trotzdem ist die Tür noch nicht verschlossen. Das ist fast nicht zu begreifen. Die Heilige Schrift prophezeit ganz eindeutig, dass Israel am Ende der Tage zur Umkehr kommen wird. Sie werden auf den schauen, den sie durchbohrt haben. Sie werden von einem Geist der Gnade und Fürbitte heimgesucht werden, ihre Augen werden geöffnet werden und das Volk wird an jenem Tag Rettung finden. Ihre Leiden werden als Gemeinschaft mit den Leiden Christi umdefiniert werden und die Kraft der Auferstehung wird über sie kommen – und durch sie auch zu anderen. Gott wird Seinen Plan mit Seiner ersten Braut immer noch vollenden und ihnen wird die Herrlichkeit wieder geschenkt werden, die sie einst als Erbe Gottes hatten.

## Und was wird aus uns?

Aber der Sinn dieses Kapitels ist nicht, eine Theologie zu entwickeln über das Handeln Gottes an Israel in der Endzeit. Die grundlegende Frage ist: Was tun wir mit der Einladung, die der Vater uns schickt? Die meisten von uns, die dieses Buch lesen, gehören zu der Kategorie von Menschen, die von der Straße und den Zäunen hinein zum Hochzeitsfest gerufen wurden, weil die ursprünglichen Gäste nicht kamen. Wir sind die, die allein um der Gnade Gottes willen mit hineingenommen wurden, weil es Sein Verlangen ist, dass jeder kommen und keiner verloren gehen möge. Wir gehören zu *«all denen»*, die Zugang zum Hochzeitsbankett haben, weil der König unsere Teilnahme am Fest haben will. Genauso wie Esther wurden wir allein aus Gnade aus der irdisch verhafteten Realität unseres Daseins herausgeholt und zum Palast des Königs geführt, um dort auf ein Leben von unbeschreiblicher Herrlichkeit in Seiner Gegenwart vorbereitet zu werden.

Wie wirst du mit dieser Einladung umgehen? Wirst du den gleichen fatalen Fehler begehen, den so viele gemacht haben, nur weil du mit so vielen anderen Dingen zu beschäftigt bist? Wirst du dich der verführerischen Stimme hingeben, die dir einflößt, dass du ein viel besseres Fest haben kannst als das, welches Er dir geben kann? Wirst du so wie die Pharisäer auf dezente Weise ablehnen und sagen, dass du anderen Verpflichtungen nachzukommen hast?

Oder wirst du mit der angemessenen Dankbarkeit eines Menschen antworten, der vom Feuer errettet und für eine herrliche Zukunft auserwählt wurde? Ich versichere dir, Er hat wunderbare Pläne für dich! Der Vater, den Jesus kannte, hat die Absicht, dich mit herrlichen Kleidern zu schmücken, die deine wahre Identität offenbaren. Er wird Seine Kraft und Vollmacht in dir zum Vorschein bringen – auf eine Weise, wie du es nie für möglich hieltest. Du bist die Geliebte des Königs! Kehre deinen gegenwärtigen Plänen den Rücken und komm zum Hause des Königs! Er verlangt nach deiner Schönheit und Er wird die Völker der Erde und die Mächte und Gewalten des Himmels vor Seiner Braut erzittern lassen, wenn Er dich am Ende der Tage vor allen bekannt machen wird. Deine Berufung steht fest. Dein Erbe ist gesichert. Deine Identität ist herrlich. Es liegt nur noch an dir, «ja» zum einladenden Vater zu sagen.

## Eine nüchterne Schlussfolgerung

Es gibt jedoch eine Ernüchterung am Ende der Geschichte. Als alle Gäste zum Fest des Königs willkommen geheißen werden, ist einer unter ihnen, der nicht in ein festliches Gewand gekleidet ist. Mit anderen Worten: Er hat angenommen, dass er aufgrund der Großzügigkeit des Königs zur Gemeinschaft der Braut gehören kann, ohne die festlichen Kleider der Braut anzunehmen. Dieses Bild bezieht sich auf den Reinigungsprozess der Heiligung, die geistliche Vorbereitung, die uns in das Ebenbild Jesu umgestaltet. Es gibt solche, die Teil der Braut zu sein scheinen, Teil der Gemeinde, Teil der Gemeinschaft der Erlösten. Aber sie haben ihr Leben nicht dem Reinigungs- und Heiligungsprozess des Heiligen Geistes unterworfen. Sie mutmaßen, dass sie aufgrund der Gnade Gottes so bleiben können, wie sie sind, und dass Gott sie annehmen wird, auch wenn sie die Gnade der Veränderung ablehnen, die mit zu Seiner Einladung gehört. Gottes Gnade und Gegenwart, die uns mit Seiner Kraft füllt, führt automatisch zu einem Leben in Heiligkeit. Wenn diese Heiligkeit nicht sichtbar wird, wurde der Gnade nicht gestattet, ihr Werk zu tun.

Als der König zum Fest kam, sah er den Mann ohne festliche Kleider. Der König konfrontierte ihn und als der Mann keine Entschuldigung hatte, wurden ihm Hände und Füße gebunden und er wurde in die Finsternis verbannt. Das ist sehr ernüchternd. Aber es ist wahr: Wir sollen heilig sein, denn Er ist heilig.

Meine Ermutigung für dich ist diese: Nimm die Einladung zum Fest des Vaters an. Lass dein altes Leben mit deinen alten Prioritäten und Plänen zurück. Gib dich dem reinigenden und vorbereitenden Prozess des Heiligen Geistes mit einem freudigen Herzen hin, der dich in das Bild Jesu umgestalten will. Du wurdest eingeladen, Teil der Braut Seines wunderbaren Sohnes zu sein, und wenn du «ja» sagst, wirst du «Auserwählt» genannt werden.

# 9

# Der erziehende Vater

## *Hebräer 12,3-11*

Vor einigen Jahren berichtete die «Denver Post» von einer Begebenheit, die in den Nachrichten in Denver etwas Aufsehen erregt hatte. Ein junger Baseballspieler war einige Wochen zuvor in die tiefere Liga geschickt worden, und er war nicht allzu glücklich über diese Degradierung. Einige Tage später kam er, nach einer schwachen Leistung in einem Spiel, nach Hause und verkündete seiner Freundin, dass er in irgendeinem Punkt ihrer Beziehung nicht mit ihr einverstanden sei und dass sie deshalb züchtigen und einigen «Disziplinierungsmaßnahmen» unterziehen müsse. Dann – gemäß der Anzeige, die später gegen ihn erstattet wurde – zog er sie aus, fesselte sie mit dem Gesicht nach unten auf ihr Bett und gab ihr mit einem Gürtel 15-20 Peitschenhiebe auf ihren Rücken und ihr Gesäß. Nach Beendigung der «Züchtigung» vergewaltigte er sie zweimal. Dass diese Tragödie insgesamt doch nur relativ geringes Interesse erweckte, lag daran, dass dieser junge Spieler nur eine Randfigur im Sportgeschehen von Denver war und ihm deshalb nicht die Aufmerksamkeit zukam, die einer prominenten Berühmtheit zuteil geworden wäre.

Was mich aus der ganzen Berichterstattung über diese Sache so betroffen machte, war, dass der Spieler als Bezeichnung für seine brutale Behandlung der Freundin, die ja angeblich seine Geliebte war, das Wort «Züchtigung» bzw. «Disziplinierung» verwendete. Als ich über diese beiden jungen Leute nachdachte, stellte sich mir unmittelbar die Frage, in was für einem Umfeld sie wohl aufgewachsen sind und was für ein Zuhause sie gehabt haben mussten, um in der Lage zu sein, Körperverletzung und Vergewaltigung auszuüben, und dies dann mit *Disziplinierungsmaßnahme* zu bezeichnen? Was für eine Art von elterlichem Missbrauch mussten sie in ihren jeweiligen Familien erlitten haben, um diese Verhaltensweise als «normal» zu betrachten? Was für eine tragische Situation!

Beim Verkünden der Botschaft über das Herz des Vaters in den letzten zwanzig Jahren bin ich Hunderten von Menschen begegnet, deren Verständnis von Zucht oder Züchtigung so beschädigt war, dass sie sehr große Schwierigkeiten hatten, die Zurechtweisung und Korrektur des Vater-Gottes als etwas Gutes sehen zu können. Diejenigen, die im Namen von Zucht und Ordnung körperlichem, verbalem, emotionalem oder sexuellem Missbrauch ausgesetzt waren, müssen sich jedes Mal, wenn sie mit einer Situation konfrontiert werden, die etwas mit Korrektur zu tun hat, den begleitenden Gefühlen und Ängsten stellen – und zwar ausnahmslos. Man muss ihnen immer wieder dabei helfen, das sündhafte Verhalten eines Menschen von seiner Person zu trennen und die Sünde ganz konkret beim Namen zu nennen. Danach müssen die Opfer die schuldtragende Person den Händen eines gerechten und barmherzigen Gottes überlassen, der gerne heilt und vergibt. Die einzige Hoffnung finden die Opfer an dem Ort der Barmherzigkeit und Vergebung gegenüber ihren Peinigern. Auch müssen sie die Lügen über sich selbst erkennen, die sich durch den Missbrauch in ihr Leben eingeschlichen haben. Sie müssen sich von dem falschen Selbstbild trennen, das von den Eltern oder anderen Personen auf sie gelegt wurde, und das wahre Selbstbild annehmen, das durch ein wachsendes Verständnis von der Liebe, Fürsorge und Erziehung des Himmlischen Vaters kommt.

Dieser Prozess, so schmerzhaft er auch sein mag, ist unumgänglich. Wenn wir die Liebe des Vaters verstehen wollen, müssen wir auch Seine erzieherische Hand und Korrektur in unserem Leben verstehen. Wir müssen an den Punkt gelangen, wo wir die Zurechtweisung des Vaters als die positive und liebende Maßnahme sehen, die sie tatsächlich ist. Die Züchtigung des Vaters beinhaltet weder Ablehnung noch Missbrauch, sondern sie dient zu unserem Besten. Das ist der Grund, weshalb ich diese drei Kapitel über den *erziehenden* Vater mit in dieses Buch aufgenommen habe. Es ist mein Gebet, dass du die Liebe des Vaters im Erleben Seiner liebenden Korrektur ganz real kennen lernst.

Das zwölfte Kapitel des Hebräerbriefes enthält einen Abschnitt über die Zurechtweisung des Vaters, die uns den richtigen Blickwinkel auf das Wesen Seiner Korrektur schenkt. Der Anfang lautet so:

> ... und habt bereits den Trost[49] vergessen, der zu euch redet wie zu seinen Kindern: «Mein Sohn, achte nicht gering die Erziehung des Herrn und verzage nicht, wenn du von ihm gestraft wirst. Denn wen der Herr lieb hat, den züchtigt er, und er schlägt jeden Sohn, den er annimmt.
>
> Hebräer 12,5-6

Ich glaube, dass der Heilige Geist uns in diesen beiden Versen ein paar wichtige Dinge mitteilen will. Zuerst einmal ist wichtig zu sehen, dass diese Worte über die Züchtigung des Herrn uns ein Trost sein sollen – *ein Wort der Ermutigung*. Die Zurechtweisung des Herrn soll uns bestärken und uns mit Kraft und Kühnheit erfüllen, damit wir weitermachen können in Bezug auf die Beziehungen und Aufgaben im Vaterhaus. Zweitens spricht das Wort «zu euch als Kinder». Genau weil wir Seine Kinder sind, erzieht uns der Vater, um uns in Söhne und Töchter zu verwandeln, die dem Bild Jesu entsprechen. Ein echter Vater erzieht seine eigenen Kinder. Erziehung ist ein Zeichen von Beziehung. Es ist vielleicht sogar das grundlegendste Anzeichen dafür, dass wahre Vaterschaft überhaupt stattfindet. Der Text setzt voraus, dass sich kein echtes Gefühl von Sohnschaft oder Tochterschaft entwickeln kann, wenn keine liebende Zurechtweisung stattfindet. Ohne diese Erfahrung bleibt bei uns immer nur das Gefühl zurück, ein ausgestoßenes Kind zu sein.

Im nächsten Satz in Vers 4 werden wir als Seine Söhne und Töchter ermuntert, richtig auf die Zurechtweisung des Vaters zu reagieren. Meine erste Frau Mary und ich haben drei eigene Kinder, Dave, Alyson und Rachel. Zum jetzigen Zeitpunkt, während ich dieses Buch schreibe, sind Dave und Alyson bereits beide verheiratet und mit ihrem Berufsleben in unserer Heimatstadt Kansas City beschäftigt. Rachel ist fast fünfzehn und im achten Schuljahr. Wir unterrichten sie zu Hause, damit sie im *International House of Prayer* in Kansas City mitmachen und mit mir mitreisen kann. Aus eigener Erfahrung wissen wir, dass es eine der größten Herausforderungen des Elternseins ist, den Kindern zu vermitteln, dass die Erziehungs- und Korrekturmaßnahmen in Wirklichkeit etwas Gutes sind. Vers 11 in unserem Text sagt, dass «Züchtigung uns für den Augenblick nicht als Freude erscheint». Deshalb ist es so wichtig, dass wir unseren Kindern helfen zu sehen, dass Zurechtweisung etwas Gutes ist. Die Verantwortung liegt auf beiden Seiten: Ich muss die Korrektur auf eine liebende und gottgefällige Art ausüben und meine Kinder müssen die Entscheidung treffen, sie als etwas Gutes und Richtiges anzunehmen.

Als unser Sohn Dave in die sechste Klasse kam, hatten wir ein Schlüsselerlebnis in Bezug auf dieses Thema. Er war gerade auf die Mittelschule gekommen und es fiel ihm schwer, den Übergang zu schaffen von der sehr strukturierten Umgebung der Grundschule hinein in den experimentierfreudigen und offenen Rahmen der Mittelschule. Mehr auf sich selbst gestellt als in den Schuljahren zuvor, hatte Dave nun Probleme, seine Arbeiten rechtzeitig abzugeben, obwohl er sie oft schon gemacht hatte. Er ließ sie ganz einfach in seinem Schließfach, vergaß sie zu Hause oder machte sie einen Tag zu spät fertig. Auf jeden Fall waren seine Halbjahresnoten eine Katastrophe, obwohl er zuvor sehr gut gewesen war. Nachdem wir mit seinen Lehrern gesprochen hatten, einigten wir uns auf folgende Lösung. Jeden Freitag musste Dave eine Unterschrift von einem seiner Lehrer einholen, die bestätigte, dass er alle seine Arbeiten rechtzeitig abgegeben hatte. Wenn er sie nicht erledigt hatte oder es versäumte, die Unterschrift zu beschaffen, hatte er für das Wochenende Ausgangssperre. Mehrere Wochen lang ging alles gut und seine Noten wurden wieder so gut wie früher. Dann, Ende November, vor dem Erntedank-Wochenende war es jedoch passiert. Die Jugendgruppe unserer Gemeinde hatte einen Campingausflug für dieses Wochenende geplant und Dave hatte sich schon seit Wochen darauf gefreut. Aber an jenem letzten Schultag schob er es so lange vor sich her, die Unterschrift eines Lehrers für eine seiner Arbeiten zu besorgen, bis er feststellen musste, dass die Lehrer bereits alle nach Hause gegangen waren. Seine Hausaufgaben waren fertig, aber er hatte die ganze Sache einige Minuten zu lange hinausgezögert.

Mary und ich waren einem enormen inneren Konflikt ausgesetzt und wir wussten nicht, was wir tun sollten. Sollten wir Mitleid haben und ihn den Campingausflug machen lassen, oder sollten wir konsequent sein und uns an unsere Abmachung halten – das war hier die Frage. Auch wenn wir uns überhaupt nicht sicher waren in unserer Entscheidung, entschlossen wir uns, konsequent zu sein und ihn nicht mitgehen zu lassen. Es war sehr schmerzhaft und Dave tat sich schwer damit, die Entscheidung als etwas Gutes anzunehmen. Weil unser Ziel jedoch Erziehung und nicht Bestrafung war, bemühten wir uns an jenem Wochenende besonders, unseren Kindern eine gute Zeit zu bereiten. Dave verarbeitete seine Enttäuschung und, was noch wichtiger war, er wurde sehr zuverlässig und gab seine Schularbeiten von jenem Tag an immer rechtzeitig ab. Er traf seine Entscheidung, sich durch die Züchtigung schulen und sie ihren Zweck erfüllen zu lassen. Er ließ es nicht zu, dass seine Enttäuschung über den versäumten Campingausflug unsere familiären Beziehungen negativ beeinflussen würde. Es war ein starker Moment in unserer Familiengeschichte.

Die gleichen Prinzipien gelten für uns als Kinder des Himmlischen Vaters. Er schickt uns Seine Erziehungsmaßnahmen aus einer guten Absicht heraus, aber es liegt an uns, diese Zurechtweisungen als etwas Gutes anzunehmen, das uns zum Wohl und nicht zur Zerstörung dienen soll. Deshalb müssen wir einige Entscheidungen treffen, wenn wir aus den Zurechtweisungen des Herrn einen Nutzen ziehen wollen. Der Text im Hebräerbrief 12 formuliert diese Wahlmöglichkeiten sehr klar.

Als Erstes müssen wir die Entscheidung treffen, «die Erziehung des HERRN nicht gering zu achten». Das bedeutet ganz einfach, dass wir uns dem Verständnis nähern sollen, dass alles in unserem Leben dazu dient, uns in das Ebenbild Jesu zu verwandeln. Wir sollen diese Realität ernst nehmen und den Prozess annehmen. Mit anderen Worten, wir sollen nicht einfach so durch unser Leben schlendern und dabei versuchen, den Absichten und Zielen des Vaters aus dem Weg zu gehen. Es gibt einen Vers in Psalm 119, der mir über die Jahre hin in diesem Prozess Kraft gegeben hat. Dort heißt es:

> Großen Frieden haben die, die dein Gesetz lieben.
> Sie werden nicht straucheln.
>
> Psalm 119,165

Was mir dieser Vers vermittelt ist, dass wenn ich die Wege Gottes liebe, wenn ich Sein Wort liebe, das jede Situation meines Lebens umspannt, dann kann ich darauf vertrauen, dass Er zu jeder Zeit Seinen Absichten entsprechend in meinem Herzen an der Arbeit ist und mit mir ans Ziel kommt. Für manche dieser Situationen mag es vielleicht nicht sofort eine Erklärung geben, weil sie mit einem Gott der Güte und Liebe unvereinbar zu sein scheinen. Aber im Lauf der Jahre habe ich die Zuversicht gewonnen, dass der Heilige Geist mir mit der Zeit alle Dinge zu verstehen geben wird. Deshalb kann ich alle Situationen als ein Geschenk Gottes in meinem Leben annehmen, denn ich weiß, dass Er durch diesen Prozess entweder mein Herz und meine Seele reinigt oder mich in die Gemeinschaft mit den Leiden Jesu einlädt. Ich kann Entscheidungen treffen, all diese Dinge zu bejahen, ohne an irgendetwas Anstoß zu nehmen. Ich kann darauf vertrauen, dass Gott mir am Ende alles zum Segen und zum Wohl gereichen lassen wird.

Es ist notwendig, dass wir die Erziehung des Herrn nicht auf die leichte Schulter nehmen und uns nicht gegen die Erziehungsmaßnahmen des Vaters wehren. Ein Beispiel aus meinem eigenen Leben kommt mir dazu in den Sinn. Als meine Eltern nach Oklahoma umzogen, wurde ich in eine neue Schule geschickt. Da Sport im amerikanischen Schulsystem eine sehr große Rolle spielt, muss man sich in irgendeiner Sportart beweisen, wenn man überhaupt jemand sein will. Ich spielte gerne Basketball, aber meine Chancen, im Basketballteam mitspielen zu dürfen, waren sehr gering. Die Wahrscheinlichkeit war allerdings größer, wenn man auch Football spielte und am Footballtraining teilnahm. Zwei Dinge bereiteten mir dabei aber Probleme: Erstens hatte ich keine Lust, Football zu spielen, und zweitens war ich für diesen Sport zu klein und zu dünn. Wir waren erst vor ein paar Monaten in diese Stadt gezogen und ich war noch immer ein Neuling. Deshalb fühlte ich mich sehr unsicher. Da einige andere Schüler in einer ähnlichen Situation waren, fanden wir uns schnell zusammen. Wir bildeten eine Gruppe und blödelten das ganze Training über herum, weil wir die ganze Sache abschätzig beurteilten. Auch wenn keiner von uns das Zeug dazu hatte, in dieser Sportart wirklich gut zu werden, so hätte unser Charakter dennoch positiv geformt oder unser Empfinden für Teamzugehörigkeit gestärkt werden können, wenn wir uns auf das Training eingelassen hätten.

Aber in unserem Fall war dieser gesamte Trainingsaufwand reine Zeitverschwendung gewesen, weil wir die Anweisungen des Trainers nicht ernst nahmen. Das Ergebnis war, dass ich dieses eine Mal, als ich die Chance bekam zu zeigen, dass vielleicht doch noch etwas in mir steckte, keine Ahnung hatte, was ich tun sollte. Meine Torheit wurde offenbar und ich verfehlte das Ziel, weil ich nicht bereit gewesen war, das Training zu bejahen.

Den Hebräern wurde dazu gesagt: «Tut das nicht»! Versteht, dass der Herr große Pläne mit uns hat, die weit über dieses Leben hier und jetzt hinausgehen. Du wurdest dazu geschaffen, so wie Jesus zu sein – so zu handeln wie Er, die gleichen Gaben und dieselbe Vollmacht zu haben, wie Er sie hatte; du wurdest geschaffen, um ein wesentlicher Bestandteil des Leibes Christi zu sein. Um irgendetwas davon realisieren zu können, musst du Seine Erziehungsmaßnahmen und Seine Disziplin annehmen. Triff heute noch eine Entscheidung, das Training und die Erziehungsmaßnahmen des Herrn nicht auf die leichte Schulter zu nehmen oder zu verachten. Nimm sie vielmehr ernst und bejahe die Absichten, die Er damit hat.

Als Nächstes werden wir davor gewarnt, *nicht zu verzagen, wenn Er dich zurechtweist.* Wiederum liegt es an uns, ob wir verzagen oder nicht. Wenn wir alles aus Seiner Hand annehmen, können wir mitten in unserer Verwirrung und unserem Schmerz zu Ihm fliehen. Wir werden durch Sein Wort, durch die Ermutigung des Heiligen Geistes und durch das Zeugnis von anderen getröstet, die in ähnlichen Situationen waren. Da uns durch diesen ganzen Prozess hindurch Sein Wort und Sein Geist jederzeit als Helfer zur Verfügung stehen und uns anleiten, können wir die Erziehung des Herrn richtig zu beurteilen und sie aus dem richtigen Blickwinkel der Wahrheit zu betrachten, damit wir gestärkt werden und nicht verzagen.

## Das Problem der verzerrten Wahrnehmung

Die Aufforderung, nicht zu verzagen würde dort nicht stehen, wenn es sich hier um etwas Banales handeln würde. Aufgrund unseres gefallenen Zustandes als Menschen haben wir mit dem Problem einer verzerrten Wahrnehmung des Vaters und von uns selbst zu tun. Wegen unserer Zerbrochenheit ist es unvermeidbar, dass wir Korrektur und Zurechtweisung immer als Ablehnung empfinden – es sei denn wir haben die feste Gewissheit, dass der Vater es aus Liebe tut. Wir verstehen Züchtigung als ein Anzeichen dafür, dass der Vater mit uns nicht zufrieden ist. Ich glaube, dass dies ein universelles Problem von uns Menschen ist, das der Heilung und der Erlösung bedarf. Ein Teil unserer Zerbrochenheit lässt uns glauben, dass wir den Platz als Sohn und als Tochter verdienen müssten, dass die Liebe eines Vaters fortlaufend hohe Bedingungen stellt und dass Zurechtweisung ein Anzeichen ist für Missfallen und Ablehnung vonseiten des Vaters. Die Botschaft, die bei uns ankommt, ist, dass wir es wieder einmal verpatzt haben und dass wir uns von unserem Ziel der Sohnschaft wieder entfernt haben, anstatt ihm näher zu kommen.

Aber wir haben hier ein verzerrtes Bild des Vaters, das nicht der Wahrheit entspricht. Wenn wir den Himmlischen Vater so kennen würden, wie Jesus Ihn kennt, und wenn wir uns selbst so kennen würden, wie Jesus uns kennt, dann hätten wir in diesem Bereich nicht so zu kämpfen. Wir hätten vollkommenes Vertrauen in Seine Liebe zu uns und könnten so innerhalb Seiner Zurechtweisung völlig zur Ruhe kommen. Wir würden uns selbst so sehen, wie Er uns sieht, mit vollkommener Liebe und dem unerschütterlichen Vertrauen, dass Seine Liebe stark genug ist, um mit uns zum Ziel zu kommen. Das würde uns wahrhaftigen Frieden schenken. Dies ist die Kraft des hohepriesterlichen Gebets Jesu für Seine Jünger in Johannes 17,23, wo Er den Vater darum bittet, dass wir erkennen mögen, dass der Vater uns genau so liebt, wie Er Jesus liebt. Aber wir und unsere irdischen Eltern sind zerbrochene Menschen – wegen unserer geerbten Sündhaftigkeit und durch unsere eigenen Entscheidungen. Deshalb müssen wir uns unentwegt von diesem falschen Bild ab- und der Wahrheit von Gottes Liebe für uns zuwenden. Diese Realität erfordert eine Entscheidung unsererseits, und das ist einer der Gründe dafür, dass ich dieses Thema eher am Schluss meines Buches behandle und nicht zu am Anfang. Mein Gebet ist es, dass du inzwischen begonnen hast, dem Vater der Barmherzigkeit, der Gnade und der überschwänglichen Güte zu begegnen. Ich bete, dass du eine Wahrnehmung von Gott bekommst, die dir hilft, die Erziehung und Zurechtweisung des Herrn in angemessener Weise einzuordnen zu können.

## Ein richtiges Verständnis von Strafe

Um Seine Zurechtweisungen richtig erfassen zu können, müssen wir zu einem klaren Verständnis von wahrer, biblischer «Züchtigung» oder Bestrafung gelangen. Unser Text im Hebräer ermutigt uns dazu, die richtige Entscheidung zu treffen:

> Denn wen der HERR liebt, den züchtigt er; er schlägt aber jeden Sohn, den er aufnimmt.
>
> Hebräer 12,6

Die Schwierigkeit, der wir uns gegenübersehen, kann zumindest teilweise dadurch behoben werden, dass wir verstehen, welche Bedeutung das Wort *Züchtigung* bzw. *Strafe* aus Gottes Sicht hat. Schauen wir zuerst das Wort in 1. Johannes 4,18 an. Dort wird uns gesagt, dass die Liebe von Gott dem Vater «alle Furcht vertreibt, denn Furcht rechnet mit Strafe». Das Wort, das Johannes hier für Strafe verwendet, stammt von dem griechischen Wort für «Zwerg» ab. Oft wird es mit Qual oder Pein übersetzt und es bedeutet, *jemanden durch quälende Strafe dazu zu bringen, sich klein zu fühlen.* Das ist nun in der Tat ein unangenehmes Bild und hat nichts mit der liebevollen Zurechtweisung des Vaters zu tun, wie sie in der Schrift dargestellt wird.

Das Wort nun für *Strafe* in Hebräer 12,6 ist auch ein starkes Wort (es bedeutet wörtlich «peitschen»), aber im Gegensatz zum Ausdruck *Strafe* im 1. Johannesbrief besteht die Absicht dieser Züchtigung nicht darin, das Kind zu erniedrigen, sondern es zu korrigieren und zu ermutigen. Hinter dem Wort verbirgt sich das Bild eines Dieners der Familie, der mit einem Kind unterwegs ist, vielleicht auf dem Weg zur Schule. In seiner kindlichen Neugierde verlässt das Kind den Weg und der Diener weist es zurecht durch ein Wort oder eine Berührung, wodurch das Kind wieder zurück auf den Weg gebracht wird. Wenn sich nun aber das Kind auf rebellische

Art und Weise weigert, dann hat der Diener die Befugnis, dem Kind mit einem Stock, den er bei sich trägt, einen Klaps auf sein Bein zu geben, um den gewünschten Gehorsam zu erreichen. Der Schreiber hat dieses Bild vor Augen und macht hier deutlich, dass eine unakzeptable Verhaltensweise, die nicht den Charakter des Vaters widerspiegelt, einer Beschneidung bedarf. Falls strenge Mittel erforderlich sein sollten, müssen auch strenge Mittel angewendet werden. Aber es steckt niemals Ablehnung oder Quälerei hinter der Züchtigung. Vielmehr ist beständige Vertrautheit und Nähe in der Beziehung zum Vater das Ziel. Deshalb gibt es klar definierte Verhaltensregeln, die zum Wohl des Kindes dienen. Der Gehorsam diesen Regeln gegenüber führt zu größerem Wohlbefinden und bringt ein wachsendes positives Selbstwertgefühl mit sich. Diese Art von korrigierender Zurechtweisung geschieht *aufgrund* der Beziehung zwischen Vater und Kind und ist dazu da, diese Beziehung zu stärken und zu bestätigen, und nicht dazu, ihr ein Hindernis in den Weg zu legen. Der Autor betont dieses Verständnis in Vers 8:

> Würdet ihr nicht gezüchtigt, wie es doch bisher allen ergangen ist, dann wäret ihr Ausgestoßene und nicht Kinder.
>
> Hebräer 12,8

Hier wird das Vorhandensein von Züchtigung als normales Indiz für eine gesunde Beziehung zwischen Vater und Kind dargestellt. Der Schreiber geht sogar noch weiter und sagt, dass ein Kind ohne väterliche Züchtigung ein ausgestoßenes Kind ist. Ein Kind, das zwar in die Welt gesetzt wurde, das aber nicht wirklich einen Vater hat und daher auch keine wahre Identität als Sohn oder Tochter besitzt. Dies ist die Verwirklichung des Fluches, den Maleachi prophezeite, dass er über das Land kommen würde (Maleachi 4,6): Generationen von vaterlosen, undisziplinierten Kindern, die nicht das Gefühl haben, angenommen zu sein. Deshalb leben sie ihre ganze Wut in verwirrten, pervertierten und zerstörerischen Verhaltensweisen aus. Wie werden sie erlöst? Nur indem sie Vaterschaft erleben und dadurch wieder an den Ort der Annahme und göttlichen Bestimmung kommen.

## Ist dies politisch korrekt?

Ich bin mir völlig im Klaren darüber, dass ich politisch nicht korrekt bin, wenn ich hier von körperlicher Züchtigung – wie etwa einem Klaps auf den Hintern – rede. Doch es geht mir hier auch nicht um politische Korrektheit, sondern um biblische Zurechtweisung. Ich sehne mich danach, die Frucht wahrer Vaterschaft zu sehen, in Kindern, die in direktemGegensatz stehen zu der Gesetzlosigkeit, die in unserer heutigen Gesellschaft durchdringt. Ich spreche mich nicht für Gewalt oder Missbrauch aus, sondern für eine minimale Durchsetzung von Disziplin zum Wohl des Kindes. Meine Kinder müssen wissen, dass ihr Verhalten Konsequenzen hat, und wenn ich sie diese nicht auf liebevolle, aber unmissverständliche Weise spüren lasse, wie sollen sie es dann lernen? Fehlt diese Art von väterlicher Liebe, dann spüren sie nicht, dass wir uns um sie kümmern und sorgen, sondern sie werden sich im Stich gelassen und sich selbst überlassen fühlen. Und so sind der verheerenden Verwüstung durch die Gesellschaft ausgesetzt, welche tiefe Wunden in ihnen schlägt.

Die Erziehung, die zum Nutzen des Kindes positive Verhaltensweisen unterstützt, ist ein Schlüssel zum Verständnis der Züchtigung des Vaters. Der Hebräerbrief erklärt weiter in Vers 12:

> Denn sie [unsere leiblichen Väter] züchtigten uns zwar für wenige Tage nach ihrem Gutdünken, er aber tut es zu unserem Besten, damit wir an seiner Heiligkeit Anteil haben.
>
> Hebräer 12,10

Hier sehen wir, dass die Motive für Zurechtweisung durchaus verschieden sein können, je nach dem, ob wir es mit irdischen Vätern oder mit dem Himmlischen Vater zu tun haben: «... unsere leiblichen Väter ... züchtigten uns nach ihrem Gutdünken ...» Was die Erziehungsmaßnahmen eines irdischen Vaters anbelangt, lässt diese Aussage also tatsächlich die Möglichkeit zu, dass irdische Väter in ihrer Erziehung unangemessen, verdreht und sogar völlig pervertiert handeln können. Was sie vielleicht für das Beste hielten, war manchmal in Wirklichkeit nicht das Beste für das Kind, sondern es war entmutigend und sogar erniedrigend oder beleidigend. Diese Art der Züchtigung vermittelte Ablehnung statt Bekräftigung. Manchmal geschah die Züchtigung vielleicht auch nur aus Bequemlichkeit, anstatt zum Besten des Kindes. Es gab Zeiten, da wollte ich, dass meine sechsjährige Tochter mich in Ruhe lässt und still sein würde – aber nicht, weil ihr dieses ruhige Alleinsein zu ihrem Besten gedient hätte, sondern weil ich zu wenig Toleranz und Geduld hatte. Ich erinnere mich daran, dass ich einmal zornig mit meinem Sohn gewesen war und ihm einen Klaps auf den Hintern gegeben hatte – in einer Art und Weise, die ihm die Würde nahm. Als ich fertig war, schaute er mich an und sagte: «Papa, das war nicht fair!» Ich wusste, dass er recht hatte, und bat ihn sofort um Vergebung. Auch in seinem Kindsein wusste er, dass es eine passende Art und Weise von Züchtigung gibt und gleichzeitig aber auch die Möglichkeit, über das Ziel hinauszuschießen. Diese falsche Züchtigung wurzelt in menschlichem Versagen und sind daher nicht vergleichbar mit den Maßnahmen unseres Vater-Gottes.

Genauer gesagt: «Gott züchtigt uns zu unserem Besten – mit dem Ziel, uns an Seiner Heiligkeit teilhaben zu lassen». Die Züchtigungen Gottes haben stets das Beste für uns vor Augen, wobei es in erster Linie immer darum geht, dass wir so werden wie Er. Damit beabsichtigt Er nicht, uns unsere Individualität und Identität zu rauben, sondern wir sollen zu echter Freiheit als Seine Söhne und Töchter gelangen. Er ist der Einzige, der in jeder Dimension Seines Wesens wahrhaft frei ist, und deshalb bedeutet Ihm gleich zu werden, eben diese Seine Freiheit zu erleben. Der Feind unserer Seelen will uns einflößen, dass wir Freiheit durch Widerstand gegen die Züchtigungen Gottes erlangen würden. Tatsächlich aber auf diese Weise verlieren wir unser wahres Selbst jedoch immer mehr und werden in das zerstörerische und selbstzentrierte enge System dieser Welt hineingepresst.

## Züchtigung als Schlüssel zur Freiheit

Einer meiner Freunde ist ein hervorragender Künstler, und er hatte Angst davor, sich Gott völlig hinzugeben und Seinem Willen unterzuordnen, da er fürchtete, dass eine solche Hingabe seine künstlerische Entwicklung einschränken und blockieren würde. Er glaubte, dass Gehorsam gegenüber Gott seiner eigenen Entwicklung als freier Mensch im Wege stehen würde und er dann nur noch Bilder mit Engeln auf Wolken oder Ähnliches malen darf. Er erkannte jedoch, dass er seine schlechte Beziehung zu seinem kontrollierenden irdischen Vater, der ihm immer von Kreativität und abenteuerlichen Entscheidungen abgeraten hatte, auf Gott projizierte. Die Zurechtweisungen, die von seinem irdischen Vater gut gemeint waren, dienten ihm nicht zum Besten, sondern hemmten sein Wachstum und ließen die Anlagen verkümmern. Als er seinem Vater vergab und sich von den falschen Bildern von Gott und von sich selbst löste, war er fähig zu sehen, dass Hingabe an Gott und Seinen Willen der einzige Weg zu echter Kreativität als Künstler war. Gott ist das kreativste Wesen im Universum. Er hat Kreativität geschaffen. Sie ist Teil Seiner Natur und Er würde dieselbe Eigenschaft in keinem Seiner Kinder behindern, sondern vielmehr dieses Potential, das er in uns hineingelegt hat, durch liebevolle Korrektur und Zurechtweisung maximal fördern.

Dasselbe gilt auch für jeden von uns. Vollständige Freiheit und Individualität werden wir nur im Rahmen des Gehorsams gegenüber dem Willen des Vaters finden. Er hat das Beste für uns in Seinem Herzen und Er kennt den Weg, den wir einschlagen müssen, um zu dem vollendeten Menschen zu werden, den Er vor Augen hatte, als Er uns schuf.

Das Ergebnis der Zurechtweisungen Gottes ist wunderbar. Vers 11 gibt uns die richtige Perspektive:

> Jede Züchtigung scheint uns zwar für den Augenblick nicht Freude zu sein, sondern Schmerz; später aber schenkt sie denen, die durch diese Schule gegangen sind, als Frucht den Frieden und Gerechtigkeit.
>
> Hebräer 12,11

Züchtigung ist kein Vergnügen. Während wir sie empfangen, gibt es nichts, was an der Zurechtweisung erfreulich wäre. Nur wenn wir verstehen, welche Frucht sie bringt, ist sie erträglich oder sogar erfreulich. Deshalb müssen wir unseren Blick auf den Lohn und die Frucht der Zurechtweisung richten.

In den nächsten Kapiteln will ich zwei verschiedene Arten der Züchtigung ansprechen. In unserem heutigen Sprachgebrauch nennen wir es nicht Züchtigung, sondern Erziehung, aber das Gleiche ist gemeint. Nicht alle Erziehungsmaßnahmen sind korrigierender Art, also etwas, was dazu dient, unakzeptables Verhalten zu verändern. Manche Erziehung ist formend, das heißt, ihr Ziel ist es, die Tätigkeit einer Person, die sich den entsprechenden Maßnahmen unterzieht, so zu beeinflussen und zu prägen, dass am Ende das gewünschte Ergebnis dabei herauskommt. Jeder, der sich einer solchen disziplinierenden *Trainingsmaßnahme* unterzieht, wie zum Beispiel im Sport oder im Bereich der Musik oder in Form einer beruflichen Weiterbildung, hat von Anfang an ein Ziel vor Augen – eine Meisterschaft, eine exzellente Darbietung oder eine gut bezahlte Arbeitsstelle. Deshalb sieht jeder die Erziehung als etwas Notwendiges und sogar Gutes an. Menschen, die das Ziel vor Augen haben, sind sogar fähig, mitten im Erlernen der Disziplin Freude zu erleben. Sie können den Lohn für ihre Mühen und die zukünftige Freude bereits erspähen und sehen die gegenwärtigen Schwierigkeiten in diesem Licht.

Als ich in den 70er Jahren in Kalifornien zum Seminar ging,

verdeutlichte die Frau eines Professors dieses Prinzip mit einem eindrücklichen Beispiel. Das Ehepaar hatte damals selbst kleine Kinder und die Frau erzählte, wie eines Tages ein Nachbarsjunge an der Haustüre klingelte. Sie machte die Tür auf und fragte ihn, was er wolle. Zu ihrem Erstaunen bat der kleine Junge sie, ihm den Hintern zu versohlen. Da sie eine solche Bitte nicht verstehen konnte, bat sie ihn herein und forschte nach, was sich hinter dieser ungewöhnlichen Situation verbarg. Es stellte sich heraus, dass ein paar Tag zuvor einige Kinder aus der Nachbarschaft hier in ihrem Haus gespielt hatten, und dieser kleine Junge war auch dabei gewesen. Er war jedoch ein Problemkind und sein Verhalten war oft unakzeptabel – und an jenem Tag war es nicht anders gewesen. Schließlich hatte er es so auf die Spitze getrieben, dass sich die Frau des Professors dazu gezwungen sah, ihm eins auf den Hintern zu geben, um sein Verhalten zu zügeln. Danach hatte sie ihn auf ihren Schoß genommen, um ihn zu trösten und ihm auf behutsame Weise zu versichern, dass sie ihn liebhabe. Sie sagte ihm, dass er sich anders verhalten müsse, wenn er weiterhin ein Teil dieser Gruppe sein wollte. Sie hielt ihn und tröstete ihn, bis er sich beruhigt hatte, und ließ ihn dann weiter mit den anderen Kindern spielen. Einige Zeit verging und sie hatte den Vorfall bereits vergessen, bis jetzt der Junge an ihrer Türe auftauchte und sie um eine Tracht Prügel bat. Jetzt begriff sie, dass er sich in Wirklichkeit danach sehnte, gehalten, angenommen und getröstet zu werden, und da die Frau des Professors die Einzige gewesen war, die ihm dies je gegeben hatte, nahm er an, dass er erst die Züchtigung erdulden musste, um die Liebe zu empfangen.

Es ist offensichtlich, dass dieser kleine Junge ein klareres Verständnis über die Liebe Gottes brauchte, aber ich will auf etwas anderes hinaus: Er war dazu bereit, die Züchtigung zu erdulden, um das zu bekommen, was danach kommen würde – eine Umarmung, Annahme und Trost. Unser Vater-Gott hat das Gleiche für uns. Sowohl korrigierende als auch formende Erziehung, und beide sind notwendig, um wahre Vaterschaft erleben zu können. Und wenn wir sie annehmen, wird sie die «Frucht der Gerechtigkeit und des Friedens» wirken.

Der Begriff «Ernte» beinhaltet eine Vervielfältigung – dreißig-, sechzig- oder hundertfach von dem, was gesät wurde – und das sind gute Nachrichten.

Vervielfältigung von Gerechtigkeit und Frieden klingt nach einer lohnenswerten Investition. Aber laut diesem Vers ist diese Ernte für diejenigen, «die durch diese Schule gegangen sind», oder, wie es in der revidierten Elberfelderbibel heißt: «die durch sie [die Erziehungsmaßnahmen] geübt sind». Mit anderen Worten, einfach nur durch die Erziehungsmaßnahmen über sich ergehen lassen, führt noch nicht zur Ernte, sondern es geht darum, dass wir uns durch die *disziplinierende Erziehung* haben trainieren lassen. Und das liegt wieder einmal an uns.

Wie viele von uns haben als Kinder Klavierunterricht über sich ergehen lassen, ohne dabei wirklich etwas gelernt zu haben? Zumindest für mich trifft das zu! Heute wünschte ich, ich hätte dem Ganzen mehr Beachtung geschenkt! Mein Sohn hingegen sah den Klavierunterricht zwar zunächst als etwas an, was ihm von seinen Eltern auferlegt wurde, aber letzten Endes bejahte er den Prozess als etwas Gutes und mittlerweile hat er Klavier studiert an einem hervorragenden Konservatorium. Er hat sich dazu entschieden, professioneller Musiker zu werden, um das Evangelium von Christus in der Welt der Musik zu bezeugen. Er wurde durch die Disziplin geübt und das Resultat ist eine Ernte von Segen. In ähnlicher Weise hatte sich meine Tochter entschlossen, die disziplinierenden Herausforderungen der Schule anzunehmen und sie letztendlich zu schätzen. Es machte sich in bemerkenswerter Weise bezahlt, als sie daraufhin ein volles Stipendium für die Universität bekam, die sie sich ausgesucht hatte. Das war eine Ernte von Segen und Gerechtigkeit.

Mein Gebet ist es, dass du dein Herz darauf richtest, die Züchtigungen des Vaters anzunehmen, um so Sein Herz voller Liebe für dich kennenzulernen und in die Fülle Seiner Berufung für dein Leben hineinzukommen.

10

# Der erziehende Vater - Teil 2

*Johannes 14,21-23*

Meine Beziehung zum Herrn hat zu einer zunehmenden Wertschätzung für alles Schöne geführt. Ich lerne immer mehr, Schönheit an den verschiedensten Orten zu erkennen, weil das Herz eines atemberaubend schönen Bräutigam-Gottes meine Seele mit Leidenschaft und Freude erfüllt. Ich betrachte gerne schöne Dinge wie verschiedene Arten von Kunstwerken oder wunderschöne Naturlandschaften und lasse sie auf mich wirken. Aber eines der unwiderstehlichsten Beispiele von Schönheit ist, wenn ein Mensch, der Gott liebt, auf künstlerische Weise Gott sein Herz schenkt – als ein Ausdruck von Anbetung. Unser Vater liebt jede Art der Anbetung, die aus vollem Herzen kommt, und Er macht keinen Unterschied zwischen den tollpatschigen Bewegungen eines kleinen Kindes und den graziösen Schritten eines geübten Tänzers. Gott liebt die Stimme, die früh morgens in der Dusche erklingt, genauso wie die faszinierende Stimme eines Anbetungsleiters, der die Herzen vieler in die Gegenwart Gottes führen kann. Einigen hat Gott die Gabe gegeben, ihrem Herzen auf künstlerische Weise Ausdruck zu verleihen, andere sind begabte Athleten und wieder andere haben eine besondere Gabe der Intelligenz, aber alle Gaben müssen gefördert, verfeinert und Ihm auf glanzvolle und hervorragende Weise dargebracht werden. Er ist ein Gott der Schönheit und unser Leben sollte auch auf eine schöne Art Ausdruck finden.

Gott hat jeden von uns dazu geschaffen, sein Leben vor Ihm auf hervorragende und virtuose Art und Weise zu leben. Das gelingt uns, wenn wir die Erziehung und Züchtigung des Vaters bejahen, die diese Lebenskunst in uns hervorbringt. In diesem Kapitel möchte ich die formende Erziehung des Herrn näher erläutern, die dazu da ist, um uns in all die Herrlichkeit zu führen, die Er für uns in diesem und im zukünftigen Leben hat.

Unser Text in Hebräer 12 führt dieses Thema auf folgende Art ein:

> Haltet aus, wenn ihr gezüchtigt werdet, Gott behandelt euch wie Söhne. Denn wo ist ein Sohn, den sein Vater nicht züchtigt?
>
> Hebräer 12,7

Wie sieht die formende Erziehung Gottes aus? Der Text sagt uns in den nächsten Versen, dass Züchtigung nichts Angenehmes, sondern in jenem Moment schmerzhaft und sogar notvoll ist. Aber gerade weil sie das ist, bringt sie die gewünschten Eigenschaften in uns hervor, wenn wir sie bejahen.

In diesem Kapitel will ich die erste von zwei Kategorien im Bereich Erziehung bzw. Züchtigung betrachten, die uns helfen können, unsere Lebenssituationen aus einem Blickwinkel als Kinder des Vaters zu sehen. Zuerst will ich eine grundlegende Wahrheit wiederholen, die aus einem Verständnis von Psalm 62,11-12 stammt:

> Eines hat Gott geredet, ein Zweifaches habe ich gehört:
> Gott allein ist mächtig, und du, Herr, bist gnädig;
> denn du vergiltst einem jeden nach seinem Werk.
>
> Psalm 62,12-13

Die Wahrheit gründet nicht auf einen Wunschtraum, sondern auf der unerschütterlichen Realität Seines Wortes, nämlich dass Gott ein liebender und starker Gott ist. Mit anderen Worten: Er hat den Wunsch und die Fähigkeit, mein Leben so zu lenken, dass es für mich am Besten ist. Diese Eigenschaften des Vaters sind nicht launenhaft – sie sind ein zentraler Bestandteil Seines Wesens. Er kann sie nicht verleugnen, und deshalb kann Er auch nicht im Widerspruch zu diesen Eigenschaften handeln. Er wird nicht einfach aus einer Laune heraus beschließen, mich lieblos zu behandeln, und Er wird meine Bedürfnisse nicht ignorieren. Er wird auch niemals die Macht verlieren, das zu tun, was für mich am Besten ist. Nichts entgleitet Seiner Kontrolle und Er ist niemals gleichgültig gegenüber irgendetwas, was mich betrifft. Er ist stark und voller Liebe, und das ist alles, was ich brauche.

Aus diesem Grund kann ich in der Sicherheit ruhen, dass jedes Ereignis und jede Situation in meinem Leben, egal wie schwierig alles auch sein mag, der Kategorie von Schwierigkeiten zugeordnet werden kann, die, wenn ich sie als «Züchtigungen» annehme, zu meinem Nutzen und letztendlichen Segen sind. Weil Er stark ist, bin ich zuversichtlich, dass keine Situation über Seine Macht hinausgeht, siegreich zu sein. Weil Er voller Liebe ist, bin ich zuversichtlich, dass Er zu mir sprechen und mir sagen wird, was durch die jeweilige Situation in mir geschult oder korrigiert werden soll. Er ist nicht ein Vater, der uns ohne Erklärung einfach züchtigt oder uns durch launenhaftes Handeln an den Rand der Verzweiflung führen will. Er ist ein Vater, der uns auch in Zeiten großer Not und Schwierigkeiten auf behutsame Weise leitet. Er ist ein liebender, starker Vater. Dieses Verständnis ist grundlegend, um die Züchtigung des Vaters als gut zu sehen und annehmen zu können.

Aus Seinem starken, liebenden Wesen kommen im Wesentlichen zwei Arten von Züchtigung – Seine formende und Seine korrigierende Erziehung.

## Die formende Erziehung des Vaters

In jeder Familienchronik sind gewisse Eckdaten zu finden, die für die Familiengeschichte von besonderer Bedeutung sind. Für den Wiens-Clan war solch ein wichtiges Datum der 12. August 1986.

Dieses Datum ist in einer Ecke des Zementbodens eingraviert, der uns während unserer Zeit in Colorado als Basketballplatz und Arena für allerlei Zwecke diente.

Es war im frühen Sommer 1986 als wir beschlossen hatten, dieses Gelände neben unserer Garage neu zu gestalten. Bis dahin war es ein nutzloses Stück Land gewesen, das mit Unkraut und Gras überwuchert war. Es war ein Haufen von nutzlosem Dreck, der sich hinter unserem Zaun verbarg. Aber David und Alyson wollten ein Basketball-Feld haben und ich hatte ihnen versprochen, dass wir dort eines bauen würden. So schufteten wir viele Stunden, jäteten Unkraut, karrten überschüssige Erde weg, bauten eine Stützmauer von einem guten Meter Höhe zur Stabilisierung des Nachbarzauns und bereiteten das ganze Gelände für seine zukünftige Bestimmung vor.

Nun bin ich zwar kein Experte in Sachen Zementbaukunst, aber ich weiß, dass es nicht damit getan ist, einfach die Zementfirma anzurufen und eine Ladung Zement zu bestellen. Es müssen gewisse Vorbereitungen getroffen werden, bevor der Zement kommt, und wenn er gegossen ist, erfordert es immer noch viel harte Arbeit, um das gewünschte Resultat zu erzielen. Während dieses ganzen Bauprozesses wünschte ich mir oft, ich könnte einfach ein Wort sprechen und ein fertiges Basketballfeld würde auf einen Schlag entstehen. Aber mir war bewusst, dass ich ohne zu arbeiten lediglich einen Haufen Zement haben würde, der nicht brauchbarer wäre als der ganze Dreck, der vorher da war – nur härter und teurer.

Wir bereiteten also den Platz vor und stellten sicher, dass er wirklich eben war. In Quer- und Längsrichtung verlegten wir Verstärkungsstangen, die ein Stahlgitter bildeten, das dem Feld mehr Stabilität und eine längere Lebensdauer verleihen würde. Dann bauten wir aus Brettern einen Rahmen in exakt den Dimensionen, die das Feld haben sollte. Wir warteten auf einen Tag mit günstigem Wetter, organisierten einige Helfer, holten die Schubkarren, Schaufeln und Gartenschläuche hervor und *dann* riefen wir die Zementfirma an. Sie kamen und schütteten den Zement auf den vorbereiteten Platz und wir schufteten stundenlang wie die Pferde, um das Zeug in alle Ecken zu schieben, alles einzuebnen und dann glatt zu streichen, um so unser Ziel zu erreichen. Da der Zement immer noch nass und weich war, konnten wir ihn in genau die Form bringen, die unsere vorbereitete Konstruktion vorgab. So konnten wir sicher sein, dass wir am Ende das Basketballfeld haben würden, das wir uns vorgestellt hatten.

Und dann, als wir gerade unsere Arbeit bewunderten, braute sich ein typisches Colorado-Sommergewitter zusammen und wir versuchten, so schnell wie möglich irgendwo eine Plastikfolie aufzutreiben, die groß genug war, um den nassen Zement abzudecken, damit der Regen ihn nicht wegspülen würde und all unsere Investition an Zeit, Arbeitskraft und Geld umsonst gewesen wäre. Als alles – inklusive der Beinah-Katastrophe – schließlich erledigt war, hatten wir am Ende des Tages ein wunderbares Basketballfeld. Wir mussten den Zement nur noch aushärten lassen, damit die spätere Nutzung und Beanspruchung weder Risse noch Abnutzung nach sich ziehen würde. So ließen wir das Feld drei Tage lang im August-Sonnenschein aushärten und dann gehörte es uns – jetzt konnten wir es voll und ganz genießen.

Was ich damit verdeutlichen will, ist Folgendes: Um seinen Nutzen zu erfüllen, musste der Zement durch ein paar äußere Faktoren in die richtige *Form* gebracht werden, die nicht Teil des fertigen Produktes waren. Die *Form* ist nicht das Basketballfeld selbst, aber sie ist entscheidend bei der Formgebung des Feldes. Ohne die Form hätte das Feld nicht gebaut werden können. Als das Feld in seiner Form hart geworden war, war die Form nicht mehr länger erforderlich.

Formende Erziehung hat eine ähnliche Bedeutung im Leben von Gottes Söhnen und Töchtern. Sie bildet nicht das Leben des Individuums, aber sie gibt dem Leben die gewünschte Form, damit es die Absicht Gottes erfüllen kann. Der Schreiber der Sprüche hat über diese Gestaltung des Lebens geschrieben:

> Erziehe den Knaben für seinen Lebensweg; dann weicht er auch im Alter nicht davon ab.
>
> Sprüche 22,6

Ich verstehe das so, dass es im Herzen von Gott dem Vater ein Muster und einen Plan für jedes Seiner Kinder gibt. Er kennt uns zutiefst, denn Er ist die Quelle einer jeden Persönlichkeit. Jeder Mensch spiegelt auf die eine oder andere Weise eine Facette des Wesens und des Charakters des Vaters wider und deshalb hat jeder einen einzigartigen Platz im Herzen des Vaters. Zudem glaube ich auch, dass Gott ein Gott ist, der spricht. Er ist ein Vater, der sich mitteilt, dem die Entwicklung jeder Person wichtig genug ist, um jedem, der sich die Zeit nimmt zuzuhören, Seine persönlichen Pläne mitzuteilen. Das erste wichtige Werkzeug in diesem formenden Prozess ist das Wort Gottes. In Galater 3,24 zeigt uns Paulus die formgebende Funktion von Gottes Gesetz auf:

> So hat das Gesetz uns in Zucht gehalten bis zum Kommen Christi, damit wir durch den Glauben gerecht gemacht werden.
>
> Galater 3,24

Das Ziel von Gottes Wort ist es, eine Richtlinie für unser Leben zu geben, die uns zu Jesus Christus führt. Im Griechischen wird hier das Bild eines *Kinder-Begleiters* vermittelt. Das war ein Angestellter der Familie, der neben den Kindern herging und schaute, dass sie auf dem richtigen Weg blieben, bis sie ihr Ziel erreicht hatten. Wenn das Kind alt genug war, um selbst richtige Entscheidungen treffen zu können und die Verantwortung dafür zu übernehmen, wurde der Kinder-Begleiter entlassen. Das Wort Gottes ist unser Begleiter, es hilft uns dabei, auf dem rechten Weg zu bleiben. Deshalb ist es wichtig, dass wir als junge Gläubige die Gewohnheit entwickeln, Gottes Wort zu studieren und darüber nachzusinnen. Diese Gewohnheiten werden wie Leitplanken sein, die uns in die Gegenwart Jesu führen, bis wir einen gewissen Grad an Reife in unserem Glauben erreicht haben. Danach hört das Wort auf, lediglich einschränkend sein, und wir fangen stattdessen an, das Wort zu verinnerlichen. Es ist dann in unsere Herzen geschrieben und wird in unserem Leben zur Hauptstraße, die uns hin zu Jesus führt. Wenn wir das Wort lesen oder studieren, dann haben wir nicht bloß mit Regeln und Vorschriften zu tun, sondern mit unserem Herrn selbst.

Das zweite wichtige Werkzeug der formenden Erziehung bei einem Kind Gottes sind Menschen, insbesondere die Familienmitglieder.[50] In unserem Fall war es so, dass sowohl Mary als auch ich aus Familien kamen, in denen über Generationen hinweg Musik und Anbetung fester Bestandteil des Lebens waren. Obwohl unsere Eltern in verschiedenen Staaten aufwuchsen, kamen sie aus der gleichen kirchlichen Mennoniten-Tradition, die reich an Chor- und Instrumentalmusik war. Auf dem Weg ins Erwachsenenalter traten wir beide unabhängig voneinander einem Kirchenchor bei, nachdem wir die achte Klasse abgeschlossen hatten. Jeden Monat gab es eine Sonntagabend-Veranstaltung, die den jungen Musikern als Übungsfeld diente. Hier konnten sie ihr Können am Instrument oder beim Singen vor der Gemeinde zeigen.

Deshalb beschlossen wir, als wir dann selbst Kinder hatten, sie von klein auf bis in ihr Teenageralter hinein Musikstunden nehmen zu lassen. Dazu empfanden wir uns als Eltern verpflichtet, denn es entstand aus der Überzeugung heraus, dass wir ihnen die Möglichkeit bieten sollten, eine Gabe zu entwickeln und in etwas wirklich gut zu werden. Das ist unsere Verpflichtung unseren Kindern gegenüber, denn im Alter von fünf oder sieben oder auch zwölf Jahren sind Kinder nicht in der Lage, sich für zehn bis zwölf Jahre im Voraus festzulegen. Sie denken in viel kürzeren Zeitspannen und wir wussten, dass unsere Kinder bei den ersten Schwierigkeiten die Flinte ins Korn werfen würden, wenn wir ihnen alleine die Entscheidung überlassen würden.

In der Wahl des Klavierunterrichts entschlossen wir uns für die Suzuki-Methode, weil sie auf junge Kinder ausgerichtet ist und sich auf zwei wesentliche Dinge konzentriert, die wir als sehr wichtig erachteten: Als Erstes konzentriert sich diese Methode auf das Erlernen von Melodien, bevor sie Theorie vermittelt – ähnlich wie beim Erstspracherwerb, wo wir erst sprechen lernen, bevor wir die korrekte Grammatik lernen. Und zweitens verpflichtet diese Methode die Eltern zur Mitwirkung – sowohl bei den Klavierstunden als auch beim Üben. Und dies taten wir dann auch zehn Jahre lang, Woche für Woche. Wir beobachteten die Stunden, machten Notizen über die Anweisungen, die der Lehrer ihnen gab, und setzten uns dann neben sie, wenn sie übten und sahen zu, wie sie das ihnen Aufgetragene erarbeiteten. Zuerst lernten die Kinder, Melodien nachzuspielen, die sie auf einer Aufnahme gehört hatten. Wir spielten ihnen aus den Liedern immer eine kurze Passage vor und forderten sie dann auf zu wiederholen, was sie gehört hatten. Wir übten mit ihnen die Fingerpositionen, die Stellung der Hände und halfen ihnen, gerade zu sitzen. Wir fanden Strategien heraus, wie wir unsere Kinder am besten motivieren konnten, welches die besten Zeiten zum Üben waren und wie die richtige Balance aussah zwischen Belohnung und Konsequenz. Wir hörten uns sicher zehntausendmal Tonleitern an – aber das Wichtigste dabei war: *Wir taten es, weil wir sie liebten und uns für sie das Beste wünschten, nämlich dass sie in all das hineinkommen würden, was der Herr für sie hat.* Es ging nicht um Quälerei, sondern um Formung. Es ging darum, die Fähigkeiten und den Charakter unserer Kinder zu formen und ihnen Werkzeuge zu geben, die in jedem Gebiet ihres Lebens angewendet werden können. Wir hatten während all dem auch oft die Gelegenheit, unsere Beziehungen zu vertiefen, einander zu vergeben, Geduld und Toleranz zu üben und unsere Kinder langsam in die Realität von liebender, formender Disziplin hineinzunehmen.

Ich werde den Tag nie vergessen – es waren etwa fünf Jahre vergangen, seitdem David mit dem Klavierunterricht angefangen hatte. Ich kam die Treppe herunter, um seiner Übungsstunde zuzuhören. Er war schon am Spielen, und während ich mich ihm näherte, blieb ich plötzlich unvermittelt stehen. David hatte das Präludium von

Rachmaninoff seit längerem geübt und er liebte dieses Stück. Als ich auf der Treppe innehielt, realisierte ich, dass er nicht mehr nur Töne spielte, sondern *Musik machte.* Seine volle Aufmerksamkeit galt der Tastatur unseres alten Klavieres und er gab sich leidenschaftlich der Seele von Rachmaninoffs Stück hin, indem er alles in die Musik hineinlegte, was in ihm als Neunjährigem steckte. Etwas in ihm war erwacht. Er war kein Kind mehr, das einfach nur Klavierunterricht nahm; er war zum Musiker geworden. Ich musste weinen, als ich zuhörte, denn ich sah, dass ein Wandel stattgefunden hatte, dass David mit etwas Ewigem in Berührung gekommen war, und dass mein Erbe zu seinem Erbe geworden war. Er würde nie aufhören, zu musizieren.

Das Gleiche vollzog sich auch bei Alyson, nur nicht am Klavier, sondern auf der Flöte. Obwohl sie denselben Unterricht bekam wie David, die gleichen Lehrer hatte und nach derselben Methode lernte, fand sie keine geistliche Verbindung zu dem, was sie tat – bis sie begann, Flöte zu spielen. Es war, als ob sie ein anderes Territorium brauchte als ihr Bruder. Musik war ihr Erbe, aber ihre Neigung war eine andere. Sie war kein Klon, sondern eine eigenständige Persönlichkeit, und durch das Flötespielen wurde sie zur Anbeterin. Jahre später, als sie in unserem Anbetungsteam mitspielte, trugen ihre schwungvollen Melodien die Versammlung in die Gegenwart des Herrn. Sie lernte zu improvisieren, so dass himmlische Melodien aus ihrem Instrument hervorströmten und sie ihren himmlischen Vater anbetete.[51]

Diese formende Erziehung, bei der sich die Kinder in einer Disziplin üben, ist so wichtig, weil das Resultat von formender Erziehung Freiheit ist. Ohne sie ist unser Leben nicht frei, sondern nur chaotisch. Ein junges oder undiszipliniertes Kind mag vielleicht an einem Klavier sitzen und spontan und kreativ auf den Tasten herumklimpern, aber das Resultat ist nicht Musik, sondern Chaos. In unserer Kultur sind wir fälschlicherweise zu dem Schluss gekommen, dass unsere Kinder ihre Freiheit ausleben können müssten, aber wenn formende Disziplin keinen

Platz in ihrem Leben hat, dann kann nur Chaos entstehen, nicht Schönheit.

Rachel ist nun mitten im Teenageralter und hat sich diesem Prozess der Schulung ihrer musikalischen Fähigkeiten hingegeben. Obwohl wir sie genauso wie auch die anderen zum Klavierunterricht schickten, kristallisierte sich schnell heraus, dass sie eine echte Sängerin ist. Schon als kleines Kind sang sie ununterbrochen und dichtete ihre eigenen Lieder über Freud und Leid, verarbeitete ihre Emotionen und Verletzungen und verlieh dem Leben Ausdruck, das in ihr Gestalt annahm. Sie singt jetzt in den Anbetungsteams vom International House of Prayer in Kansas City, und in ihren geistlichen Gaben kommt eine starke prophetische Seite hervor. Dies scheint ihre Begabung zu sein und wir werden ihr helfen, sich darin weiterzuentwickeln und diese Gaben zu schärfen, auf dass sie den Weg finden möge, zu dem sie berufen ist. Mein absolutes Lieblingslied von Rachel ging in etwa so: «Ich bin kein Junge, ich bin keine Katze, ich bin kein Hund, ich bin ein Mädchen!» Es war so köstlich!

## Formung bringt Jünger hervor

Ich erzähle diese Geschichte aus folgendem Grund: Wenn wir als unvollkommene, irdische Eltern unseren Kindern eine formende Erziehung schenken und sie in verschiedenen Disziplinen schulen, die gute Frucht im Leben der Kinder hervorbringen – wie viel mehr wird unser Himmlischer Vater das auch für uns tun, und zwar in Vollkommenheit? Jesus nannte die Menschen, die Ihm am engsten nachfolgten, *Jünger*.[52] Das Wort bedeutet wörtlich Schüler. Diese Bezeichnung ist verwandt mit dem Wort *Schulung*. Es beinhaltet eine Beziehung, die nicht nur aus Freundschaft und Kameradschaft besteht, sondern auch aus *Formung*. Das Erste, was Jesus zu den drei Jüngern sagte, die Seinen engsten Kreis bildeten, hat mit diesem formenden Prozess zu tun:

Und als er am See von Galiläa entlangging, sah er Simon und Andreas, Simons Bruder, im See die Netze auswerfen, denn sie waren Fischer. Und Jesus sprach zu ihnen: Kommt mir nach, und ich werde euch zu Menschenfischern machen! Und sogleich verließen sie die Netze und folgten ihm nach. Und als er ein wenig weiterging, sah er Jakobus, den Sohn des Zebedäus, und seinen Bruder Johannes, auch sie im Boot, wie sie die Netze ausbesserten; und sogleich rief er sie. Und sie ließen ihren Vater Zebedäus mit den Tagelöhnern im Boot und gingen weg, ihm nach.

Markus 1,16-20

Jesu Ziel im Leben Seiner Jünger war, sie genau zu den Menschen zu formen, die Gott ursprünglich im Sinn gehabt hatte. Die Umgestaltung dieser impulsiven, cholerischen Fischer zu reifen, mit Kraft ausgestatteten Dienern Gottes würde den Prozess der *Jüngerschaft* erfordern (englisch: *to discipleship*, was den *Prozess der Disziplinierung bzw. Schulung* beinhaltet). Sie mussten in das Bild umgestaltet werden, das Gott in Seinem Herzen hatte, lange bevor Er ihnen Leben gab. Für mich haben die Erzählungen in den Evangelien eine völlig neue Dynamik erhalten, seit ich begonnen habe, die Berichte als Training und formenden Prozess im Leben der Nachfolger Jesu zu sehen. Ich will zwei Berichte im Neuen Testament aufgreifen, die das veranschaulichen.

Der erste Text befindet sich in Matthäus 17. Der Abschnitt berichtet uns, dass Jesus Petrus auffordert, fischen zu gehen und die Tempelsteuer zu bezahlen, die für sie beide fällig war. Wenn diese Begebenheit interpretiert wird als das Ausüben von formender Disziplin bzw. Schulung im Leben des Petrus, dann erhält sie eine völlig neue Bedeutung. Dort heißt es:

Als sie aber nach Kapernaum kamen, traten die Männer, die die Tempelsteuer einzogen, zu Petrus und sprachen: Zahlt euer Lehrer nicht die Doppeldrachmen? Er sagt: Doch. Und als er in das Haus eintrat, kam Jesus ihm zuvor und sprach: Was meinst du,

Simon? Von wem erheben die Könige der Erde Zoll oder Steuer, von ihren Söhnen oder von den Fremden? Da er aber sagte: Von den Fremden, sprach Jesus zu ihm: Demnach sind die Söhne frei. Damit wir ihnen aber kein Ärgernis geben, geh an den See, wirf eine Angel aus und nimm den ersten Fisch, der heraufkommt, öffne sein Maul, und du wirst ein Vierdrachmenstück finden; das nimm und gib ihnen für mich und dich!

Matthäus 17, 24-27

In dieser Geschichte lehrt Jesus hauptsächlich darüber, wer einer auferlegten Steuer pflichtig ist. Doch dann beauftragt er Petrus, etwas sehr Seltsames zu tun. Er sagt Petrus voraus, dass ihn ein Wunder erwarte, er dafür aber etwas Riskantes und scheinbar Törichtes tun müsse, damit das Wunder geschieht.

Es gab einen Grund, warum viele Lektionen, die Jesus Petrus erteilt hatte, mit dem Fischergewerbe zu tun hatten. Petrus war ein Experte auf diesem Gebiet und er hat diesen Beruf als seine Einkommensquelle und seinen Lebensunterhalt betrachtet. Jesus und Petrus hatten auf diesem Gebiet mehrere gemeinsame Erlebnisse – der überwältigende Fischfang, nachdem Petrus die ganze Nacht erfolglos gewesen war, die Vermehrung der Fische bei der Speisung der Fünftausend, nur um zwei solcher Begebenheiten zu nennen – und jetzt erteilte Er ihm wieder eine Lektion in Sachen Fischen. Ich glaube, dass Petrus die Herrschaft Jesu auf seinem eigenen Fachgebiet sehen musste, um dem Vater hinsichtlich Versorgung und Wohlergehen völlig vertrauen zu können und sich nicht länger auf seine menschliche Fähigkeit zu verlassen.

Also schickt Jesus Petrus zum Angeln und sagt ihm, dass der erste Fisch, den er fangen würde, ein Vierdrachmen-Geldstück in seinem Mund haben würde, mit welchem er die Tempelsteuer für sich selbst und für den Herrn bezahlen könne. Stell dir die Antwort von Petrus vor: «Herr, ich soll was tun? Sieh mal, ich war mein ganzes Leben lang Fischer und ich gehe sicher nicht mit einer Angel am Ufer fischen. Das machen die Touristen, die Typen mit den Kameras und Turnschuhen und Hawaii-Hemden. Ich bin ein Profi, ich arbeite mit Booten und Netzen. Und zweitens habe ich nie einen Fisch mit einem Geldstück im Mund gesehen. Warum willst du, dass ich ...» – und Jesus unterbricht ihn mitten im Satz: «Petrus, bist du mein Jünger?» «Ja, Herr. Ok, ok, ich geh ja schon. Aber das übertrifft ja wohl alles, was ich je gesehen habe.»

Siehst du, wie Petrus die Straße zum See runter geht und zu sich selbst murmelt: «Das ist der dümmste Tag in meinem Leben!» Johannes sieht ihn gehen und ruft:

«He, Petrus, wo gehst du hin?»

«Ich geh spazieren.»

«Kann ich mit dir mitgehen?» fragt Johannes.

«Ich geh lieber alleine.»

Er kommt zum Wasser und sagt: «Ich glaub es einfach nicht, dass Er mir so etwas zumutet. Bist du der Fisch, oder ist es der dort drüben?» Er wirft seine Schnur aus, zieht den Fisch raus, öffnet dessen Maul und hat ein Pfingsterlebnis. «Preis den Herrn, ich wusste es! Ich wusste, dass ich den nötigen Glauben haben würde! Jesus hat es gesagt, ich habe es geglaubt und das genügt!»

Und tatsächlich hat Petrus geglaubt, *denn er tat, was Jesus ihm sagte.* Er wurde durch die Lektion in seinem eigenen Fachgebiet ausgebildet und das Resultat war ein neues Verständnis von der Macht und Gnade Gottes. Das nächste Mal, wenn Jesus ihm etwas Fragwürdiges auftragen würde, würde er mehr Glauben haben, weil er durch diese Schulung im Glauben geformt wurde.

Die zweite Geschichte finden wir in der Apostelgeschichte. Dort geht es um Tabita und ihr Auferwecktwerden von den Toten.

> In Joppe aber war eine Jüngerin mit Namen Tabita, das heißt übersetzt: Gazelle. Sie war reich an guten Werken und Almosen, die sie übte. Es geschah aber in jenen Tagen, dass sie krank wurde und starb. Und als man sie gewaschen hatte, legte man sie in ein Obergemach. Da aber Lydda nahe bei Joppe war, sandten die Jünger, als sie gehört hatten, dass Petrus dort sei, zwei Män-

ner zu ihm und baten: Zögere nicht, zu uns zu kommen. Petrus aber stand auf und ging mit ihnen; und als er angekommen war, führten sie ihn in das Obergemach. Und alle Witwen traten weinend zu ihm und zeigten ihm die Unter- und Oberkleider, die Dorkas gemacht hatte, während sie bei ihnen war. Petrus aber trieb alle hinaus, kniete nieder und betete. Und er wandte sich zu dem Leichnam und sprach: Tabita, steh auf! sie aber schlug ihre Augen auf, und als sie den Petrus sah, setzte sie sich auf. Er aber gab ihr die Hand und richtete sie auf; er rief aber die Heiligen und die Witwen und stellte sie lebend vor. Es wurde aber durch ganz Joppe hin bekannt, und viele glaubten an den Herrn. Es geschah aber, dass er viele Tage in Joppe bei einem Gerber Simon blieb.

Apostelgeschichte 9,36-42

Dies ist eine wunderbare Geschichte und in den Augen all der Zeugen dieses Wunders musste dies die Autorität Gottes auf Petrus' Leben zweifelsohne befestigt haben. Wir haben die Neigung, solche Begebenheiten auf die einzigartige Begabung von Petrus abzuschieben und zu wünschen, dass solche Vollmacht auch heute noch erhältlich wäre. Aber wenn wir die Geschichte aus Lukas 8 betrachten, wo die Tochter des Jairus durch die Hand Jesu von den Toten auferweckt wurde, dann sehen wir, dass Petrus im Dienst der Wunderwirkung genauso geschult und trainiert wurde, wie auch wir ausgebildet und geformt werden, um die Werke zu tun, zu denen Gott uns berufen hat. Lies den Text:

Als aber Jesus es hörte, antwortete er ihm: Fürchte dich nicht, glaube nur! Und sie wird gerettet werden. Als er aber in das Haus kam, erlaubte er niemand hineinzugehen außer Petrus und Johannes und Jakobus und dem Vater des Kindes und der Mutter. Alle aber weinten und beklagten sie. Er aber sprach: Weint nicht! Denn sie ist nicht gestorben, sondern sie schläft. Und sie lachten ihn aus, da sie wussten, dass sie gestorben war. Er aber ergriff ihre

> Hand und rief und sprach: Kind, steh auf! Und ihr Geist kehrte zurück, und sogleich stand sie auf; und er befahl, ihr zu essen zu geben.
>
> Lukas 8,51-55

Beachte die erstaunlichen Parallelen in diesen beiden Berichten. In beiden Fällen war die Person tot, als der Diener des Herrn erschien. In beiden Fällen waren professionelle Trauernde bereits zusammen mit der Familie und Freunden vor Ort. In beiden Fällen wurden diese zusätzlichen Leute aus dem Raum geschickt, wo der Leichnam lag. In beiden Fällen nahm der Diener die tote Person bei der Hand und befahl ihr «aufzustehen». In beiden Fällen wurde die erweckte Person den anderen vorgeführt, die auf das Resultat warteten.

Es scheint klar, dass Petrus aus seinem Erlebnis des Dienstes Jesu an der Tochter des Jairus gelernt hatte. Später, als Jesus die Erde verlassen und die Kraft des Heiligen Geistes auf die Gemeinde ausgegossen hatte, als Petrus in das Zimmer ging, in dem Tabita lag, musste er gedacht haben: «Ich bin schon einmal in einer Situation wie dieser gewesen. Wie hat Jesus das gemacht? Ah ja, als Erstes hat Er sich all dieser Leute entledigt. Was kommt als Nächstes? Genau, nimm sie an der Hand. Nun, vielleicht bete ich zuerst. Ok, was hat Er dann gesagt? Ah ja, *Steh auf!* Preis den Herrn, Er hat es wieder getan!»

Petrus wurde in seinem Dienst durch die Beziehung mit Jesus Christus geformt. Er lernte zu beten, zu predigen, Wunder zu wirken, Dämonen auszutreiben, indem er neben Jesus stand, als der diese Dinge tat. Formende Disziplin stellte die Leitplanken dar, innerhalb derer Petrus wandeln sollte und die ihn zu dem bevollmächtigten Diener formten, den Gott im Sinn hatte, als Er Petrus das Leben schenkte.

Es ist heute noch genauso, auch mit uns. Gott stellt uns in Beziehung mit denjenigen, die uns zu den Personen formen und gestalten werden, die Er im Sinn hat, und Er wird uns diejenigen anvertrauen, über deren Formung und Entwicklung wir wachen sollen. Das fängt in der Familie an und geht in der Gemeinde weiter, wo Er jedem von uns Beziehungen und Aufgaben gibt, die unserem Leben Sinn und Ziel geben. In den frühen Jahren meines Lebens im Dienst war es mein Privileg, mit zwei Männern eine Beziehung aufzubauen, nämlich mit Blaine Cook und Bob Jones. Diese Männer wurden vom Herrn in meinem Leben dazu gebraucht, mich im Dienst der Gaben des Heiligen Geistes zu formen. Ich lernte, wie ich wirksam für Kranke beten konnte, indem ich neben Blaine stand und sah, wie Leute unter seiner Hand geheilt wurden. Er wies mich an, wo ich meine Hände hinlegen und was ich sagen sollte, und ich habe gesehen, wie Leute von der Kraft Gottes berührt wurden.

Ich lernte Worte der Weisheit und Erkenntnis in das Leben von Menschen hineinzusprechen, dadurch dass ich neben Bob Jones stand, als er sprach. Ich habe das Erstaunen auf den Gesichtern der Leute gesehen, als er ihnen Dinge aus ihrem Leben erzählte, die er nicht wissen konnte, außer durch den Heiligen Geist. Ich sah, wie sie weinten und sich freuten, als die Gnade Gottes sie berührte und ihnen Kraft schenkte, ihren Weg mit Ihm weiterzugehen. Dann entließen mich diese Männer – einer nach dem anderen – in meinen eigenen Dienst. Sie ermutigten mich, das Risiko einzugehen, das Wort des Herrn selbst zu hören, es zu wagen, aus dem Boot zu steigen und mit dem Herrn im Bereich des Übernatürlichen zu wandeln. Heute ist es meine größte Freude, diese Dinge nicht nur zu tun, sondern andere, die neben mir stehen, darin zu schulen und ihnen die Fertigkeit zu vermitteln, die Gabe zu gebrauchen, die ihnen vom Heiligen Geist geschenkt wurde.

Solche Gelegenheiten finden oft in der Öffentlichkeit statt, wenn ich zum Beispiel in einem Restaurant sitze und meine Aufmerksamkeit auf eine bestimmte Person richte, die gerade an einem benachbarten Tisch Platz nimmt. Plötzlich fühle ich, dass ich diesen Menschen kenne und kann in seinem Gesicht etwas vom Charakter Gottes und Seiner Absicht erkennen. Ich habe gelernt, dass es für mich in solchen Momenten um formende Erziehung geht, und ich die Wahl habe, zu lernen oder nicht. Ich habe gelernt, diesen Impulsen zu gehorchen und im Glauben die Dinge auszusprechen, von denen ich spüre, dass der Heilige Geist sie zu meinem Herzen spricht – nur ein Gedanke, oder ein einfaches Wort. Ich habe gesehen, wie durch meinen Gehorsam der Segen Gottes auf andere Menschen kam, und die Freude darüber ist das Risiko wert.

Ich möchte an dieser Stelle von einer solchen Begegnung berichten. Vor einiger Zeit war ich mit zwei Freunden in einem Restaurant, als eine Familie hereinkam – ein Mann, seine Frau und ihre drei Töchter – und sich an den Tisch neben uns setzte. Etwas in meinem Geist wusste, dass es Gläubige waren, und ich sah Weisheit in dem Mann und einen Geist der Ermutigung in der Frau. Also stand ich von meinem Platz auf, stellte mich der Familie vor und fragte, ob ich etwas sagen dürfe. Nachdem sie bestätigt hatten, dass sie tatsächlich gläubig waren, sagte ich ihnen die Dinge, die ich über sie in meinem Herzen gespürt hatte. Ich hatte ein Wort der Erkenntnis und die Gabe der Geisterunterscheidung – Gaben, die jedem Gläubigen zur Verfügung stehen, da der Heilige Geist in jedem Gläubigen wohnt und die Quelle dieser Gaben ist. Als ich die Worte sagte, die der Geist Gottes auf mein Herz gelegt hatte, bestätigten der Mann und seine Frau, dass das Wort sehr zutreffend war. Und danach passierte etwas sehr Rührendes: Eine der Töchter, die etwa zehn oder zwölf Jahre alt war, schaute mich mit einem Lächeln an und sagte: «Sie haben gerade eine Botschaft vom Himmel für uns erhalten!» Sie waren ermutigt und ich war gesegnet, weil ich ihnen diese Ermutigung vermitteln durfte.

Ich glaube, Gott der Vater hat solche Erlebnisse für jeden von uns, und zwar immer wieder. Der Schlüssel, der die Tür zum Dienst von Jesus durch uns in der Kraft des Heiligen Geistes öffnet, ist formende Disziplin. Diejenigen, die sich durch sie formen lassen, fahren eine Ernte von Gerechtigkeit und Frieden ein und wandeln in der Freude der Gegenwart des Herrn. Mein Gebet ist, dass du diese erfreuliche Sache auch kennen lernst.

## Schwierigkeiten neu als Erziehung definieren

Es gibt noch eine andere Dimension von formender Erziehung, die in Betracht gezogen werden muss. In Hebräer 12,7 werden wir dazu ermutigt, Bedrängnis als Erziehung zu erdulden, da Gott uns dadurch als Söhne behandelt. Dieser Vers ist schwer zu verstehen, denn in unserer leistungsorientierten Gesellschaft denken wir, dass doch alles gut gehen sollte, wenn wir alles richtig machen. Fälschlicherweise denken wir, dass uns keine Schwierigkeiten im Wege stehen dürften, es sei denn, wir haben versagt oder das Ziel irgendwie verfehlt. Diese Denkweise wurde auch im Leib Christi durch gewisse Lehransätze bezüglich Glauben genährt. Es wird behauptet, dass wir den Himmel auf Erden haben würden, wenn wir den richtigen Glauben haben und die richtigen Dinge sagen und tun würden – eine Utopie von immer nur grünen Ampeln, von Rosen ohne Dornen, von materiellem Gewinn und geistlicher Vollmacht. Das Problem bei dieser Sichtweise des Lebens ist, dass sie nicht in den Rahmen des Gesamtzeugnisses der Heiligen Schrift passt. Wir werden sowohl im Alten als auch im Neuen Testament gelehrt, dass Schwierigkeiten nicht nur kommen, um uns zu korrigieren und Dinge in unserem Leben aufzuzeigen, die verändert werden müssen. Schwierigkeiten kommen auch zu treuen, gehorsamen Söhnen und Töchtern, damit sie in das Ebenbild Jesu verwandelt und der außenstehenden Welt ein Zeugnis von Treue und Gehorsam sein können.

Die Stelle in Hebräer 12,7 könnte zwar auch als rein korrigierende Erziehung und Züchtigung interpretiert werden (in Kapitel 11 gehe ich näher darauf ein), aber im Jakobusbrief finden wir einen Abschnitt, der ein eindeutiger Beweis dafür ist, dass aus Schwierigkeiten Segen kommen kann. Hier geht es eindeutig um formende Erziehung:

> Haltet es für lauter Freude, meine Brüder, wenn ihr in mancherlei Versuchungen geratet, indem ihr erkennt, dass die Bewährung

eures Glaubens Ausharren bewirkt. Das Ausharren aber soll zu einem vollendeten Werk führen, damit ihr vollkommen und untadelig seid und ihr an nichts Mangel habt.

Jakobus 1,2-4

Das griechische Wort für «Versuchungen» in Vers 2 ist *peirasmos*, was in der Strongs Konkordanz folgendermaßen definiert wird: «ein Versuch, um zu prüfen ( z.B. durch ein Experiment), mit einer Verlockung zur Sünde, in Begleitung von Not und Bedrängnis». In Vers 3 ist das ursprüngliche Wort, welches als «Bewährung» übersetzt wird, *dokimion* und bedeutet «Erproben, Prüfen». Was in diesen Versen geprüft wird, ist der Glaube selbst. Einige Christen wollen uns glauben machen, dass wir überhaupt keine Prüfungen erleben, wenn wir nur richtigen Glauben haben, aber das ist ganz einfach nicht wahr. Schwierige Zeiten begegnen dem Gläubigen, um den Glauben zu begutachten, um den Glauben, der gewachsen ist, in die Praxis umzusetzen und zu prüfen, ob er unter Druck standhält.

In Jesaja 64,8 gebraucht der Prophet das Bild, dass das Volk Gottes wie Ton in der Hand des Töpfers ist. Er gestaltet und formt uns nach Seinem Willen, und dann – wie jeder Töpfer weiß – wird das frisch getöpferte Gefäß ins Feuer gestellt, um seinen Wert zu beweisen. Dadurch zeigt sich, ob es irgendwelche Defekte gibt, oder ob das Gefäß tatsächlich fertig ist, um im Haus des Töpfers gebraucht zu werden. Die kunstvolle Ausformung des Gefäßes kann die Notwendigkeit des Feuers nicht umgehen; das Formen stellt lediglich sicher, dass sich das Gefäß als würdig erweist, wenn das Feuer kommt.

Das beste Beispiel im Alten Testament für diese Realität ist die Geschichte der drei jungen Männer im Buch Daniel. Wir finden den Bericht in Kapitel 3. Nichts deutet darauf hin, dass etwas im Leben dieser drei jungen Männer als Sünde oder Mangel an Glauben betrachtet werden kann. Hananja, Mischael und Asarja (deren Namen in Schadrach, Meschach und Abed-Nego geändert wurden) lebten während des Exils von Juda zusammen mit Daniel in Babylon. Weil Gottes Gunst auf ihrem Leben lag, wurden sie als die besten und gebildetsten Jünglinge im Reich angesehen. Sie sind Gott so treu, dass sie sich weigern, sich den Göttern des heidnischen Königs zu unterwerfen. Sie waren sich völlig bewusst, dass sie der Tod im Feuerofen erwartete. Als ihre Entscheidung gegen die Anbetung des Standbildes hinterfragt wird, antworten die drei jungen Männer dem König Folgendes:

> Schadrach, Meschach und Abed-Nego antworteten und sagten zum König: Nebukadnezar, wir haben es nicht nötig, dir ein Wort darauf zu erwidern. Ob unser Gott, dem wir dienen, uns erretten kann – sowohl aus dem brennenden Feuerofen als auch aus deiner Hand, o König, wird er uns erretten – oder ob nicht: So sollst du, König, wissen: Auch dann verehren wir deine Götter nicht und beten das goldene Standbild nicht an, das du errichtet hast.
> Daniel 3,16-18

Der König wird so wütend, dass er befiehlt, die Hitze des Ofens auf das Siebenfache zu erhöhen, und lässt die jungen Männer ins Feuer werfen. Das Feuer ist so heiß, dass sich die Sklaven allein durch das Hintragen der Drei zum Ofen tödliche Verbrennungen zuziehen. Aber als die Drei im Ofen sind, überleben sie nicht nur, sondern «Einer wie ein Göttersohn» erscheint und leistet ihnen Gesellschaft in der Hitze! Ihr Glaube hat sie nicht vor der Prüfung bewahrt, sondern ihr Glaube wurde vielmehr durch die Prüfung bewiesen!

Bedrängnisse bestätigen unsere Sohnschaft. Nöte zeigen die wirkliche Beschaffenheit unseres Glaubens auf. Wenn das Feuer einen Makel im Gefäß offenlegt, dann beginnt der Töpfer von vorne. Aber anders als der menschliche Töpfer wirft unser Vater, der Meister-Töpfer, das unvollkommene Gefäß nicht weg, sondern lässt es mit Seiner Liebe solange in Berührung kommen, bis es wieder weich und formbar ist, und modelliert uns aufs Neue, bis unsere Würde sichtbar ist. Jesus ist natürlich das neutestamentliche Bild dieser Realität. Die

Tatsache, dass die Sohnschaft von Jesus durch Not und Bedrängnisse bewiesen wurde, wird in Hebräer 5 gezeigt. Der Text bezeugt:

> Als er auf Erden lebte, hat er mit lautem Schreien und unter Tränen Gebete und Bitten vor den gebracht, der ihn aus dem Tod retten konnte, und ist um seiner Gottesfurcht willen erhört worden und lernte, obwohl er Sohn war, an dem, was er litt, den Gehorsam; und vollendet, ist er allen, die ihm gehorchen, der Urheber ewigen Heils geworden. Hebräer 5,7-9

Der Tod Jesu war die Leidenserfahrung, die Er durchleben musste, um dadurch Gehorsam lernen und zur Quelle unserer Errettung werden zu können. Aber sagt dieser Text etwa, dass Er jemals *nicht* gehorsam gewesen, oder dass Er jemals *nicht* die Quelle unserer Errettung gewesen war? Natürlich nicht. Jesus war immer gehorsam und ist seit jeher die Quelle unserer Errettung gewesen – schon vor Grundlegung der Welt. Der Text besagt, dass Sein Gehorsam im Umfeld von realem Leiden *gezeigt* werden musste, damit Seine Sohnschaft bewiesen und nicht mehr in Frage gestellt werden konnte.

Unser liebender Vater tut dasselbe mit uns. Er lässt Prüfungen zu – nicht weil Er uns damit testen will, ob wir treu sein werden oder nicht – sondern weil gerade dann unsere eigene Bedürftigkeit offenbar wird und wir Seine Gnade und Barmherzigkeit erleben und erproben können. Der Vater vertraut der Kraft Seiner Liebe und hat dieses Vertrauen auch in das Herz eines Seiner menschlichen Diener eingearbeitet, dem Apostel Paulus. Betrachte seine Haltung Schwierigkeiten gegenüber:

> Denn ich bin überzeugt, dass weder Tod noch Leben, weder Engel noch Gewalten, weder Gegenwärtiges noch Zukünftiges, noch Mächte, weder Höhe noch Tiefe, noch irgendein anderes Geschöpf uns wird scheiden können von der Liebe Gottes, die in Christus Jesus ist, unserem Herrn.
>
> Römer 8,38-39

## Die Prüf-Methode des Vaters

Die Prüfungen kommen, damit wir durch sie erkennen können, dass die Kraft des Heiligen Geistes in uns Treue hervorgebracht hat und dass wir in unserem Erbe als Seine Kinder bestätigt wurden. Wenn wir während der Prüfungen versagen und sich unser Glaube als unreif erweist, dann erleben wir Seine Liebe und Wiederherstellung, indem Er uns aufhilft und ermutigt, uns tröstet und uns für die nächste Prüfung vorbereitet. Wenn wir ein korrektes Verständnis der Erziehung und Züchtigung des Vaters haben, werden wir durch sie ermutigt. Seine Bewährungs- und Prüfmethode schließt Scheitern aus. Bei Seinen Prüfungen darf man seine «Schulbücher» immer zu Hilfe nehmen, wenn man nicht weiter kommt; und so kannst du jederzeit zur Heiligen Schrift greifen und andere Heilige in der Geschichte finden, die auf die gleiche Art geprüft wurden. Er erlaubt uns, mit anderen in Zeiten der Prüfung zu reden, damit sie uns helfen können, eine richtige Sichtweise von der Situation zu bekommen und weiter vorwärts zu gehen. Er erlaubt es uns, Ihm während der Prüfung Fragen zu stellen, und Er wird alle Antworten geben, wenn wir gewillt sind, zu vertrauen und zu warten. Und schließlich erlaubt Er uns, den Test so oft zu wiederholen, bis wir ihn bestehen. Sein Prüfverfahren schließt Scheitern aus! Es ist die Art des Vaters, und Er ist gut.

Zusammen mit den Schreibern der Schrift sage ich dir: Lass dich nicht von der Tatsache überwältigen, dass von dir verlangt wird, mit Schwierigkeiten und Nöten umzugehen. Gott behandelt uns als Seine Kinder; und wenn du mit der Prüfung beginnst, wird Sein Sohn mit dir gehen. Wenn du die Prüfung bestanden hast, wird Sein Charakter und Sein Wesen ganz in dir Form angenommen haben, damit du die Fülle der Freude deines Erbes als Kind des Vaters erfahren kannst.

# 11

# Der erziehende Vater - Teil 3

*Hebräer 12,5-6*

> Und hat der Herr euch auch Brot der Not und Wasser der Bedrängnis gegeben, so wird dein Lehrer sich nicht mehr verbergen, sondern deine Augen werden deinen Lehrer sehen. Und wenn ihr zur Rechten oder wenn ihr zur Linken abbiegt, werden deine Ohren ein Wort hinter dir her hören: Dies ist der Weg, den geht!
>
> Jesaja 30,20-21

Eine der trostreichsten Wahrheiten im Reich Gottes ist, dass wir einen Vater haben, der bei uns ist, der uns nicht vernachlässigt und nicht zulassen wird, dass wir einen verhängnisvollen Fehler begehen oder aus Versehen unser Leben ruinieren. Er wird uns nicht ignorieren und uns nicht törichte, falsche Entscheidungen treffen lassen, die so gravierend sind, dass wir dadurch an dem vorbeigehen, wozu Gott uns berufen und geschaffen hat. Vielmehr wacht der Vater jeden Augenblick über uns. Und wie ich bereits im vorigen Kapitel gezeigt habe, lässt Er zu, dass wir uns von Zeit zu Zeit in Situationen befinden, durch die wir geprüft werden, damit wir sehen, was in unseren Herzen und Gedanken ist.

Wir Menschen meinen oft, dass wir uns selbst als besser einschätzen können, als dies tatsächlich der Fall ist. C.S. Lewis zeigt dies in seinem Buch *Pardon, ich bin Christ*:

> Wenn ein Mensch sich bessert, gewinnt er auch immer größere Klarheit über das Böse, das noch in ihm ist. Wird ein Mensch schlechter, so verliert er die Klarheit über sich selbst und seine Schlechtigkeit. Ein nicht völlig verdorbener Mensch weiß immerhin, dass er nicht gerade gut ist. Ein durch und durch schlechter Mensch meint, er sei ganz in Ordnung ... Gute Menschen wissen um Gut und Böse, schlechte Menschen wissen von beidem nichts.[53]

Wenn wir Prüfungen durchleben, sind wir in der Position, uns meistens selbst so zu sehen, wie wir wirklich sind. Dann zeigt uns der Vater die Dinge in unserem Leben, die der Veränderung bedürfen. Dies ist der Prozess der korrigierenden Erziehung. Wenn wir schnell auf ihn eingehen, dann ist die korrigierende Erziehung nicht viel anders als die formende Erziehung. Der Vater wünscht sich, dass wir schnell Buße tun, schnell unsere Gedankenstrukturen und unser Verhalten ändern, schnell Vergebung, Barmherzigkeit und die Kraft des Heiligen Geistes zur Reifung empfangen, um dann anders handeln zu können. Aber Tatsache ist, dass unser natürlicher Mensch höher von sich denkt, als er das tun sollte. Deshalb neigen wir dazu, der formenden Erziehung des Herrn Widerstand zu leisten und weiter unseren eigenen Weg zu gehen. Deswegen kommt diese korrigierende Erziehung mit größerer Deutlichkeit und Strenge zum Tragen.

Beim Großziehen unserer eigenen Kinder, wurde überraschend schnell klar, dass unsere kleinen Sprösslinge einen eigenen Willen haben. Wir haben sehr früh gesehen, dass es leicht für sie war, ihren Willen für die unterschiedlichsten Aktivitäten einzusetzen. Manche entsprachen dem, was wir als Eltern für gut erachteten, andere nicht. Wenn das, was sie unternahmen, töricht oder gar gefährlich erschien, haben wir Schritte unternommen, um diesen Kurs zu ändern. Wir haben so wenig Druck wie möglich angewendet, um die gewünschte Korrektur zu erreichen. Aber wir haben auch schnell festgestellt, dass es Zeiten gibt, wo nur Schmerz die gewünschte Änderung in der Einstellung und im Verhalten hervorbringen kann.

Unser Sohn Dave konnte bereits seit einigen Monaten laufen, als diese Realität für uns ganz deutlich wurde. Als junges Ehepaar in den 1970er Jahren war uns unsere Stereo-Anlage sehr wichtig, auch wenn sie bescheiden war. Als Dave lernte, auf wackeligen Beinen zu gehen, wurden wir es schnell Leid, *Nein!* zu rufen, wenn er in die Nähe der Stereo-Anlage oder des Fernsehers kam, und so stellten wir Barrieren auf. Sofakissen, Stühle und die Esszimmerbank waren ausreichend, um die Geräte außerhalb seiner Reichweite zu halten. Wir bauten so also eine externe Absperrung auf, die einigermaßen sicherstellte, dass er unseren Wünschen Folge leistete. Aber wie wir alle wissen, sind äußere Anpassung und innere Einwilligung nicht unbedingt dasselbe.

Eines Abends hatten wir Gäste zum Abendessen und deshalb die notdürftigen Absperrungen weggeräumt. Alles war so weit in Ordnung, bis Dave fertig mit Essen war und von seinem Stuhl herunter wollte. Ich setzte ihn auf den Boden und er ging schnurstracks auf den Fernseher zu. Wir Erwachsenen waren ins Gespräch vertieft, als plötzlich ohrenbetäubend laute Musik erschallte: Dave hatte den «Ein»-Schalter gedrückt und gleichzeitig das Volumen der Stero-Anlage aufgedreht. Er fiel rückwärts auf seinen Hintern, da der Krach ihn buchstäblich umhaute und aus dem Gleichgewicht brachte, und wir brachen bei diesem Anblick in Gelächter aus. Ich ging zu ihm und schaltete den Fernseher aus, nahm ihn auf den Arm, um ihn in seinem Schock zu trösten und sagte sanft: «Nein, tu das nicht, o.k.?» Hier war keine Bestrafung nötig, denn er war einfach neugierig. Kinder sollten nie dafür bestraft werden, dass sie neugierig sind. Kinder sollen so sein, und so lernen sie auch. Wenn ein Kind für seine Neugierde bestraft wird, wird diese unterdrückt. Das verletzt ihren Geist und zieht tragische Konsequenzen nach sich.

Aber jetzt hatte ich das Gesetz *Tu das nicht* eingeführt. Ab jetzt gab es einen Standard und es ging jetzt nicht mehr länger um Neugierde, sondern um Gehorsam. Ich setzte Dave auf den Boden, und wiederum ging er schnurstracks auf den Fernseher zu. Verwundert schauten wir ihm zu, als er auf sein Ziel zusteuerte, *und dann drehte er sich um, um sicherzustellen, dass ich auch ja zusah!* Dann drückte er den Schalter und drehte das Volumen auf und lachte laut heraus! Er hatte uns beim ersten Mal lachen sehen und er erwartete, dass wir das wieder tun würden. Diese Erwartung hatte sowohl jede Angst vor dem Krach als auch den Einfluss meines *Tu das nicht* beseitigt. Weil er mit den Worten von Dr. James Dobson «seinen großen Zeh über die Grenze rutschen ließ» und nun direkt ungehorsam war, war die Korrektur viel stärker. Ich ging wiederum zu ihm hin, schaltete den Fernseher aus, hob ihn hoch (dieses Mal gab es kein Gelächter!), schaute ihm direkt in seine Augen und sagte: «Ich habe *Nein!* gesagt! Hör damit auf, oder es gibt eins auf deinen Hintern!» Doch wieder war seine freudige Erwartung auf unser Lachen größer als die Furcht vor meiner Drohung, und sobald ich ihn auf den Boden gesetzt hatte, wiederholte er seine Handlung und stellte sicher, dass ich zusah, bevor er den Schalter betätigte.

Als ich meinen Sohn nach dem Vollziehen der Strafe in meinen Armen hielt, ihm Trost in seinem Schmerz gab und er realisierte, dass seine Handlungen Konsequenzen haben würden, sagte ich ihm, wie wichtig es sei, mir zu gehorchen. Ich erklärte ihm, dass sein Gehorsam mir gegenüber zu seinem eigenen Schutz und seiner eigenen Sicherheit dient, bis er alt genug sein würde, um seine eigenen Entscheidungen im Leben treffen zu können. Wäre ich nicht konsequent gewesen und hätte es einfach durchgehen lassen, hätte ich meine Verantwortung als Vater nicht wahrgenommen und für Dave wäre das Verständnis seiner Sohnschaft in Frage gestellt worden.

Alyson lernte das *Nein!* auf eine andere Weise. Sie liebte es, mit den Steckdosen zu spielen. Wir hatten es bemerkt und ihr deutlich *Nein!* gesagt, aber noch bevor wir Gelegenheit hatten, diese Plastik-Schutzstecker zu kaufen, steckte sie eine Pinzette in eine Steckdose und wurde mit einem Schlag auf ihren Hintern geworfen. Gott hat sie in unserer Nachlässigkeit beschützt und sie hat die Botschaft *Spiel nicht mit Steckdosen!* unmittelbar und augenblicklich gelernt.

Doch unsere Tochter Rachel hat uns eine der besten Geschichten geliefert über die Entwicklung innerhalb eines Erziehungsprozesses. Als unsere Kinder jung waren, haben wir die Strategie des *Bis-drei-Zählens* angewendet, um ein Frühwarnsystem zu haben, das ernste Konsequenzen ankündigte, wenn nicht unmittelbare Verhaltensänderung erfolgte. *Eins* bedeutete: «Ich meine das wirklich ernst; ich will, dass du damit aufhörst.» *Zwei* hieß: «Du stehst kurz vor großen Problemen, du musst JETZT aufhören!» *Drei* bedeutete, dass es zu spät war; dass die Grenze überschritten war, und zwar nicht aufgrund von Neugierde, sondern aufgrund von Rebellion, was umgehend zu korrigierender Züchtigung führte.

Eines Abends, als Rachel etwa drei Jahre alt war, hatten wir sie ins Bett gebracht und Mary und ich machten es uns gemütlich, um etwas Fernsehen zu schauen, bevor wir schlafen gingen. Plötzlich spürten wir, dass jemand hinter uns war, und als wir uns umdrehten, sahen wir Rachel dort stehen. Man konnte ihr förmlich ansehen, wie sie darauf wartete, von uns zum Mitschauen eingeladen zu werden. Und – großzügig, wie ich war – winkte ich sie zu uns, damit sie auf dem Kuschelplatz zwischen Mary und mir sitzen konnte. Sie kam, stellte sich vor uns und sagte ganz ruhig, dass wir vom Sofa gehen sollten, weil sie dort sitzen wolle. Ich war etwas perplex und sagte: «Nein, Rachel. Hier ist genug Platz. Komm setz dich zwischen uns.» Sie aber wiederholte, dass sie das Sofa für sich alleine wollte, und ich teilte ihr mit, dass das nicht passieren würde.

Im nächsten Moment passierte das Unglaubliche. Rachel schaute mir in die Augen und sagte: *Eins!* Meine dreijährige Tochter gab mir den Countdown! Mary und ich brachen in Gelächter aus, gingen vom Sofa runter und gaben ihr den Platz, den sie wollte. Diese unverschämte Bitte musste erfüllt werden. Aber du kannst ganz beruhigt sein, wir hatten noch viele andere Situationen, wo wir ihr nicht nachgaben; doch diese eine Begebenheit war etwas Besonderes.

## Züchtigung ist zu unserem Guten

Weil Gott ein guter Vater ist, behandelt Er uns so, wie ein Vater seine Kinder behandelt. Unser Handeln ist Ihm nicht gleichgültig, aber es versetzt Ihn auch nicht in Wut. Er züchtigt uns nie aus Bequemlichkeit, sondern zu unserem Nutzen (Hebräer 12,10). Er hat unser Bestes im Sinn und will Heiligkeit in unserem Leben hervorbringen. Deshalb ist Sein erster Schritt in Seinem Erziehungsprozess das Setzen von Grenzen. Er hat dies mit Seinen ersten Kindern Adam und Eva getan, als Er sagte:

> Von jedem Baum des Gartens darfst du essen; aber vom Baum der Erkenntnis des Guten und Bösen, davon darfst du nicht essen; denn an dem Tag, da du davon isst, musst du sterben!
>
> 1. Mose 2,16-17

Hier sehen wir die klare Abgrenzung, was zulässig ist und was nicht. Um eine echte Liebesbeziehung mit dem Vater zu haben, eine Beziehung von freiwilliger Liebe, mussten die Kinder die Möglichkeit haben, diese Beziehung auch ablehnen zu können. Eine Beziehung ohne Entscheidung kann nicht Liebe sein, sondern nur etwas Roboterhaftes. Der Vater wünscht sich keine Marionetten, sondern Kinder, die Ihn lieben, und deshalb müssen sie die Möglichkeit haben, Ihn *nicht* zu lieben und sich gegen eine Beziehung mit Ihm zu entscheiden.

Deshalb war die Bühne frei für das Drama von 1. Mose 3. Gott, der sich nach der freiwilligen Liebe von Seinen neu geschaffenen Kindern sehnte, zog absichtlich Seine unmittelbare und spürbare Gegenwart zurück, damit jede Entscheidung, die sie treffen würden, auch tatsächlich ganz ihre Entscheidung sein würde. Als der Feind dann als Schlange kam und sie verführte, entschieden sich Adam und Eva bewusst für den Ungehorsam und waren dann mit den Konsequenzen ihres Verhaltens konfrontiert: das Getrenntsein von Gott und das Eindringen von Tod in ihr Leben. Diese Trennung war jedoch kein Zeichen der Ablehnung ihnen gegenüber, sondern diente vielmehr zu ihrem Schutz, da sie in der Gegenwart eines heiligen Gottes nur leben konnten, wenn sie sich selbst völlig der Heiligkeit hingaben. Jede Sünde im Leben des Individuums hätte in der unmittelbaren Gegenwart Gottes zum Tod geführt, aber nicht, weil er intolerant wäre, sondern weil Heiligkeit und Sünde nicht nebeneinander existieren können. Also hat Gott sie aus Seiner unmittelbaren Gegenwart entfernt, damit sie nicht zerstört wurden, und begann sofort damit, das Konzept von Sühnung durch Opfer einzuführen. Er tötete ein Tier, um Seine vom Weg abgekommenen Kinder mit Kleidern zu bedecken, und gab ihnen gleichzeitig die Zusage, dass Er eines Tages mit dem Feind abrechnen werde, indem Er seinen Kopf mit der Ferse des Nachkommens der Frau – nämlich Jesus – zermalmen würde.

Durch die ganze Bibel hindurch können wir dieses Handlungsmuster erkennen: Gott ergreift die Initiative, um mit Seinen Kindern Beziehung aufzubauen. Er schenkt ihnen Leben und gibt ihnen alles, was sie zum Leben brauchen. Er zeigt für ihr Verhalten klare Grenzen auf und stellt ihnen die Mittel zur Verfügung, innerhalb dieser Grenzen leben zu können. Er erklärt ganz deutlich die Konsequenzen, die das Überschreiten der Grenzen nach sich zieht. Aber Er schafft immer wieder Wege, wie die Menschen zurück in die Gemeinschaft mit Ihm kommen können, wenn sie die Grenzen überschritten haben.

Ich muss noch einmal die Realität klar hervorheben: Es gibt nur eine wählbare Möglichkeit, ein segensreiches und lohnendes Leben zu finden. In unserer Kultur können wir zwischen verschiedenen Lebensstilen wählen, die auf einer Skala von «ziemlich gut» bis «schlecht» stehen. Wir können wirklich gesund leben, wenn wir fetthaltige Speisen vermeiden und jeden Tag Sport treiben. Wir können einigermaßen gesund leben, wenn wir einen gemäßigten Lebensstil führen. Oder wir können ungesund leben, wenn wir uns weiterhin schlecht ernähren, ungelöste Stresssituationen mit uns herumtragen oder giftige Substanzen wie Drogen oder zu viel Alkohol zu uns nehmen. Wir wollen gern die Möglichkeit haben, die Art und Qualität unserer Existenz selbst zu bestimmen.

Aber wenn die Frage nach der Ewigkeit gestellt wird und wenn es darum geht, Leben statt Tod zu wählen, dann gibt es nur eine Möglichkeit. Wenn wir Leben wollen, dann gibt es das nur in der Gemeinschaft mit Gott zu Seinen Bedingungen. Wenn wir uns dazu entscheiden, diese Bedingungen nicht zu akzeptieren, dann ist das Resultat davon nicht eine schlechtere Lebensqualität, sondern Tod. Moses hat diese Realität sehr genau festgehalten, als er die Worte Gottes im 5. Buch Mose aufgeschrieben hat:

> Siehe, ich habe dir heute vorgelegt das Leben und das Gute, den Tod und das Böse, indem ich dir heute gebiete, den HERRN, deinen Gott, zu lieben, auf seinen Wegen zu gehen und seine Gebote, seine Ordnungen und seine Rechtsbestimmungen zu bewahren, damit du lebst und zahlreich wirst und der HERR, dein Gott, dich segnet in dem Land, wohin du kommst, um es in Besitz zu nehmen. Wenn aber dein Herz sich abwendet und du nicht gehorchst und du dich verführen lässt und dich vor anderen Göttern niederwirfst und ihnen dienst, dann kündige ich euch heute an, dass ihr ganz gewiss umkommen werdet. Ihr werdet eure Tage nicht verlängern in dem Land, in das du über den Jordan ziehst, um hineinzukommen, es in Besitz zu nehmen. Ich rufe heute den Himmel und die Erde als Zeugen gegen euch auf: Das Leben und Tod habe ich dir vorgelegt, den Segen und den Fluch! So wähle das Leben, damit du lebst, du und deine Nachkommen, indem du den HERRN, deinen Gott, liebst und seiner Stimme gehorchst und ihm anhängst! Denn das ist dein Leben und die Dauer deiner Tage, dass du in dem Land wohnst, das der HERR deinen Vätern, Abraham, Isaak und Jakob, geschworen hat, ihnen zu geben.
>
> 5. Mose 30,15-20

Aus dem Text geht klar hervor, dass Gott uns als Seinen Kindern klar definierte Parameter für das Leben gegeben hat, die auf Liebe und Beziehung zu Ihm als unserem Vater gegründet sind. Der Wunsch Seines Herzens für uns wird im letzten Satz von Vers 19 und in Vers 20 formuliert. Wir sollen Gott lieben, auf Ihn hören und Ihm gehorchen, *weil Er unser Leben ist*, und jede Belohnung, auf die wir hoffen, liegt in Ihm. Es gibt keine andere Option für Leben, außer Gott zu lieben und Ihm zu gehorchen. Es gibt keinen Plan B. Ich habe viele getroffen, die sagen: «Na ja, ich denke das stimmt so für dich, das ist gut so, aber ich wähle einen anderen Lebensstil.» Das Problem mit dieser Antwort ist, dass es keine andere Option gibt, die Leben beinhaltet. Die einzige andere Option ist der Tod. Der Grund dafür ist nicht, dass Gott eine strafende, selbstzentrierte Gottheit wäre, die sich an denjenigen rächt, die die Dinge nicht so sehen wie Er. Das ist die Art der griechischen, der römischen oder der keltischen Götter der Mythologie, welche tatsächlich in ihrer Art dämonisch waren. Gott, unser Vater, ist bezüglich der Wahl zwischen Leben oder Tod in Beziehung zu Ihm so deutlich, *weil Er allein Leben ist.* Außerhalb der Beziehung zu Ihm gibt es kein Leben. Nicht einfach anderes Leben; sondern kein Leben. Erinnere dich an die Aussage des Evangelisten Johannes in Johannes 1,4 – *«In ihm [dem Wort, oder Jesus] war Leben, und das Leben war das Licht der Menschen.»* Leben ist in Ihm allein, und die Parameter, die Er aufgestellt hat, beschreiben, was diese Beziehung ausmacht.

Das klingt vorerst nach schlechter Nachricht, ist es aber nicht. Obwohl das Evangelium in gewisser Weise sehr einschränkend ist (Leben, gemäß dem Weg des Gottes der Bibel, oder Tod), ist der Dreh- und Angelpunkt, der alles zur guten Nachricht werden lässt, die Liebe des Vaters für alle Menschen. Seine Liebe ist so allumfassend, dass Er bei jeder Person die Initiative ergreift, sich selbst zu offenbaren und den Weg in die Beziehung mit Ihm zu zeigen. Er hat uns allen Möglichkeiten gegeben, in diese Beziehung einzutreten, so dass jeder Einzelne die Entscheidung treffen kann, Ihn zu lieben oder auch nicht.[54]

## Gottes Freundlichkeit ist nicht bloß ein Gefühl

Die Liebe Gottes verkündet *nicht* eine allumfassende Begnadigung, egal, wie die Qualität der Beziehung zu Ihm ist. Die Menschen heutzutage verstehen das Wesen der Liebe unseres Gottes nicht. Sie halten Ihn für einen «guten Gott», aber was sie sich darunter vorstellen, ist ein wohltätiger, zittriger alter Schwachkopf, der mehr einem senilen Großvater ähnelt, als einem Gott, dessen Liebe stark und heilig ist. Weil Gott gnädig ist, meinen sie, dass Er lächeln und sagen wird: «Na ja, Kinder sind halt einfach Kinder», und ihre Verrücktheiten durchgehen lässt, denn «schließlich ist Er ja gut, und ein guter Gott würde keinen in die Hölle schicken.»

Das ist nicht der Gott der Bibel. Seine Liebe ist so, dass sie Beziehung voraussetzt, denn Liebe ohne Beziehung ist keine Liebe, sondern bloß Gefühlsduselei. Wahre Liebe wünscht sich das Beste für das Objekt der Liebe – wahre Freiheit und wahres Glück. Sie wird alles tun, was in ihrer Macht steht, damit diese wahre Freiheit und dieses wahre Glück erreicht wird. Gottes Liebe ist eine entschlossene Liebe, eine Liebe, die uns freisetzen wird, selbst wenn Er unser ganzes Wesen verändern muss, um Sein Ziel zu erreichen. Wenn wir uns dazu entscheiden, uns auf Seine Liebe einzulassen, wird Er Himmel und Erde in Bewegung setzen, um das zu ermöglichen. Und doch gibt es diejenigen, die entschlossen sind, dieser Liebe zu widerstehen, auch wenn sie für ihren Widerstand mit ewigem Tod bezahlen müssen, und Gott wird sich ihnen nicht aufzwingen. In der Sprache von C.S. Lewis: «Er kann nicht verzaubern, er kann nur werben».

Deswegen wählte Gott das Volk Israel als sein Eigen aus und beschloss, durch diese kleine und unbedeutende Ansammlung von Stämmen Seine Güte und Liebe der ganzen Welt zu bringen, indem Er das Gesetz einführte. Dies war das System von Richtlinien, das Sein Volk in Seine Nähe führen und ihm aufzeigen würde, dass es nur in Abhängigkeit von Ihm in der Lage sein würde, so zu leben, wie es Seinem Wesen entspricht. In einer innigen Beziehung und Nähe zu Ihm würden sie die Gnade finden, so zu werden wie Er. Sie würden Seinen Charakter und Sein Wesen annehmen, und Sein Königreich würde ihnen gehören. Und selbst wenn sie versagen würden, würde Er auf ein Opfersystem hinweisen, das schon vor Grundlegung der Welt da war. Dieses prophetische System würde seine Erfüllung finden in Jesu Leben, Tod und Auferstehung. Es würde durch die Kraft des Heiligen Geistes dafür sorgen, dass das Volk Gottes in Seinen Charakter umgestaltet werden wird. Auf diese Weise würde die innige Beziehung und die Nähe zu Seinem Volk realisiert werden, was schon immer Sein Plan und Ziel war. Und der Gott und Vater, dessen Liebe höher und tiefer und weiter und breiter als irgendetwas Geschaffenes ist, würde mit Seinem Volk diese Liebesbeziehung haben, die Sein Herz sich schon immer gewünscht hatte.

Es war Gottes Wunsch sicherzustellen, dass Sein Volk nahe bei Ihm bleiben oder nach einer Zeit auf Abwegen wieder zu Ihm zurückkehren würde. Deshalb hat Gott korrigierende Erziehungsmaßnahmen eingesetzt, Konsequenzen bei rebellischem Verhalten, die dazu dienen würden, ihre Herzen zurück zum Vater zu bringen, dessen Wunsch es war, sie zu segnen. Er teilte ihnen mit, dass ihr Leben von Segen, Versorgung und Schutz gekennzeichnet sein würden, wenn sie nahe bei Ihm blieben. Aber wenn sie ihren eigenen Weg gingen, würde Er aus Seiner großen Liebe heraus Konsequenzen zulassen und solche sogar initiieren, damit sie sie zurück zu Ihm bringen würden, damit Vergebung und Wiederherstellung geschehen kann.

## Die Verheißung von Segen und Fluch

Die grundlegende Anweisung Gottes an Sein Volk findet sich in 5. Mose 6:

> Höre, Israel: Der HERR ist unser Gott, der HERR allein! Und du sollst den HERRN, deinen Gott, lieben mit deinem ganzen Herzen und mit deiner ganzen Seele und mit deiner ganzen Kraft. Und diese Worte, die ich dir heute gebiete, sollen in deinem Herzen sein.
>
> 5. Mose 6,4-6

Diesen einleitenden Sätzen folgt eine lange Liste von positiven Segnungen und Vorteilen, die die Nation Israel haben würde, wenn sie lernten, Gott mit ihrem ganzen Herzen zu lieben. In Kapitel 8 schreibt Mose dann die Warnungen gegen Ungehorsam auf:

> Und es wird geschehen, wenn du je den HERRN, deinen Gott, vergisst und andern Göttern nachläufst und ihnen dienst und dich vor ihnen niederwirfst, so bezeuge ich heute gegen euch, dass ihr ganz gewiss umkommen werdet. Wie die Nationen, die der HERR vor euch umkommen lässt, so werdet ihr umkommen, dafür dass ihr auf die Stimme des HERRN, eures Gottes, nicht hört.
>
> 5. Mose 8,19-20

Wenn das Volk mit Gott wandelte, erlebten sie die unglaublichen Segnungen. Die Kraft Seiner Hand leitete sie, kämpfte für sie, stillte ihre Bedürfnisse, sorgte für sie und liebte sie. Aber wenn sie sich von Gott abwendeten und sich von den Wegen der umliegenden Nationen, die Gott nicht anerkannten, verführen ließen, dann würde Gott die korrigierenden Erziehungsmaßnahmen ins Spiel bringen. Sie würden Niederlage in den Schlachten erleben, wo vorher Sieg war. Sie würden Krankheit erfahren, wo sie vorher in Gesundheit wandelten. Sie würden Hunger erleben, wo vorher ihr Korn ständig im Überfluss vorhanden war. Sie würden die sozialen Probleme der umliegenden heidnischen Gesellschaften erleben, wo sie vorher Heiligkeit und Segen erfahren hatten.

Es ist wichtig zu sehen, dass Gott immer geduldig war, bevor er diese Züchtigungsmaßnahmen anwendete. Oft ließ er die Israeliten einfach nur die Frucht ihrer Eigensinnigkeit ernten. Das war Seine Strategie aus der Geschichte des Verlorenen Sohnes, die ich im ersten Kapitel dieses Buches betrachtet habe. Oft reichen die Probleme, in die wir uns selbst hineinbegeben, schon aus, um unsere Herzen zurück zum Vater zu kehren. Und Er ist geduldig genug zu warten, bis die selbst ausgelösten Probleme ihre Wirkung zeigen. Gott besteht jedoch darauf, Sein Volk allein für sich zu haben. Deshalb würde Gott durch Seine große Liebe und Hingabe an Seine Verheißungen sogar dazu gezwungen sein, die mörderische Kraft der heidnischen Nationen über Sein eigenes Volk zu bringen, in der Hoffnung, dass sie das Volk zu Ihm zurücktreiben würde. In Jesaja 10,5 nennt Gott die Nation Assyrien *«die Rute meines Zorns»*, die Er als ein Werkzeug der Züchtigung gegen Israel einsetzte. Im 29. Kapitel des Propheten schildert Gott ein Szenario, das einen erschaudern lässt – nämlich dass Seine züchtigende Gegenwart durch die physischen Feinde Israels verkörpert wird und dass Er mit der militärischen Belagerung die Absicht verfolgt, Sein Volk zurück zu Ihm zu bringen:

> Und ich werde mein Lager ringsum gegen dich aufschlagen und dich mit einem Wall einschließen und Belagerungswerke gegen dich errichten. Dann bist du erniedrigt und wirst aus der Erde reden, und aus dem Staub wird deine Rede dumpf ertönen. Und deine Stimme wird sein wie die eines Totengeistes aus der Erde, und aus dem Staub wird deine Rede flüstern. Aber wie feiner Staub wird die Menge deiner Feinde sein und wie dahinfahrende Spreu die Menge der Gewalttätigen. Und plötzlich, in einem Augenblick, wird es geschehen: Vom HERRN der Heerscharen wird sie heimgesucht werden mit Donner und Erdbeben und großem Getöse, mit Wind und Sturm und mit der Flamme eines verzehrenden Feuers. Und wie ein Traum, wie ein Nachtgesicht wird die Menge all der Nationen sein, die Krieg führen gegen Ariel, und alle, die gegen sie und ihre Befestigung zu Felde ziehen und

> sie bedrängen. Und es wird sein, wie wenn der Hungrige träumt: Siehe, er isst – dann wacht er auf, und seine Seele ist leer, und wie wenn der Durstige träumt: Siehe, er trinkt – dann wacht er auf, und siehe, er ist erschöpft, und seine Seele ist ausgedörrt: So wird die Menge all der Nationen sein, die Krieg führen gegen den Berg Zion.
>
> Jesaja 29,3-8

Auch wenn der Herr selbst ihnen den Krieg erklärte, ist das Wunder immer wieder, dass Er Seinem Volk unverzüglich zu Hilfe kommt und ihre Feinde zerschmettert, sobald sie aus dem Staub auch nur zu Ihm murmeln. Sinn all dessen war immer, die Herzen von Israel zurück zu ihrem Vater zu kehren, damit sie die Segnungen Seiner Liebe wieder erfahren konnten.

Die Geschichte von Gottes Volk im Alten Testament ist die Aufzeichnung einer Abwärtsspirale, die von Heiligkeit und Kraft bis hinunter zu Gottlosigkeit und Gefangenschaft führt. Der Abstieg dauerte mehrere hundert Jahre lang, weil Gott in Seiner Geduld und Langmut beim kleinsten Hinweis auf eine Umkehr den Segen für die Nation wiederherstellte. Er ging immer vom Besten aus und sandte ihnen immer wieder Propheten und Prophetinnen, deren Aufgabe es war, das Volk an ihre Hingabe zu erinnern, Gott zu lieben und Ihm zu folgen. Sie warnten vor den Konsequenzen, Gottes Liebe abzulehnen, und auch wenn das Volk hin und wieder positiv reagierte, war der Grundton ihrer Reaktion doch die Ablehnung der Botschaft der Propheten. Sie entschlossen sich immer wieder dazu, weiter in der Gottlosigkeit zu verharren und sie sogar fortzuführen. Und trotzdem bot Er ihnen während ihrer Abtrünnigkeit immer wieder die Einladung zur Umkehr. Passagen wie 2. Chronik 7,14 verheißen:

> ... und wenn mein Volk, über dem mein Name ausgerufen ist, sich demütigt, und sie beten und suchen mein Angesicht und kehren um von ihren bösen Wegen, dann werde ich vom Himmel her hören und ihre Sünden vergeben und ihr Land heilen.

Der Vater verlangte nur, dass sie wieder zu Ihm umkehren würden, sich von ihrem egoistischen Lebensstil abwandten, sich selbst demütigten und ihre Not zugaben. Dann würde Er zu ihnen zurückkehren, ihnen vergeben, sie wiederherstellen und sie wieder an den Ort des Segens bringen, der ihnen zu Beginn gehört hatte.

Für uns heute ist es nicht anders. Die Gesetze Gottes sind immer noch in Kraft. Seine Gnade und Kraft wurde für uns erkauft durch das Leben, den Tod und die Auferstehung von Jesus Christus. Diese bevollmächtigende Kraft wurde freigesetzt für uns, die wir durch die innewohnende Gegenwart des Heiligen Geistes glauben, und im Vertrauen auf Ihn werden wir befähigt, in Seinen Wegen zu wandeln. Aber diejenigen, die Ihm den Rücken kehren, werden weiterhin die Konsequenzen ihres Handelns ernten. In Galater 6,7-8 schreibt Paulus die neutestamentliche Version der Aussage aus 5. Mose über Segen und Fluch:

> Irrt euch nicht, Gott lässt sich nicht verspotten! Denn was ein Mensch sät, das wird er auch ernten. Denn wer auf sein Fleisch sät, wird vom Fleisch Verderben ernten; wer aber auf den Geist sät, wird vom Geist ewiges Leben ernten.
>
> Galater 6,7-9

Gott ruft immer noch alle Menschen zu sich; und wie Er dies immer getan hat, benutzt Er dazu jedes Ihm zur Verfügung stehende Mittel. Wenn wir sehen, wie all das Schlechte und Kranke in unserer Gesellschaft sich wie eine Seuche ausbreitet, dann können wir sicher sein, dass die Stimme Gottes mittendrin ist. Er lädt jede Person ein, zu Ihm umzukehren, zu Ihm zu rufen, auch wenn es nur ein Murmeln aus dem Staub ist. Plagen, wie etwa Krankheit, Armut, Kindesmissbrauch und Kriege, sind Folgen unseres Ungehorsams, zu dem wir uns von unserem Feind, dem Teufel, haben verführen lassen. Aber während Satan uns durch all das vernichten will, möchte Gott, dass diejenigen, die Seine «Rute des Zorns» spüren, zu Ihm umkehren und Trost und Erleichterung finden. Seit den schockierenden Ereignissen vom 11. September 2001 haben wir das Handeln des Herrn gesehen, nämlich dass Er die Hand eines Feindes gegen Amerika wüten ließ. Das Traurige ist, dass wir weiterhin unser Vertrauen in Technologie und Kriegswaffen setzen, anstatt zu Gott umzukehren, der uns in einem Augenblick heilen würde, wenn wir Ihm die Chance geben würden.

## Meine eigene Geschichte von korrigierender Erziehung

So tragisch es auch ist, so ist es doch wahr, dass viele Menschen, die Gott nie wirklich kennen gelernt haben, Ihn für die Konsequenzen ihrer eigenen Entscheidungen anklagen. Was mich persönlich betrifft, so ist es erst wenige Jahre her, dass die schwerste Zeit korrigierender Züchtigung in den über 50 Jahren meines Lebens hinter mir liegt. 1983 hatten meine Frau und ich eine Vineyard-Gemeinde gegründet, die damals auf etwa 700 Gottesdienst-Besucher mit einem kleinen Stab von sechs Mitarbeitern angewachsen war, und ich hielt vermehrt Konferenzen rund um das Thema der Wiederherstellung der Beziehung zwischen Gottes Volk und Ihm als ihrem Vater. Unglücklicherweise kümmerte ich mich jedoch nicht um die, die echte Vaterschaft brauchten. Auch wenn in meiner eigenen Familie alles in Ordnung war, ging ich – ohne es zu merken – mit den Mitgliedern unseres Leiterkreises genauso um, wie mein eigener Vater viele Jahre zuvor mit seinen Leitern umgegangen war. Ich schenkte den Leitern kein Gehör mehr, ignorierte ihre Bedürfnisse, lehnte ihren Rat ab und nannte meine persönlichen Launen die Führung des Heiligen Geistes. Obwohl ich wiederholt von Leuten gewarnt wurde, denen etwas an mir lag, hörte ich nicht auf die Warnungen, und in den Herzen der engsten Mitarbeiter begannen diese ungelösten Konflikte innerlich zu wuchern.

Innerhalb von drei Jahren war das Problem zu einem Krebsgeschwür herangewachsen, das den gesamten Leiterkreis von etwa 30 Leuten durchzog. Als sanfte, aber eindringliche Bitten bei mir keine Wirkung zeigten, wurden sie zur «Rute von Gottes Zorn» in meinem Leben, und die Gemeinde begann sich aufzulösen. Nachdem wir die Dinge erstmals heftig beim Namen genannt hatten, begann der sich über etwa ein Jahr hinziehende qualvoll langsame Zusammenbruch. Mittlerweile hatte sich der Schmerz bereits in Ärger verwandelt und es wurde immer offensichtlicher, dass die Gemeinde nicht überleben würde.

Der Tiefpunkt kam für mich im August 1992. Der Tod der Gemeinde war nun nicht mehr zu verhindern, und ich war in die Berge gegangen in die Hütte eines Freundes, um in einer persönlichen Auszeit zu versuchen, wieder etwas Perspektive zu gewinnen und hoffentlich ein tröstendes Wort vom Herrn zu hören. Als ich in der Hütte ankam und meinen Kram eingeräumt hatte, nahm ich meine Bibel heraus und folgte der Lesung, die für diesen Tag auf meinem Plan stand. Sie begann mit Jeremia 30,12-15 und die Worte Gottes trafen mich wie eine mehrfache megatonnenschwere Explosion:

> Denn so spricht der HERR: Unheilbar ist dein Bruch, bösartig ist deine Wunde! Niemand führt deine Rechtssache, für das Geschwür gibt es keine Heilung, keine heilende Haut für dich! All deine Liebhaber haben dich vergessen, sie fragen nicht nach dir. Denn ich habe dich verwundet wie man einen Feind verwundet. Deine Züchtigung war grausam um der Größe deiner Schuld willen, weil deine Sünden zahlreich sind. Was schreist du um Hilfe über deinen Bruch, dass dein Schmerz unheilbar ist? Um der Größe deiner Schuld willen, weil deine Sünden zahlreich sind, habe ich dir das angetan.
>
> Jeremia 30,12-15

Mit einer lauten Stimme ließ mich Gott wissen, dass diese Krise in meinem Leben von Ihm war, dass sie das Resultat meines eigenen Handelns, der Vernachlässigung und dem Missbrauch von Autorität im Leben Seiner Kinder war. In dem Moment, wo ich diese Worte las, wallte mein eigener Schmerz auf und ich begann zu weinen und zu Gott in Buße und Reue zu rufen. Die Hand des Herrn hatte sich gegen mich gewandt, und aus Staub und Asche murmelte ich meinen Ruf nach Hilfe, und in Seiner Barmherzigkeit hörte Er mich.

Nachdem ich diese Stelle, die nur Gericht und keine Hoffnung zu beinhalten schien, nach einiger Zeit verdaut hatte, fühlte ich mich geleitet, weiterzulesen. Und dort, in den Versen 16 und 17, fühlte ich dann die Umarmung des Vaters, der züchtigt und dann wieder herstellt, als Er wiederum zu mir sprach:

> Darum sollen alle, die dich fressen, gefressen werden, und alle deine Bedränger sollen insgesamt in die Gefangenschaft gehen. Und deine Plünderer sollen der Plünderung anheim fallen, und alle, die dich beraubt haben, werde ich dem Raub preisgeben. Denn ich will dir Genesung bringen und dich von deinen Wunden heilen, spricht der HERR, weil man dich eine Verstoßene nennt: «Das ist Zion, nach dem niemand fragt!»
>
> Jeremia 30,16-17

Das ist das Wesen der korrigierenden Züchtigung unseres Vaters. Er nennt die Dinge beim Namen und lässt uns wissen, dass unsere Sünde so beschaffen ist, dass sie uns nur Tod bringen kann. Und dennoch, in Seiner Barmherzigkeit und Liebe, hebt Er uns wieder aus der Schande der Konsequenzen, liebt uns aufs Neue und setzt zu Seiner Zeit die Segnungen aus Seiner Hand wieder ein. Auch wenn die Konsequenzen aus meinem Versagen als Pastor hart waren, benutzte Er sie, um mich zu Ihm hinzuziehen, damit ich meine Zuversicht allein in Ihm finden würde. Er wollte in meinem Herzen und an meinem Charakter etwas vollbringen, was erforderlich war, um mich in das Ebenbild Jesu umzugestalten. Er erlaubte mir, eine gewisse Zeit lang noch weiter als Pastor tätig zu sein, und umgab mich mit einer Gruppe von treuen Männern und Frauen, die mir die Wahrheit in Liebe sagten. In dieser Gruppe von Freunden erhielt ich eine neue Chance, Beziehung zu leben und zu pflegen, wo ich vorher versagt hatte. In den letzten Jahren hat Er mich in die Berufung hineingeführt, für die Er mich schon von Anfang an geschaffen hatte. Alles wurde wiederhergestellt und ich sah mit Zuversicht und Freude, dass Gott ein gnädiger Vater ist, und Seine Züchtigung hat in mir die Frucht der Gerechtigkeit hervorgebracht.

Er ist ein Vater, der Beziehung mit uns haben will. Er will, dass diese Beziehung heilig und gerecht ist. Sein Charakter wird keine Kompromisse eingehen und Seine Liebe auch nicht. Er wird tun, was notwendig ist, damit wir allein Ihn lieben und damit wir wirklich frei werden. Er ist ein guter Vater und durch Seine Erziehung erkennen wir, dass wir wahrhaftig Seine Kinder sind.

# 12

# Der gebende Vater

## *Lukas 12,32*

Die Aussage dieses Buches ist sehr einfach. Die meisten Christen glauben, die Heilige Schrift lehrt, dass Gott ein liebender Gott ist. Allerdings haben viele von uns die Liebe Gottes nicht auf eine Art und Weise erlebt, die uns in unserem tiefst Inneren berührt. Es ist ein großer Unterschied, ob ich nur theoretisch weiß, was die Bibel über die Liebe Gottes sagt, oder ob ich von seiner Gegenwart auf persönliche, tiefe und innige Weise berührt worden bin. König David spricht in seiner wundervollen Meditation über die Liebe Gottes in Psalm 36 von der wunderbaren Erfahrung der Zuneigung Gottes in einer bildhaften und emotionalen Sprache, die weit über das hinaus geht, was die meisten von uns an Erkenntnis haben:

> Wie köstlich ist deine Güte, Gott, dass Menschenkinder
> unter dem Schatten deiner Flügel Zuflucht haben!
> Sie werden satt von den reichen Gütern deines Hauses,
> und du tränkst sie mit Wonne wie mit einem Strom.
> Denn bei dir ist die Quelle des Lebens,
> und in deinem Lichte sehen wir das Licht.
>
> Psalm 36,8-10

Was für ein Bild wunderbarer Erfahrung! Von den Strömen der Wonne Gottes zu trinken! Meine Frage ist: Ist deine Erfahrung mit

Gott etwas so Dynamisches, dass du eine poetische Sprache verwenden musst, um sie zu beschreiben, oder ist sie weniger als das? Weißt du, was es bedeutet, einen Himmlischen Vater zu haben, der sich an dir freut, der dir gegenüber Wohlgefallen empfindet, trotz deiner Unreife? Und dessen oberste Priorität es ist, dir dieses Wohlgefallen auf greifbare Weise mitzuteilen?

Meine Vermutung ist es, dass es für die meisten etwa folgendes zutrifft: Ich habe drei Kinder und stellen wir uns vor, ich hätte ihnen in ihrer Kindheit kleine Liebesbriefe geschrieben. Vielleicht hätte ich diese Zettelchen unter ihr Kissen oder in ihre Vesperbox gesteckt, damit sie in der Schule die Briefchen finden würden. Und auf den Zettelchen würden Dinge stehen wie: «Ich möchte, dass du weißt, wie sehr ich dich liebe! Du bist der Beste! Du hast mein ganzes Herz. Papa.»

Klingt gut, nicht? Aber was wäre, wenn ich meine Kinder nie gesehen hätte, nie auf dem Boden mit ihnen gespielt hätte, sie nie in meinen Armen gehalten und geküsst hätte? Ich könnte ihnen jeden Tag Briefe schreiben und sie könnten diese Briefe lesen und zu einem gewissen Verständnis kommen: «Wow, Papa liebt mich! Er hinterlässt mir jeden Tag einen Brief!» Aber was die erfahrbare Realität dieser Liebe in ihren Herzen betrifft, werden sie nie *erfahren*, dass ich sie liebe, solange ich keine Zeit mit ihnen verbringe. Es ist notwendig, dass ich mit ihnen auf dem Boden kuschle, kämpfe, sie umarme, küsse und erziehe und Zeit mit ihnen verbringe, zuhöre, sie berühre und einfach mit ihnen zusammen bin. Das ist der Unterschied. Und so gibt es auch in unserer Beziehung zum Himmlischen Vater noch eine andere Dimension, als seine Liebe und die Sein Wesen lediglich auf einer intellektuellen Ebene zu verstehen – nämlich, ihn in unserem Herzen zu erfahren.

Ich glaube, dass sich viele von uns danach sehnen, von Gottes Liebe berührt zu werden, aber wir erwarten einfach nicht, dass es jemals dazu kommen könnte. Was wir von Gott wahrnehmen, ist, dass er von uns Heiligkeit, Treue, Abhängigkeit, Großzügigkeit will – all diese Charakterzüge, die tatsächlich das geistliche Leben eines Gläubigen beschreiben. Aber wir halten nicht für möglich, dass all diese Dinge zu dem gehören, die wir von Gott empfangen dürfen. Bestenfalls hoffen wir, dass wir es schaffen, ihn nicht zu verärgern, damit er uns nicht die Dinge vorenthält, die wir zum täglichen Leben brauchen, und damit er uns in den Himmel lässt, wenn wir sterben.

Tatsache ist, dass die Bibel Gott ganz anders darstellt als ich es eben auf überzogene Weise getan habe. Der Vater, den Jesus kannte, ist ein großzügiger, offenherziger Gott, der bei dem Gedanken an Gemeinschaft mit seinen Kindern voller Freude ist. Er ist ein Vater, dem es Freude bereitet, ihnen die Segnungen seines Wesens und seines Überflusses zu geben. So werden wir uns in diesem Kapitel auf den gebenden Vater konzentrieren, um herauszufinden, was die Schrift über Seine Großzügigkeit sagt, die einen so großen Teil von dem ausmacht, wer er ist. Sobald wir beginnen, ihn als einen gebenden Vater zu sehen, werden wir fähig sein mit mehr Vertrauen und Erwartung von Ihm zu empfangen.

## Gottes Bereitschaft zur Großzügigkeit

In Lukas 12 spricht Jesus zu seinen Jüngern über Vertrauen in Gottes Fähigkeit und Bereitschaft, uns mit den Dingen zu versorgen, die wir für das normale tägliche Leben benötigen. Und dann stellt er dieser Zuversicht das Thema des Sorgens gegenüber. Angst und Sorge sind Zwillinge, die in solchen Herzen wohnen, deren Wahrnehmung von Gottes Größe und Güte unterentwickelt ist. Es sind zwei Dämonen, die eine kleine Seele begleiten, die zwar die Verantwortung für das Leben übernommen hat, aber an der wunderbaren Güte und unendlichen Macht vorbeigegangen ist, die unser Vater uns in seiner grenzenlosen Gnade zur Verfügung stellt. Solche Themen hat Jesus im Leben Seiner Jünger zur Sprache gebracht und gebrauchte folgende Worte:

Deshalb sage ich euch: Seid nicht besorgt für das Leben, was ihr essen, noch für den Leib, was ihr anziehen sollt! Das Leben ist mehr als die Nahrung und der Leib mehr als die Kleidung. Betrachtet die Raben, die nicht säen noch ernten, die weder Vorratskammer noch Scheune haben, und Gott ernährt sie. Wie viel seid ihr mehr als die Vögel! Wer aber unter euch kann mit Sorgen seiner Lebenslänge *eine* Elle zusetzen? Wenn ihr nun auch das Geringste nicht könnt, warum seid ihr um das Übrige besorgt? Betrachtet die Lilien, wie sie wachsen; sie mühen sich nicht und spinnen auch nicht. Ich sage euch aber, selbst Salomo in all seiner Herrlichkeit war nicht bekleidet wie eine von ihnen. Wenn aber Gott das Gras, das heute auf dem Feld steht und morgen in den Ofen geworfen wird, so kleidet, wie viel mehr euch, Kleingläubige!

Und ihr, trachtet nicht danach, was ihr essen oder was ihr trinken sollt, und seid nicht in Unruhe! Denn nach diesem allen trachten die Nationen der Welt, euer Vater aber weiß, dass ihr dies benötigt. Trachtet jedoch nach seinem Königreich! Und dies wird euch hinzugefügt werden.

Fürchte dich nicht du kleine Herde! Denn es hat eurem Vater wohlgefallen, euch das Königreich zu geben. Verkauft eure Habe und gebt Almosen; macht euch Beutel, die nicht veralten, einen unvergänglichen Schatz in den Himmeln, wo kein Dieb sich naht und keine Motte zerstört! Denn wo euer Schatz ist, da wird auch euer Herz sein.

Lukas 12,22-34

Die Schlüsselstelle für diesem Abschnitt finde ich in Vers 32: *«Fürchte dich nicht, du kleine Herde! Denn es hat eurem Vater wohlgefallen, euch das Königreich zu geben.»* Das ist eine starke Aussage! Wir sollen uns nicht ängstigen, denn unser Vater wird uns sein Königreich geben, und es ist ihm eine Freude, dies zu tun! Er ist der gebende Vater und Er erfreut sich an dem, was Er tut! Weil dem so ist, können wir sorgenfrei und mit Freiheit im Geist und Vertrauen im Herzen leben. Wir können der Angst entfliehen, die all jene plagt, die sich zwar ihrer Verantwortung bewusst sind, aber nichts über die Ressourcen des Vaters wissen, die ihnen zur Verfügung stehen. Wir können unsere Aufmerksamkeit auf Dinge des Königreiches Gottes richten, und zuversichtlich sein, dass alles, was wir brauchen, ja sogar alles, was wir uns wünschen, durch seine freundliche Großzügigkeit zur Verfügung steht.

Ich habe mich ein bisschen damit befasst, was die Bibel zu diesem Thema des gebenden Wesens Gottes sagt. Es gibt so viel Material, dass ich mich nur auf ein paar der wichtigsten Dinge beschränken werde. Man könnte nur über dieses Thema leicht ein ganzes Buch schreiben, aber ich werde einige wenige Punkte über die offene Hand Gottes herausgreifen, die stark zu mir sprechen – und hoffentlich auch zu dir.

Zuerst möchte ich wieder einmal den Zusammenhang erklären, in dem diese Worte Jesu stehen. Im Abschnitt in Lukas 12 spricht Jesus ohne Umschweife über materielle Bedürfnissen und Versorgung. Er fordert seine Jünger auf, ihrem Verhaltensmuster von Angst und Sorge um die Dinge des täglichen Bedarfs ein Ende zu setzen und in der liebenden und sicheren Fürsorge des Vaters zur Ruhe zu kommen. Dies hört sich wunderbar für uns an, aber ich habe die Erfahrung gemacht, dass dieser Text meistens zur Zurechtweisung der Zuhörer verwendet wird, anstatt dazu, die Größe Gottes zu feiern. In uns selbst und in anderen sehen wir Ängste und wir ermahnen uns gegenseitig, Sorgen aus unserem Leben zu eliminieren und gegen unsere Gefühle der Angst anzugehen. Der Blick ist dann aber auf meine Not gerichtet, mit meinen Ängsten fertig werden zu müssen, und das Resultat ist, dass ich dann noch mehr Angst habe, weil ich mich jetzt mit dieser zerbrochenen Stelle in meinem Herzen befassen muss. Die Wahrheit ist, dass ich nie in der Lage war, erfolgreich mit den Problemzonen meiner eigenen Seele umzugehen, es sei denn es gab eine unwiderstehliche und wunderschöne Realität, die größer war als meine Angst und die sich meiner Angst entgegenstellte.

Ich werde an die Geschichte des Propheten Elisa zusammen mit seinem Diener erinnert, die in 2. Könige Kapitel 6 erzählt wird. Der König von Syrien versucht Israel anzugreifen, aber Elisa empfängt von Gott die Offenbarung über die Aktivitäten des Königs und die Angriffe werden immer wieder zunichte gemacht. In seiner Frustration sendet der König nun – um mit Elisa fertig zu werden – eine Riesenanzahl Streitwagen und Pferde und lässt die Stadt umstellen, in der Elisa sich aufhält. Als Elisas Diener das sieht, wird er von Furcht ergriffen.

Wenn dieser Diener ein Christ aus unserer Zeit wäre, würde ihn vielleicht jemand ermahnen, sich seinen Ängsten zu stellen und sie zu überwinden. Oder jemand würde ihm ein Buch verkaufen über den Umgang mit Furcht, noch jemand anderes könnte seinen Mangel an Geistlichkeit kritisieren, weil er zugibt, dass er Angst hat. Aber Elisa hat keine Kritik für den emotionalen Zustand des jungen Mannes übrig. Jeder, der sehen würde, wie die feindlichen Armeen die Stadt umzingeln, würde dasselbe fühlen, *es sei denn* er könnte den zwingenden Beweis sehen, dass dies nichts ist, wovor man sich fürchten müsste. Als Elisa ihn also dazu aufforderte, sich nicht zu fürchten, bezog er sich damit nicht auf die persönlichen Ressourcen des jungen Mannes. Vielmehr lud er ihn dazu ein, die Realität zu sehen. Elisa bat den Herrn, die Augen des jungen Mannes zu öffnen, damit er die Dinge so sehen könnte, wie sie wirklich waren: dass die Armeen des Himmels, die den Feind umgaben, in Anzahl und Kraft unendlich viel stärker sind. Die Realität, die die Furcht des Dieners überwand, basierte allein auf der Offenbarung der überlegenen Kraft von Gott und seinen Engeln, dank der die Situation völlig unter Kontrolle war.

Wenn es uns gelingt, gegen Angst und Sorgen in unserem Leben anzugehen, dann nicht deshalb, weil wir geistlich diszipliniert genug wären, nicht an all die Probleme um uns herum zu denken. Das ist unrealistisch und unverantwortlich. Wir sind vielmehr dazu aufgerufen, unsere Gedanken und Herzen auf die Dinge der wirklichen Realität zu richten, auf die Größe und Großzügigkeit Gottes und seine freudige Bereitschaft, uns alles zu geben, was wir brauchen, einfach nur weil er uns mag! Wenn wir im eigenen Leben aus persönlichem Erleben einen Vater kennen gelernt haben, der uns liebt, der sich an unserer Gegenwart erfreut und dem es gefällt, uns sein Königreich zu geben, dann werden wir feststellen, dass unsere Sorgen und Ängste wegschmelzen – und zwar ohne Anstrengung unsererseits; ausgenommen der Anstrengung, die nötig ist, um unsere Gedanken auf ihn gerichtet zu halten.

## Meine eigene Geschichte

Wie ich vorhin schon erwähnte, war ich ein paar Jahre lang als Hauptpastor einer redlich erfolgreichen Vineyard-Gemeinde in Aurora, Colorado beschäftigt. Als die Gemeinde drei Jahre alt war und mittlerweile 500 erwachsene Besucher hatte, lag die Gunst Gottes in sichtbarer Weise auf uns. Es war eine Blütezeit, sowohl im Geist als auch in materiellen Dingen, und ich dachte, ich wäre als ein demütiger Diener Gottes gut unterwegs auf dem Weg zu Ehre und Glück. (Das war etwas, was ich immer schon sein wollte – reich, berühmt und demütig!).

Als Einzelperson und als Leiter dieser Gemeinschaft hatte ich eine ganze Reihe prophetischer Verheißungen zusammengesammelt, die davon handelten, was Gott in meinem Leben und in unserer Umgebung tun wollte, und es ergab eine ziemlich beeindruckende Liste. Ich hatte keine Ahnung, dass es ernsthafte Prüfungen, Beschneidungen und Qualen geben würde, sobald der Geist Gottes anfing, mich in den geeigneten Partner zu verwandeln, der ich nach seinem Wunsch sein sollte. Aber als ich mir schließlich Zeit dafür nahm, diese Verheißungen zu studieren, darüber zu beten und zu versuchen, herauszufinden, wie ich sie Wirklichkeit werden lassen könnte, stellte ich fest, dass ich immer ängstlicher wurde. Ich verstand diese Verheißungen als eine Art Job-Beschreibung, eine Aufgabe von Gott, für die ich verantwortlich war und für die ich am Ende zur Rechenschaft gezogen würde – und merkte damals nicht, wie falsch meine Vorstellung war. Ich dachte, ich müsste dies alles für Gott tun, um seine Zuneigung und seine Annahme zu gewinnen, und mein Problem war, dass ich nicht wusste, wie ich all diese Dinge hervorbringen sollte, über die er gesprochen hatte.

Dieses Gefühl von Unfähigkeit erzeugte in mir eine Angst, aus der für viele Leute große Schmerzen hervorgingen. Mein Leitungsstil wurde zum Zwang, als ich versuchte, die Leute dazu zu bringen, das zu tun, was getan werden musste. Beziehungen litten und schwanden dahin, weil dieBewältigung des Auftrags schwer auf meiner Seele lastete. Ich wusste nicht, wie ich das Verheißene hervorbringen sollte, und das Gewicht dieser Last verursachte viele Schwierigkeiten – für mich persönlich und für alle, die involviert waren.

Während dieser Zeit hatten die Vineyard-Pastoren der Region um Denver einen Gemeinschaftstag, um miteinander anzubeten, einander zu dienen und sich gegenseitig zu ermutigen, durch das, was Gott gerade unter uns tat. Während der Anbetungszeit an diesem Tag tauchte ein klares und starkes Bild in meinen Gedanken auf. Ich sah einen kleinen Jungen, der mit einem großen und komplexen Spielzeug mitten auf dem Boden saß. Es war eines dieser Bausatz-Spielzeuge mit einer Million Einzelteilen und einer Anleitung, die genauso gut in Latein hätte geschrieben sein können. Jedenfalls war diesem Jungen klar, dass er dieses Spielzeug zusammenbauen sollte, und er hatte keinen Schimmer, wie er anfangen sollte, geschweige denn, wie er alles fertig stellen sollte. Es ging über seine Kapazität hinaus, und doch spürte er den Druck der Verantwortung. Ich erzählte den anderen Pastoren dieses Bild, und während ich sprach, begannen Emotionen meinen Geist zu überfluten, und ich begann zu weinen. Es war keiner dieser sanften, tränenreichen Momente, in denen man die Zuneigung Gottes spürt; es war eine Flutwelle von emotionaler Überlastung, die losbrach, und ich zerfloss schlichtweg vor Gott und allen anderen.

Tom Stipe, der damalige Leiter der Vineyards in Colorado, sagte zu mir: «Gary, das Wort ist für dich», und dies verschlimmerte die Sache nur noch. Verschiedene Freunde kamen zu mir herüber und fingen an, für mich zu beten, und als sie mich umarmten und beteten, sah ich einen weiteren Teil dieses Bildes. In dieser Fortsetzung kam mein Vater zu mir, legte seine Arme um mich und sagte: «Möchtest du, dass ich dir dabei helfe?» Dann nahm er mich auf seinen Schoß und fing an, mir geduldig und freundlich zu erklären, was ich als Nächstes zu tun hatte. Und ich begann zu verstehen. Der Vater gab mir diese Aufträge nicht deshalb, weil er Hilfe benötigte. Es ging vielmehr darum, mit dieser Aufgabe einen Rahmen für innige Beziehung und Freundschaft zu bauen. Sein Wunsch war, mich ganz Seiner Fürsorge zu überlassen und zuzusehen, wie der Dienst sich entfaltet, während er mir zeigen würde, was als Nächstes zu tun sei. Die Ängstlichkeit in meinem Herzen begann zu schwinden, nicht weil ich «den Sieg gewonnen» hätte, sondern weil ich die Stärke und Weisheit der Gegenwart des Vaters spürte, als Er mir gab, was ich brauchte, um mit ihm zusammen das zu tun, was er verheißen hatte.

Ich brauchte einige Zeit, um diese Realität zu ergreifen, und die folgenden Jahre beinhalteten eine zentrale *«Todes»*-Erfahrung, den Zusammenbruch meiner Gemeinde und einen langen Prozess von Heilung und Wiederherstellung. Aber die Saat der Wahrheit war eingepflanzt und Gottes unendliche Geduld kam gänzlich zum Tragen, während er auf mich wartete, bis ich wahrhaft an diesen Ort der Vertrautheit kommen würde, an den er mich an diesem Tag eingeladen hatte. Mein Zeugnis ist, dass Gott sich über die ganze Zeit hinweg als treu erwiesen hat, als der Vater, den ich brauche, der Vater, der sich daran freut, mir sein Königreich zu geben und mir zu zeigen, wie ich mit dem leben soll, was er gegeben hat.

## WAS DER VATER UNS GEGEBEN HAT

Was hatte Jesus im Sinn, als Er diese erstaunliche Aussage in Vers 32 unseres Textes machte, dass es das Wohlgefallen des Vaters sei, uns sein Königreich zu geben? Ich möchte auf den nächsten Seiten einiges von dem aufzeigen, was dieser gebende Vater uns gemäß der klaren Aussagen des Wortes Gottes gegeben hat.

**Seinen eigenen Sohn, Jesus**

Johannes 3,16 ist vielleicht der bekannteste Vers der gesamten Bibel. Dort spricht Jesus selbst zu dem suchenden Pharisäer Nikodemus. Jesus verweist auf die große Liebe des Vaters zu den Menschen und unterrichtet den fragenden Ältesten darüber, dass Gott aus Liebe seinen eigenen Sohn für die Erlösung all derer gab, die ihr Herz öffnen würden, um an ihn zu glauben. Was in unserer Vertrautheit mit dieser Stelle verloren gegangen ist, ist die schwerwiegende, überwältigende Realität, dass das größte Geschenk des Vaters er selbst ist, in der Person Seines Sohnes! Dies ist keine Trivialität aus einem Bibelvers, an den wir uns aus unserer Kindheit noch erinnern. Dies ist das Kernstück aller biblischen Lehre und Erfahrung. Wir werden von Gott so sehr geliebt, dass seine erste und wichtigste Gabe an uns sein eigenes Leben ist, das in der Person Jesus verkörpert ist, damit wir für immer und ewig eine innige Beziehung mit ihm haben können.

Dr. Karl Barth, einer der brillantesten protestantischen Theologen des 20. Jahrhunderts, wurde einmal gebeten, die tiefste Wahrheit weiterzugeben, der er in all den Jahrzehnten seines Studiums begegnet war. In Erwartung einer tiefen und hochtrabenden theologischen Formulierung, wurde der Fragende von Barth›s Antwort überrascht: «Jesus liebt mich ganz gewiss, denn die Bibel sagt mir dies.»

Im achten Kapitel seines Briefes an die Römer macht der Apostel Paulus genau zu diesem Thema des Umgangs mit Ängsten eine erstaunliche Aussage, um die Herzen der Gläubigen in Rom zu stärken:

> Was sollen wir nun hierzu sagen? Wenn Gott für uns ist, wer gegen uns? Er, der doch seinen eigenen Sohn nicht verschont, sondern ihn für uns alle hingegeben hat: wie wird er uns mit ihm nicht auch alles schenken?
>
> Römer 8,31-32

Paulus spricht zu den Römern und auch zu uns: Wenn Gott uns schon Jesus gegeben hat, was könnte Er dann noch zurückhalten? Für Gott gibt es nichts Wertvolleres, als das Leben Seines Sohnes, und der Vater hat die Entscheidung getroffen, dass wir diesen Kaufpreis wert sein würden, wie also können wir da überhaupt noch denken, dass Er uns solche Dinge wie tägliche Versorgung oder Schutz oder Weisheit oder geistliche Kraft oder sonst irgendetwas vorenthalten könnte?

Paulus fährt fort: Wenn der Vater diesen Preis bezahlt hat, wie können wir dann denken, dass er uns einfach so unbemerkt aus Seiner Hand gleiten lassen könnte oder wir ihm durch eine unerwartete Strategie des Bösen entrissen werden könnten? Stattdessen unterstreicht er die Realität, dass nichts, nichts uns aus der Hand des Vaters nehmen kann – weder Anklage des Feindes, noch Verfolgung, noch Hunger, noch Leid, noch Schmerzen, noch Gefahr, noch Schwert, noch Nacktheit – nichts! Er hat uns Seinen Sohn gegeben! Wie können wir befürchten, dass er uns loslassen könnte?

Es liegt solch großer Trost im Nachzusinnen über diese Wahrheit, dass Gott uns seinen Sohn Jesus gegeben hat. Das ist keine Kleinigkeit. Es ist das Wichtigste und das Einzige. Jesus ist ein Geschenk, gegeben aus unermesslicher Liebe; ein Geschenk, geboren aus Leidenschaft; ein unerschwingliches Geschenk, und der Vater gab ihn tatsächlich gerne, um im Tausch dafür uns zu erhalten. Er hatte Freude daran, uns als seine Kinder für immer zu erkaufen, um uns dann am Ende des Zeitalters wieder an Jesus als die perfekt zubereitete Braut zu übergeben, die für seinen würdigen Sohn vorbereitet ist!

**Den Heiligen Geist**

Seine Jünger liebten Jesus für den, den er war, wie sie noch nie jemanden sonst geliebt hatten. Obwohl sie in ihrer Menschlichkeit schwach waren, sehnten sich ihre Herzen danach, immer mit ihm zusammen zu sein. Ich kann nur erahnen, wie es gewesen sein musste, in diese Augen zu schauen, seine Güte und Zuneigung zu sehen, die Berührung seiner Hand zu spüren, während er ermutigte und aufbaute, während er lehrte und heilte. Mein Herz brennt mit Verlangen, während ich dies schreibe, denn es gibt nichts, was mich mehr mit Sehnsucht erfüllt, als der Gedanke daran, Jesus von Angesicht zu Angesicht zu sehen.

Weil sie so an ihm hingen, löste es großen Schmerz im Herzen dieser Männer und Frauen, als er anfing, über sein Weggehen zu sprechen. Sie konnten sich nicht vorstellen, wie das Leben ohne ihn sein würde. Seine Liebe hatte ihr Leben vollständig verändert; sie würden nie mehr dieselben sein und der Gedanke daran, das Leben ohne Seine Gegenwart verbringen zu müssen, ging über ihr Verstehen hinaus.

Aber Jesus gab ihnen Hoffnung. Er wusste, dass er ihnen ein Geschenk geben würde, ein Geschenk von solcher Tiefe und so wunderbar, dass er seinen Freunden sagen konnte: *«Es ist besser für euch, dass ich weggehe.»* (Johannes 16,7). Stell dir das vor! Jesus verspricht seinen Freunden, dass er etwas bereithält, was besser ist als seine physische Gegenwart! Obwohl dies für mich erstaunlich erscheint, muss ich daran denken, dass ich dieses Kapitel als jemand schreibe, der diese Gabe aus der Hand des gebenden Vaters bereits erhalten hat. Diese Gabe ist der Heilige Geist, den er uns geben würde, um in uns zu leben und uns aus dem Inneren unseres Herzen heraus zu bestätigen, dass wir die Geliebten Gottes sind, die vollkommene Braut, die auf seinen vollkommenen Sohn wartet.

Jesus nannte den Heiligen Geist «den Helfer», denn er würde

uns zur Seite stehen und uns helfen, die Wahrheit zu erkennen, uns daran erinnern, wer wir sind. Er würde uns helfen, indem er zu unseren Herzen von innen her sprechen würde, unserem Geist Zeugnis geben würde, dass wir die Kinder des Vaters sind. Er würde uns mit Kraft in den inneren Tiefen unseres Seins stärken, uns mit den Zuneigungen Jesu berühren, unsere Herzen heilen, uns in Zeiten der Ermattung erfrischen. Er würde uns alles lehren, was wir wissen müssen - die Wahrheit unserer Identität und unserer Bestimmung, den Reichtum unseres Erbes in Christus. Er würde ewige Fülle aus der Vorratskammer des Herzen Jesu nehmen und sie uns zu erkennen geben. Er würde uns mit anderen Gläubigen in Einheit und Frieden verbinden, und er würde uns trösten mit der Erkenntnis, dass es nicht lange gehen werden, bis wir Jesus wiedersehen.

Dieses Geschenk des Heiligen Geistes ist dem Geschenk Jesu ebenbürtig, das wertvollste Geschenk, das man sich vorstellen kann, und es kommt aus der Hand des gebenden Vaters. Es ist verblüffend darüber nachzudenken: wenn ich Gott mein Herz gebe und es ihm gegenüber öffne, wird sein eigener Geist kommen und in mir leben. Er wird mich von innen heraus befähigen, ihn zu kennen, ihm zu folgen und auf seine Wiederkunft zu warten. Es ist die Gegenwart des Heiligen Geistes, die uns bevollmächtigt, die Dinge zu tun, die für uns vorbereitet wurden, denn er kommt als der Geist der Weisheit und Erkenntnis. Durch seine Gegenwart wissen wir, wie wir leben sollen, denn er ist der Geist des Rates und der Einsicht. Weil er in uns wohnt, haben wir die Fähigkeit zu tun, was getan werden muss, denn er ist der Geist der Macht, und durch seine Gegenwart füllt die köstliche Furcht des Herrn unsere Herzen und bringt uns dazu, vor dem Vater in Ehrfurcht zu zittern, wenn wir den Sohn in Liebe küssen.

Oh, die Gabe des Heiligen Geistes ist eine wunderbare Realität!

**Die Gabe der beständigen Gnade**

Eine der erstaunlichsten und schönsten Stellen in der ganzen

Schrift findet sich in Jesaja 55, wo der Prophet verkündet, dass der Herr in gütiger und barmherziger Absicht sein Volk zu sich ruft. Die kraftvolle Poesie dieses Textes hat einen wunderbaren Einfluss auf das menschliche Herz, denn sie spricht von der grenzenlosen Sanftheit, Geduld und Güte des Herzens Gottes gegenüber all denen, die zu ihm kommen. Schau dir die Verse eins bis drei an:

> Auf, ihr Durstigen, alle, kommt zum Wasser! Und die ihr kein Geld habt, kommt, kauft und esst! Ja, kommt, kauft ohne Geld und ohne Kaufpreis Wein und Milch! Warum wiegt ihr Geld ab für das, was kein Brot ist, und eueren Verdienst für das, was nicht sättigt? Hört doch auf mich, und kommt zu mir! Hört doch auf mich, und esst das Gute, und euere Seele labe sich am Fetten! Neigt euer Ohr und kommt zu mir! Hört, und eure Seele wird leben! Und ich will einen ewigen Bund mit euch schließen, euch die beständigen Gnaden Davids zu geben.
>
> Jesaja 55,1-3

Könnte es eine Passage geben, die mehr Gnade ausdrücken könnte? Jesaja spricht über uns das Wort Gottes aus, das seine feste Absicht ausdrückt, überfließende Barmherzigkeit über jedem auszugießen, der zu ihm kommen wird. Er wird jeden tiefgreifend segnen, der seine Stimme hören und aus dem verschwenderischen Vorrat der Liebe seines Herzens schöpfen wird. Und die phänomenale Wahrheit ist, dass dies nicht nur ein einmaliges Angebot ist. Er beabsichtigt, uns diese großzügige Versorgung mit seiner Barmherzigkeiten auf ewig zu gewähren; die unter dem Stichwort *«die beständigen Gnaden, die ich David erwies»* verzeichnet ist.

In Gottes Beurteilung über das Leben Davids, aufgezeichnet in Apostelgeschichte 13,22, finden wir als Fazit aus der Sicht des Himmels, dass David «ein Mann nach Gottes Herzen» war, der «all meinen Willen» tat. Nun, wenn du schon einmal Zeit damit verbracht hast, das Leben Davids im Alten Testament zu lesen, dann weißt du, dass dieser Mann so schwach war, wie alle anderen auch. Er brach jedes Gebot, das man brechen kann, er hatte Phasen tiefer Dunkelheit, Zeiten voller Kompromisse und lebte inmitten von Schwierigkeiten – alle seine Tage. Aber was ihn von allen anderen Königen im Alten Testament unterschied, war seine unerschütterliche Zuversicht in die Güte Gottes, die sie sogar an den tiefsten Orten von Depression und Angst erlebt hatte. Etwas hatte sich in seinem Herzen festgesetzt. Es war die Erkenntnis, dass Gott ihn trotz seiner Schwachheiten mochte und Freude an ihm hatte. Deshalb konnte er ohne Probleme Sünden bekennen und in die Arme des Vaters laufen, sobald er erkannte, was das Problem war.

Diese Zuversicht in Gottes Güte[55] machte David im Herzen Gottes beliebt. Der Vater hatte David die Verheißung von «beständiger Gnade» gegeben und David nahm ihn ernst. In Jesaja 55 wird uns die wunderbare Zusage gegeben, dass der Vater uns gegenüber dieselbe Verpflichtung eingehen wird,– den Bund der beständigen Gnade – wenn wir uns ihm nahen.

Der Text in Jesaja sagt uns, dass jeder, der durstig ist, kommen und an dieser Verheißung teilhaben kann. Aus dem Mund des Propheten ergeht die Verkündigung, dass die Gegenwart Gottes jedem, der nur willig ist zu kommen, in seiner Not begegnet. Er verstärkt die Aussage, indem er fragt, warum jemand sich dazu entschließen sollte, von anderen Quellen zu essen und zu trinken, wenn doch die wahre Quelle umsonst verfügbar ist! Wir wurden geschaffen, um von dieser Quelle zu essen und zu trinken; warum in aller Welt sollten wir also irgendwo anders hingehen und versuchen, uns von dem zu ernähren, was weder wahre Speise noch wahrer Trank ist?

Dann zeigt er uns den Weg zu dieser Nahrungsquelle: *«Hört mir gut zu und esst, was gut ist.»* Die Antwort finden wir am Ort der innigen Beziehung mit dem Vater, wenn wir uns ihm nahen, um ihn zu hören, um seiner Stimme wahrzunehmen und dadurch mit seiner Liebe gestärkt zu werden. Es gibt dort wunderbaren Überfluss und Freude, und Gott verspricht denjenigen, die kommen und ihm ihr Ohr neigen und hören, dass er sich ihnen auf ewig verpflichten wird, sie auf Schritt und Tritt mit Barmherzigkeit zu überfluten – die beständigen Gnaden Davids.

Du siehst, es geht dem Vater im Blick auf dich nur um eines – innige Gemeinschaft. Wenn er sieht, dass dein Herz sich diesem Ort als Antwort auf sein Werben zuwendet, tut er alles, was in seiner Macht steht, um die Beziehung zu fördern. Du kannst ihm durch das geschriebene Wort Gottes begegnen, denn wenn wir darüber nachsinnen und beten, erweckt er es zum Leben. Er stellt uns Gläubige zur Seite, deren Herzen brennen und die uns so sehen, wie der Vater uns sieht; und sie begleiten uns zu der Festtafel, wo wir an seiner Barmherzigkeit teilhaben können. In der Wirksamkeit des Heiligen Geistes kommt er persönlich und dient unseren Herzen mit seiner Zuneigung und seinem Wunsch, mit uns zusammen die Dienste auszuführen, für die er uns geschaffen hat. Und das Ganze ist durch seine Verpflichtung hinsichtlich der «unverbrüchlichen Gnadenerweise» gedeckt. Es ist ein nicht zu fassendes Versprechen, ein Geschenk wunderbarer Gnade.

**Einige Verheißungen in Bezug auf beständige Gnade**

Lass mich kurz ein paar der Verheißungen auflisten, die wir in der Schrift in Bezug auf die Gewissheit der Barmherzigkeit Gottes für uns finden. In Klagelieder 3 gibt der Prophet Jeremia eine erstaunliche Zusammenfassung von Gottes Barmherzigkeit, die auch denen zuteil wird, die in totalem Ungehorsam oder Kompromiss leben:

> Ja, die Gnadenerweise des HERRN sind nicht zu Ende, ja, sein Erbarmen hört nicht auf, es ist jeden Morgen neu. Groß ist deine Treue. Mein Anteil ist der HERR, sagt meine Seele, darum will ich auf ihn hoffen.
>
> Klagelieder 3,22-24

Das Erbarmen Gottes ist jeden Morgen neu! Was für ein Gedanke! Jeden Tag kann ich aufs Neue kommen, in Erwartung seiner nie endenden Gnadenerweise (beachte die Mehrzahl – je eine Art von Erbarmen, für die entsprechende Art von Bedürftigkeit!), indem ich mich auf die große Treue in seiner Verpflichtung an mich verlasse. Er verlangt nur, dass ich einsehe, dass es allein um ihn geht, und dass ich mich um keine andere Quelle kümmere, als nur um ihn.

In Psalm 106 finden wir die Aufzeichnungen über das barmherzige Handeln Gottes an seinem Volk , das, obwohl es sich in einer Zeit großer Bedrängnis befand, trotzdem nach Gott rief, und fest mit seiner Güte rechnete. Der Psalmist sagt Folgendes:

> Doch er sah an ihr Elend, als er ihr Schreien hörte.
> Und er gedachte um ihretwillen seines Bundes,
> und es reute ihn in der Fülle seiner Gnade.
>
> Psalm 106,44-45

Gott ließ es sich gereuen, Gericht über Sein Volk zu bringen, «als Er ihr Schreien hörte». Mit anderen Worten, er antwortete, als sie sich ihm wieder zuwandten, nachdem sie sich durch Rebellion eine Zeit lang selbst aus seiner Gegenwart entfernt hatten. Und als er sie erhörte, entsprach seine Reaktion nicht ihrer Ungerechtigkeit, sondern der «Fülle Seiner Gnade». Das Geschenk an uns von unserem Vater ist sein Versprechen, dass er, egal, in welchem Zustand wir uns auch gerade befinden, uns nach seinem Wesen der «beständigen Gnade» antworten wird, wenn wir nur zu ihm rufen.

Zum Schluss möchte ich deine Aufmerksamkeit noch einmal auf Jesaja 55 lenken. Etwas weiter unten in diesem Abschnitt, nachdem die Verheißung der beständigen Gnade ausgesprochen wurde, wird von Gott gesagt, dass er «sich erbarmt und reich an Vergebung» ist für diejenigen, die von ihren Wegen umkehren, um den Herrn zu suchen. Unmittelbar nach dieser Verkündigung kommt ein verblüffender Absatz, der Gottes Selbstverpflichtung zu ungeheuerlicher Barmherzigkeit unterstreicht:

> Denn meine Gedanken sind nicht eure Gedanken, und eure Wege sind nicht meine Wege, spricht der HERR. Denn so viel der Himmel höher ist als die Erde, so sind meine Wege höher als eure Wege und meine Gedanken als eure Gedanken.
>
> Jesaja 55,8-9

Diese Verse sind uns wohl vertraut, aber was an dieser Stelle meine Aufmerksamkeit aus sich zieht ist die Tatsache, dass diese Stelle genau seine eigene Großzügigkeit im Gewähren von Barmherzigkeit beschreibt. Gott sagt hier, dass seine Art der Barmherzigkeit den menschlichen Verstand übersteigt. Er hat sich dem barmherzigen Umgang mit schwachen Leuten so sehr verpflichtet, dass man genauso gut versuchen könnte, die Distanz zwischen Himmel und Erde zu messen, wollte man ein Maß für seine Barmherzigkeit finden! Unser Vater ist ein gebender Vater und etwas, was er am liebsten schenkt, ist Barmherzigkeit für diejenigen, die in ihrer Schwachheit zu ihm kommen werden.

## Alles, was wir brauchen

Während ich dieses Buch schreibe bin ich mit dem Dilemma konfrontiert, dass schon allein dieses Kapitel ein ganzes Buch ist. Das liebe ich so am Nachsinnen über die Güte und Freundlichkeit Gottes! Sie dehnt sich einfach immer mehr aus, bis man fast daran verzweifelt, wohl niemals in der Lage zu sein, sie ganz zu erfassen! Das ist die Art von Verzweiflung, in der ich leben möchte – diese wundersame Frustration darüber, nicht in der Lage zu sein, das Ende der Güte Gottes zu finden!

Deshalb muss ich dieses Kapitel mit der pauschalen Zusammenfassung über das gebende Wesen Gottes aus dem zweiten Petrusbrief abschließen:

> Gnade sei mit euch und Friede in Fülle durch die Erkenntnis

Gottes und Jesu, unseres Herrn. Alles, was für unser Leben und unsere Frömmigkeit gut ist, hat seine göttliche Macht uns geschenkt. Sie hat uns den erkennen lassen, der uns durch seine Herrlichkeit und Kraft berufen hat. Durch sie wurden uns die kostbaren und überaus großen Verheißungen geschenkt, damit ihr der verderblichen Begierde, die in der Welt herrscht, entflieht und an der göttlichen Natur Anteil habt.

2. Petrus 1,2-4

In einer anderen Übersetzung heisst es in Vers 3: *«Da seine göttliche Kraft uns alles zum Leben und zur Gottesfurcht geschenkt hat.»* Dies ist eine dieser kleinen Aussagen der Bibel, die von verblüffender Bedeutung sind, dass wir dazu neigen, in völligem Unverständnis einfach über sie hinwegzulesen. Lass mich ein paar Erläuterungen zu dieser Stelle geben, um uns Zugang dazu zu verschaffen.

Erstens, die Quelle dieser Gabe ist Gottes eigene göttliche Kraft. Der Vater hat unerschöpfliche Ressourcen und hat sich dazu entschlossen, uns seine Kraft in dem Maß zuströmen zu lassen, das nötig ist, um uns für sein Ziel zuzubereiten. Ich verwende seit Kurzem einen kleinen Satz, der tiefgreifend und doch ganz einfach ist. Er lautet: Der Gott, den ich brauche, ist der Gott, den ich habe. So einfach ist das, und doch ist die Auswirkung dieser Behauptung weitreichend und allumfassend. Es ist wie mit der Äußerung im Hohelied 2,4, wo die Absichten Gottes und seine Art und Weise, in meinem Leben zu wirken, bekannt gemacht werden:

Er hat mich ins Weinhaus hineingeführt, und sein Zeichen über mir ist Liebe.

Ich bin in seinem Haus und es ist ein Ort der Liebe und Romantik! Seine Absichten mit mir sind voller Liebe und sein Banner, das er über mir aufgerichtet hat, ist Liebe, ewige Zuneigung und Wohlgefallen. Deshalb habe ich alles, was ich brauche, um ihm zu gefallen, mit ihm zu gehen und so zu werden wie er. Durch seine göttliche

Kraft steht mir alles Notwendige zur Verfügung, damit ich in ein gottgefälliges Leben, voller Anbetung für meinen Geliebten, hineinwachsen kann.

Du und ich, wir befinden uns in einer sehr beneidenswerten Position. Wie Esther, die vorbereitet wurde, um ihrem König zu begegnen, haben wir den perfekten Aufseher in der Person des Heiligen Geistes erhalten. Unter seiner gütigen und beständigen Obhut haben wir das Doppelte an Salben und Duftölen erhalten, so wie auch genau wie Esther die ideale Anzahl von «Mägden»– Glaubensgeschwister, die uns ermutigen und uns auf unserem Weg vorbereiten werden. Die Umstände des Lebens werden für uns so eingerichtet, dass wir durch sie gewaschen und unsere Herzen von der Verschmutzung durch das System der Welt gereinigt werden. Die maßgeschneiderten Brautkleider wurden für uns bereitgestellt im Geschenk der Gerechtigkeit, der Freude und des Friedens im Heiligen Geist. Die Kleider der Heiligkeit passen uns wie angegossen und wir werden bereit sein, unserem Geliebten am Tag seines Erscheinens zu begegnen.

Diese ganze romantische Sprache hilft uns, alles auf die einfachen Gegebenheiten unseres täglichen Lebens zu übertragen. Gottes Zielsetzung mit uns ist innige Beziehung und deshalb gibt er uns durch unser Alltagsleben hindurch alles, was wir zum Leben und zur Gottseligkeit brauchen, wann immer wir zu ihm kommen. Siehst du, das ist der Schlüssel im zweiten Satz der Äußerung von Petrus. Diese Dinge kommen, indem wir *«... den erkennen ..., der uns durch seine Herrlichkeit und Kraft berufen hat»*. Ich liebe diese Aussagen! Er ruft uns hin zu dem Ort der offenkundigen Schönheit und männlicher Tugend. Oh, welche Kraft liegt in diesem Satz! Unser Vater und unser geliebter Bräutigam sind die Eigner der endgültigen und äussersten Schönheit und Kraft – sie sind Inhaber jener starken, reinen Männlichkeit, die all jene an diesen Ort der Stärke und Ehre erhebt, denen Er in Liebe zugeneigt ist. Dies ist die Sprache von Psalm 45, die für das Herz der Jungfrau, die zum Hof des Königs gerufen wird, so überwältigend ist:

Höre, Tochter, und sieh, und neige dein Ohr;
und vergiss dein Volk und deines Vaters Haus!
Denn der König begehrt deine Schönheit,
denn er ist dein Herr: So neige dich vor ihm!
Und die Tochter Tyrus kommt mit Geschenk,
deine Gunst suchen die Reichen im Volk.

Psalm 45,11-13

Während ich heute diese Zeilen schreibe, trifft mich die Realität dieser Passage aufs Neue. Es ist eine simple Wahrheit, deren Auswirkungen allerdings enorm sind. Weil der König die Schönheit dieser Jungfrau sehr begehrt, bittet er sie, alles andere zurückzulassen, und ihm in den Palast zu folgen. Er weiß, dass die volle Manifestation ihrer Schönheit noch nicht sichtbar ist, aber in der Aufforderung des Königs liegt die unmissverständliche Zusage, dass er alles Erforderliche tun wird, um diejenige herrlich zu machen, der seine Zuneigung gilt. Die gesamte Macht des Königreiches steht ihm zur Verfügung und er stellt sie ihr zur Verfügung! Diese Jungfrau wird die krönende Herrlichkeit des Königs sein,[56] und es liegt in seinem höchsten Interesse, sie sich selbst «herrlich und ohne Flecken oder Makel» darzustellen. Er stellt ihr alles zur Verfügung, was sie braucht, um ihm so gut wie überhaupt nur irgend möglich zu gefallen.

Die Art und Weise dieser Zubereitung ist auch für uns höchst bedeutsam. Wenn wir diesen Weg einschlagen, dann geschieht es «durch die Erkenntnis Seiner selbst», dass wir auf alles vorbereitet werden. Ich bin gerade überwältigt, während ich mir diese Wahrheit vor Augen führe. Was uns auf ein Höchstmaß an inniger Beziehung mit Jesus vorbereitet, ist die innige Beziehung mit Jesus! Durch das Erkennen dieses herrlichen Mannes ist uns alles gegeben, was wir brauchen, um ein Leben in inniger Partnerschaft mit dem König aller Könige leben zu können – mit dem, der unser Geliebter ist! Durch die ganze Schrift hindurch finden wir immer wieder die gleiche Botschaft: Wir kommen zu ihm, um genau das zu bekommen, was wir brauchen, um näher zu ihm kommen zu können! Wenn das nicht Gnade ist!

Es gibt eine wunderbare Stelle in Hebräer 4, die diese wundervolle Wahrheit auf eine klare Weise zusammenfasst. Was ich am Wort Gottes liebe, ist seine unglaubliche Fähigkeit, tiefe Wahrheiten auf klare und prägnante Weise auszudrücken; und diese Stelle ist in dieser Hinsicht eine der besten:

> Lasst uns nun mit Freimütigkeit hinzutreten zum Thron der Gnade, damit wir Barmherzigkeit empfangen und Gnade finden, wenn wir Hilfe nötig haben!
>
> Hebräer 4,16

Dieser Vers sagt einfach nur mit anderen Worten, dass der Gott, den ich brauche, der Gott ist, den ich habe. Was ich wirklich brauche, ist, mit ihm zusammen zu sein, in seiner Nähe zu leben, einen Ort tiefer Vertrautheit mit dem Vater und seinem Sohn Jesus zu kennen, der mein Leben in alle Ewigkeit definieren und bevollmächtigen wird. Das ist, was ich wirklich brauche. Um diese Art von Leben zu finden, brauche ich Gnade, denn ich bin aus mir heraus nicht dazu imstande, zu ihm kommen zu können. Aber der Gott, den ich brauche, ist der Gott, den ich habe, und als einer, der auf einem Thron der Gnade sitzt, macht er sich selbst zugänglich, damit ich mit Kühnheit[57] zu Ihm kommen und Barmherzigkeit empfangen kann, um Seine mich befähigenden Ressourcen zu finden, die mir helfen, das zu werden, was ich sein soll, und mit ihm gemeinsam das zu tun, wozu ich geschaffen wurde.

Er lädt mich in Seine Gegenwart ein, damit ich dort genau das empfange, was ich brauche, um in seine Gegenwart kommen zu können. Oh, wie ich dies liebe! Alles, was ich zum Leben und zu einem gottgefälligen Leben brauche, ist verfügbar in der Erkenntnis dessen, der mich in seine eigene Herrlichkeit und Stärke hinein gerufen hat! Ich bin der Gegenstand des Wohlgefallens des Vaters (und du auch!). Er gibt mir gern alles, was ich benötige, um mich durch das Werk des Heiligen Geistes bereitzumachen, seinem Sohn zu gefallen, an diesem Tag der Freude seines Herzens.

## Das großartige Endergebnis

Die abschließende Erklärung dieser Stelle in 2. Petrus ist erstaunlich: *«damit ihr... an der göttlichen Natur Anteil habt...»*. Gottes Ziel in diesem ganzen Versorgungsprozess ist, dass wir seinem Wesen vollständig gleich werden – als Ebenbild Jesu. Wir sollen verändert werden, vollständig in das Bild seines Sohnes verwandelt werden, damit wir der perfekte Partner, die ihm entsprechende Hilfe sein können, die Jesus sich schon von Ewigkeit her gewünscht hat. Was für eine Zukunft liegt für uns bereit! Was für ein Erbe gehört uns aufgrund seiner gütigen Hand! Er hat uns alles gegeben, was wir brauchen.

Unser Vater ist ein gebender Vater. Er weiß, was wir brauchen, und Er gibt es uns, noch bevor wir darum bitten. Wir müssen nur wagen, uns ihm zu nähern und es aus seinem Mund zu hören. Mein Gebet ist, dass dein Herz in Seine Gegenwart hineingezogen wird wie nie zuvor; dass du ihn erkennst und dich selbst als den Empfänger jeder guten und vollkommenen Gabe siehst, die vom Vater des Lichts, dem gebenden Vater, kommt.

## Epilog

# Komm zu Papa

Während ich noch schreibe und dieses Buch zum Abschluss bringe, darf ich selbst erleben, wie der Vater sich an mir freut. Das vertraute Gefühl seiner sanften Gegenwart und das Wissen um seine Anerkennung dafür, ein guter Verwalter zu sein, ist für mich wertvoll und der Hauptgrund, weshalb ich tue, was ich tue. Im Trubel, der mein Leben umgibt – so wie das auch bei den meisten Leuten im Dienst der Fall ist –, passiert es leicht, in die Geschäftigkeit des Lebens verwickelt zu werden. Da sind die Anforderungen des Dienstes oder der Druck eines Projekts und so passiert es schnell, dass einem diese Momente der Belohnung entgehen, die der ganzen Sache überhaupt erst ihre Substanz gibt. Für mich liegt die Belohnung und die Freude darin, lange genug still zu sein, um die Bestätigung des Vaters für die Arbeit spüren zu können, die wir gerade gemeinsam getan haben.

Die höchste Freude eines Kindes ist es, mit seinem Vater gemeinsam zu arbeiten. Und weil das so ist, kommt meine größte Freude dann, wenn ich etwas mit dem Vater zusammen getan habe. Früher betete ich, dass er mich «für seine Absichten gebrauchen soll», und ich hatte das Gefühl, dass es ein sehr nobles Gebet war, das mich für ihn dienstbereit machen würde. Auch wenn ich dieses Gebet aufrichtigen Herzens betete, glaube ich inzwischen doch, dass dieses Gebet die Absicht Gottes für uns nicht richtig trifft. Der Vater, den Jesus kannte und den ich allmählich kennen lerne, benutzt Menschen nicht einfach. Er liebt die Menschen und will uns in eine tiefe Beziehung mit ihm hineinführen, so dass er sein eigenes Leben mit uns teilen kann. Ein Teil dieses Lebens ist die Partnerschaft mit ihm im Dienen. Wie früher die Priester, sind auch wir dazu berufen, in seiner Gegenwart zu stehen und ihm zu dienen, und dann in seinem Namen die zu segnen, die dazu berufen sind, das Volk Gottes zu sein.[58]

Dieses «Dienen» bezieht sich nicht nur auf diejenigen, die im vollzeitlichen Dienst stehen. Es ist das, womit sich alle Kinder Gottes Tag für Tag auseinandersetzen müssen, wenn sie ihr Leben als Vollzeit-Christen inmitten einer Welt leben, die so dringend die Offenbarung der Liebe des Vaters braucht. Wir sind dazu berufen, den Charakter Gottes mit unserem Leben zu widerzuspiegeln genauso wie Jesus es tat, als er vor zweitausend Jahren hier auf Erden war. Wir sind der Leib Christi und als solcher haben wir das unglaubliche Vorrecht, den Menschen auf die gleiche Art und Weise zu begegnen, wie Jesus dies tat, und den Heiligen Geist zu bitten, dass Er in ihre Herzen mit Licht hineinbricht. So offenbart sich ihnen die Herrlichkeit des Vaters in unserem Angesicht, während wir ihnen im Namen Jesu dienen. Wir wurden eingeladen, zu Papa zu kommen, um ihn besser kennen zu lernen und als seine Partner den Rest der Welt in seine Gegenwart einzuladen.

Unser Vorbild für diese Art des dienenden Lebensstils ist niemand anders als Jesus selbst. In Johannes 5,19-20 erläutert Jesus seine Beziehung zum Vater in klaren und kraftvollen Worten. Er betont beharrlich, dass er nur dann wirkt, wenn auch der Vater wirkt, und was immer der Vater auch tut, das tut auch er. Die Offenbarung in Vers 20, in der Jesus verkündet, dass «der Vater den Sohn liebt und ihm alles zeigt, was Er tut» ist so voller Kraft. Ich liebe diese Stelle, denn sie spricht von einem dauerhaften Ruheplatz in der dienenden Partnerschaft mit dem Vater. Sie spricht von einem offenen Himmel für Offenbarung, die direkt aus dem erfreuten Herzen eines Vaters kommt, dessen Sohn seine ganze

Freude ist. Sie arbeiten zusammen und berühren Menschen mit der heilenden Kraft des Königreichs Gottes, aber in Wirklichkeit ist es eine spielerische, reizvolle Arbeit, die die Seele von Jesus mit Freude erfüllt.

Genau so will ich leben. Ich will beständige Ruhe erleben, will jederzeit verfügbar sein und im Dienen eine Freude finden, die nicht durch die Anerkennung von Menschen oder Systemen kommt, sondern die gespeist wird durch das Erleben der Freude des Vaters. Ich bin davon überzeugt, dass dies nur in einem Leben mit aller Kraft und Gnade geschehen kann, das im Gebet und der Anbetung in Verbindung mit der Gnade des Fastens gelebt wird. Wir leben in einem historischen Moment, der auf das Ende des Zeitalters zusteuert. Der Druck im Leben nimmt so stark zu, dass eine innige Beziehung mit dem Vater und seinem Sohn, unserem Bräutigam, nicht mehr länger einen zusätzlichen Luxus darstellt, sondern zu einer dringenden Notwendigkeit wird. Es ist nicht mehr realistisch, einen weltlichen Traum von Wohlstand und Bequemlichkeit zu verfolgen, in dem Gott ein nettes Accessoire ist. Der Vater hat damit begonnen – und wird es weiterhin tun –, die gleichen Situationen der Bedrängnis zuzulassen, die sein geliebtes Volk immer schon zurück in die innige Beziehung mit ihm geführt haben, die er sich wünscht. Für einen Nachfolger Jesu gibt es in Bezug auf die innige Beziehung zu ihm und dem Vater keine Alternative. Es wird so kommen, so oder so, und mein Rat ist, dass du dich lieber früher als später an diesen Ort der innigen Beziehung begibst, lieber freiwillig als unter Nötigung.

## Ein Lebensstil der innigen Beziehung

Wie pflegt man einen Lebensstil der innigen Beziehung mit dem Vater? Dies ist eine Frage, die einige Aufmerksamkeit verdient, denn wie das bei jeder Beziehung der Fall ist, kommt die Tiefe nicht gerade mal so durch Handauflegung oder durch Freisetzung irgendeiner Gnadengabe des Geistes. Vielleicht wird während einer Gebetszeit eine Sehnsucht geweckt oder eine Gabe hervorgerufen, die als ein Werkzeug für die Vertiefung der innigen Beziehung dient. Aber die Beziehung selbst kann nur durch das Investieren von Zeit über einen ganzen Lebensabschnitt hinweg gepflegt werden.

Manchmal ist die einfachste Wahrheit am schwersten zu begreifen, aber lass mich versuchen, dir zwei Dinge erklären, die in meinem eigenen Leben zu einer Realität geworden sind: Als erstes will ich mit meiner täglichen «stillen Zeit» etwas anfangen, von jetzt an bis Jesus kommt. Jede Woche hat 168 Stunden; jedem Menschen steht das gleiche Maß an Zeit zur Verfügung und jeder kann entscheiden, wie er diese Zeit nutzen möchte. Ich habe mich dazu entschlossen, mindestens zwei Stunden meines Tages auf die eine oder andere Weise in Gemeinschaft mit dem Herrn zu verbringen. Ich bin ein Frühaufsteher, einfach weil der Herr mich so gemacht hat, deshalb habe ich meine konzentrierteste Zeit mit dem Herrn früh am Morgen, normalerweise bevor irgend jemand sonst in meinem Haushalt aufsteht. Ich wache früh auf, verbringe etwas persönliche Zeit mit Jesus und gehe dann, sofern ich in Kansas City bin, in das International House of Prayer, wo ich den größten Teil des Morgens verbringe. Ich studiere das Wort Gottes, sinne darüber nach und verbleibe im Gebet. Ich bin fest entschlossen, dies zu tun, und das Festlegen eines strukturierten Tagesablaufs hilft mir, die innige Beziehung mit dem Herrn zu pflegen. Die äußere Struktur ist nicht das Gleiche wie die innige Beziehung selbst; sie schafft nur den Rahmen, damit sich diese entwickeln kann, so wie es in jeder Beziehung der Fall ist.

Das andere Prinzip ist das folgende: Wenn du ohne eine Sache nicht leben kannst, dann kannst du sie haben. Viele im Leib Christi haben eine Einstellung wie: «Na ja, du hast leicht reden, du stehst im vollzeitlichen Dienst. Ich muss für meinen Lebensunterhalt arbeiten.» Tatsache ist, dass man sich Zeit für die Dinge nimmt, ohne die man nicht leben kann. Wenn du nicht ohne den Lebensstil von 60-80 Stunden Arbeit pro Woche leben kannst, dann kannst du diesen Lebensstil haben. Wenn du nicht ohne Mittagessen leben kannst, dann kannst du Mittagessen haben. Wenn du nicht ohne Tagesschau oder Sportprogramm leben kannst, dann kannst du dies haben. Aber wenn du nicht leben kannst, ohne dass sich dir die Gegenwart des Herrn durch den Geist der Weisheit und Offenbarung zunehmend offenbart, dann wirst du einen Weg finden, um diese Realität zu verwirklichen. Darauf kommt es an, und die Zeit dafür ist jetzt.

Da du in diesem Buch nun bis zu dieser Stelle gelesen hast, nehme ich an, dass du einigermaßen ernsthaft in der Erkenntnis Gottes als unserem Vater wachsen willst. Ich halte dich dazu an, dir selbst und auch dem Vater keine Ruhe zu lassen, bis er das Licht seiner Gegenwart in deinem Herzen so stark brennen lässt, dass man es nicht mehr übersehen kann. Bitte den Vater, dir seinen Begleiter zu schicken, den Heiligen Geist, der dich leiten und befähigen wird, im Gebet eine innige Lebensgemeinschaft mit ihm zu pflegen. Fang an, Schlüsselstellen der Bibel mit Hingabe zu beten. Damit meine ich, dass du sie für dich persönlich in Anspruch nimmst, indem du deinen Namen einsetzt und biblische Wahrheiten über dein eigenes Herz laut aussprichst oder singst. Lerne, wie du Dinge aus dem Wort Gottes aussprechen oder singen kannst, die eigentlich egoistisch oder selbstsüchtig klingen würden, wenn sie nicht der Meinung Gottes über dich entsprächen. Er wird dir zeigen, wie du vorwärts gehen kannst, und die Belohnung werden die «Küsse Seines Wortes» sein, die Berührung deines Herzens durch den Heiligen Geist, der dir innerlich bestätigt, dass du vom König geliebt bist.

Es ist eine grundlegende Sehnsucht im menschlichen Herzen, den Vater zu kennen. Die Erkenntnis von ihm und seiner Liebe wird uns ganz bestimmt genügen. Wenn wir zu Papa kommen und sein liebevolles Wesen und die Schönheit seines Sohnes bestaunen, dann werden unsere Herzen wahrhaftig ergriffen werden. Dank der Güte Gottes, die durch das Licht auf deinem Angesicht offenbar wird, wird die Erkenntnis der Herrlichkeit des Herrn die Erde bedecken, wie das Wasser das Meer bedeckt.

Gnade und Friede sei mit dir, jetzt und für immer, bis Jesus kommt und wir Ihn von Angesicht zu Angesicht sehen. Möge es bald sein!

Amen.

# Anmerkungen

## Einführung

[1] Vgl. *Epheser 1,17-19.*
[2] Vgl. *Hebräer 6,20.*
[3] Vgl. *Joh. 14,7-11.*

## Kapitel 1

[4] Alle deutschen Bibelübersetzungen lesen hier das Wort *Grübeln* bzw. *Stöhnen.* Im Hebräischen Text steht hier das Wort *hâgîyg* (Strong's #1901), welches mit *Nachsinnen* oder *Meditation* übersetzt wird, was aber auch mit der Konnotation einer Klage (*Grübeln*) verbunden werden kann.
[5] Vgl. *Psalm 19,1-5.*
[6] An dieser Stelle benutzt die Einheitsübersetzung korrekterweise den hebräischen Namen *Jahweh* : *«Jahwe ist ein barmherziger und gnädiger Gott ...»*
[7] Vgl. *Epheser 5,25-32.*
[8] Vgl. *Epheser 1,23.*
[9] Vgl. *Johannes 3,16.*
[10] Vgl. *Kolosser 2,9.*
[11] Vgl. *Lukas 1,5-17.*
[12] Vgl. *Johannes 3,29.*
[13] Vgl. *Psalm 34,18.*
[14] Im Hebräischen steht hier das Wort *kabod* (Herrlichkeit) – in den deutschen Bibelfassungen wird es mit *Ehre* übersetzt. *Ehre* und *Herrlichkeit* beziehen sich somit auf das gleiche Wort im Urtext und werden im Deutschen abwechselnd gebraucht.
[15] Vgl. *Psalm 24,7-10.*
[16] Vgl. *2. Korinther 5,17*-21.

## Kapitel 2

[15] Vgl. Abschnitte wie *Johannes 5,1-20* und *Markus 1,35-39*
[16] Vgl. *2. Petrus 3,9.*
[17] Siehe *Epheser 2,1.*
[18] © Gary Wiens Dezember, 2001.

## Kapitel 3

[19] Vgl. *1. Korinther 10,4.*

## Kapitel 4

[20] Vgl. *Galater 3,22-25.*
[21] Vgl. *Epheser 1,4.*
[22] Vgl. *Johannes 5,19-20.*

## Kapitel 5

[23] Vgl. *Galater 3,22-25.*
[24] engl. Originaltitel *The Mission,* 1986 Grossbritannien.
[25] John Piper, *Future Grace,* Water Book Press, 2005.

## Kapitel 6

[26] *Perpetuum Mobile*: (lateinisch *sich ständig Bewegendes*). ist eine Konstruktion, die, einmal in Gang gesetzt, ewig in Bewegung bleibt und dabei Arbeit verrichten soll, ohne dass ihr von außen Energie zugeführt wird. (Quelle: Wikipedia).
[27] dt.:«Ich kann keine Befriedigung finden».

## Kapitel 7

[28] Ein Ödem, auch Wassersucht genannt, ist eine tastbare Schwellung des Gewebes aufgrund einer Einlagerung von Flüssigkeit aus dem Gefäßsystem. (Quelle: Wikipedia).
[29] Vgl. *1. Mose 1,28.*

## Kapitel 8

[30] Für eine ausführliche Betrachtung dieses Themas siehe mein Buch: *Seine Liebe zur Braut – Vollmacht im Gebet durch innige Beziehung mit Jesus.* Inspired Media Verlag, 2005.
[31] Vgl. Das *Hohelied der Liebe Kapitel 5,10-16.*
[32] Vgl. *Kapitel 2.*
[33] Vgl. *2. Mose 23,14-19.*
[34] Vgl. *Wie Juden leben. Glaube – Alltag – Feste,* von Israel M.Lau, Gütersloher Verlagshaus.
[35] Vgl. *Esther 1,4,* das Anliegen war «den herrlichen Reichtum seines Königtums» sehen zu lassen.
[36] Vgl. den Artikel *«Banquets»* im *New Ungers Bible Dictionary.* Moody Press Chicago, Illinois.

[37] siehe *Matthäus 22,5.*
[38] Vgl. *2. Chronik 20,17.*
[39] Vgl. *1. Mose 15,1.*
[40] Vgl. *5. Mose 28,13.*
[41] Vgl. *1. Mose 22,14.*
[42] Vgl. *2. Mose 15,26.*
[43] Vgl. *Psalm 4,1.*
[44] Vgl. *Jesaja 62,1.*
[45] Vgl. *Zefanja 3,17.*
[46] Vgl. *Jesaja 62,5.*
[47] Vgl. *Die Prophetie in Joel, Kapitel 1 und 2.*
[48] Siehe die Lieder Moses in *5. Mose 32.*

## Kapitel 9

[49] Die Elberfelder und die Einheitsübersetzung verwenden hier das Wort *Ermahnung.* Das griechische Wort an dieser Stelle ist *paraklesis* und es bedeutet sowohl *Trost* als auch *Ermahnung.*

## Kapitel 10

[50] Ich möchte daran erinnern, dass der Herr diejenigen aufnimmt, deren Familien nicht auf den Wegen Gottes wandeln, und sie in gottgefällige Beziehungen innerhalb des Leibes Christi stellt.
[51] Vgl. *1. Chronik 25,1.*
[52] Das englische Wort für *Jünger* ist *disciple,* das unmittelbar mit dem Wort *discipline* zusammenhängt, welches im Deutschen mehrere Bedeutungen hat. Es bezieht sich sowohl auf Erziehung als auch auf Züchtigung, Zurechtweisung, Schulung, Lektion und Disziplin.

## Kapitel 11

[53] *Pardon, ich bin Christ,* C.S. Lewis, Brunnen-Verlag, Gießen, S. 90/91.
[54] Vgl. Römer 1,18-32 über die neutestamentliche Perspektive der allgemeingültigen Art der Selbst-Offenbarung Gottes.

## Kapitel 12

[55] Vgl. *Psalm 18* als eine wundervolle Zusammenfassung, die als Antwort auf Gottes Befreiung vom Bösen geschah, in einer Zeit ernsthafter Kompromisse.
[56] Vgl. *1. Korinther 11,7.*
[57] So wie ich bin, voller Vertrauen in völliger Selbstoffenbarung sich selber sein.

## Epilog

[58] Vgl. *5. Mose 10,8.*

# Über den Autor

Gary hat über 25 Jahre als Pastor gedient, sowohl innerhalb der «Mennonite Brother Denominations» (Mennoniten-Brüder-Gemeinden) wie auch bei der «Vineyard-Bewegung». Er gründete zusammen mit seiner Frau Mary eine weitere Vineyard-Gemeinde in Aurora, Colorado und war dort während 10 Jahren Pastor. Seit 1996 leitete er einen Dienst für Jugendliche in der «Metro Christian Fellowship» in Kansas City. Gary und seine im Jahre 2004 verstorbene Frau Mary haben drei Kinder. Mittlerweile ist Gary erneut verheiratet, seine Frau heißt Marie.

Seit dem 30. Juni 1999 ist Gary mit Mike Bickle und dem *International House of Prayer* verbunden und ist zudem Leiter von «Burning Heart Ministries Inc.». Er steht zusammen mit seiner Frau Marie im vollzeitlichen Dienst für den Herrn. Ihre Botschaft spricht hauptsächlich von unserem wunderbaren Gott, dessen Herz aus Liebe für sein Volk brennt, welches die Braut Christi ist.

**Schule und Seminare**

Gary und Marie Wiens sprechen auf internationalen Konferenzen und führen Seminare durch. Zudem unterrichtet er regelmäßig an der «Forerunner School» in Kansas City. Es gibt eine Vielzahl an schriftlichem Material und CDs aus Konferenzen und Schulungen, die Gary Lehre unterstützen.

**Autor**

Der Schwerpunkt seiner Lehr- und Autorentätigkeit ist auf das Vaterherz Gottes und die brennende Liebe Jesu als Bräutigam für seine Braut, die Gemeinde, gerichtet. Er hat einige Bücher und mehrere Studienbücher sowie ein poetisches Liederbuch (Songbook) veröffentlicht.

**Website**

www.burningheartministries.com